《社会科学进社区》丛书 · 钟浩天 主编

新型社区理论读本

中国人的新型生活共同体

XINXING SHEQU LILUN DUBEN
ZHONGGUOREN DE
XINXING SHENGHUO GONGTONGTI

张勇 张珺◎著

暨南大學出版社
JINAN UNIVERSITY PRESS
中国 · 广州

图书在版编目（CIP）数据

新型社区理论读本：中国人的新型生活共同体/张勇，张珺著．—广州：暨南大学出版社，2014. 12

ISBN 978－7－5668－1259－9

Ⅰ. ①新…　Ⅱ. ①张…②张…　Ⅲ. ①社区管理—研究—中国　Ⅳ. ①C912. 8

中国版本图书馆 CIP 数据核字（2014）第 252064 号

出版发行：暨南大学出版社

地　址：中国广州暨南大学
电　话：总编室（8620）85221601
营销部（8620）85225284　85228291　85228292（邮购）
传　真：（8620）85221583（办公室）　85223774（营销部）
邮　编：510630
网　址：http：//www. jnupress. com　http：//press. jnu. edu. cn

排　版：广州市天河星辰文化发展部照排中心
印　刷：佛山市浩文彩色印刷有限公司

开　本：787mm × 960mm　1/16
印　张：17. 25
字　数：325 千
版　次：2014 年 12 月第 1 版
印　次：2014 年 12 月第 1 次

定　价：43. 00 元

序一

社会科学普及春天的来临

——寄语《社会科学进社区》丛书出版

历时8年之久、承载着全省30多万社会科学工作者共同心愿的《广东省社会科学普及条例》（以下简称《条例》）自2014年9月1日起正式实施了。这是广东省社会科学界的一件大事。《条例》为整合全省社会科学资源、提升社会科学普及工作水平提供了重要的法制保障。《条例》的正式实施，对发展和繁荣广东哲学社会科学事业具有里程碑式的意义，预示着广东省社会科学普及春天的到来。

一、社会科学普及立法是时代发展的要求

党的十八大报告指出，要“推进马克思主义中国化、时代化、大众化，坚持不懈用中国特色社会主义理论体系武装全党、教育人民”。马克思主义大众化，就是把马克思主义的基本原理、基本观点通俗化、具体化、生活化，使之更好地为人民大众所理解、所接受、所运用。社会科学普及是指采取公众易于理解、接受和参与的方式，普及社会科学知识、传播科学思想、倡导科学方法、弘扬科学精神和人文精神的活动。社会科学普及就是要向全社会大力宣传马克思主义中国化的最新理论成果，把马克思主义理论用简单质朴的语言讲清楚、用群众喜闻乐见的方式说明白，使之更好地为广大党员和人民群众所理解、所接受，使广大干部群众掌握科学的世界观和方法论，掌握工作制胜的看家本领，更好地认识规律，更加能动地推动工作。

在新的历史时期，社会科学普及作为广大人民群众公平分享经济社会发展成果和精神文化服务的重要渠道，是文化惠民的重要载体，也是公共文化服务体系的重要组成部分。开展社会科学普及工作，有利于推动文化服务社会、服务人民、服务基层，有利于实现公共文化产品服务同群众文化需求的有效对接，有利

于促进文化惠民和改善文化民生。

社会科学普及正是通过建立没有围墙的“开放型大学”，让专家学者走出校园、服务社会，从而搭建专家学者与公众交流学习的桥梁，帮助全社会树立全民终身学习理念，提高全社会科学文化素养和道德修养，培育社会理性。

二、社会科学普及立法是提升社会科学管理水平的重要保障

广东省委、省政府历来重视省的社会科学普及工作，强调要“加强理论武装工作，推进中国特色社会主义理论体系的宣传普及，建立百个优质社会科学普及基地”。这为广东省社会科学普及工作指明了方向，为社会科学普及制度化、规范化提供了坚实的组织保障。

根据省委、省政府的工作部署，省社科联按照社会科学普及工作的规律和特点，发挥联系广泛、智力密集的优势，积极探索创新社会科学普及平台载体，建立社会科学普及工作机制，提升社会科学普及管理水平，推进社会科学普及立法等，并且取得了一定成效。如打造了“岭南大讲坛”、“社会科学普及周”等社会科学普及工作品牌，编写了大量图文并茂、通俗易懂、群众喜闻乐见的社会科学普及读物，建立了一批功能完善、分布合理、作用积极的社会科学普及基地，开展了主题鲜明的形势教育宣讲活动，有力地提升了社会科学普及的影响力。但总体来说，广东省社会科学普及工作还存在着人员经费不足、体制机制不完善、组织化程度不高等问题，亟须予以立法完善。

《条例》于2014年5月29日顺利表决通过，《条例》的颁布实施，得到了省委、省人大、省政府的高度重视和亲切关怀，是广东省第一部社会科学普及专门性地方法规，也是沿海发达地区同类立法的首创。《条例》的实施是法治广东建设的重要实践和创新举措。它有利于提升广东省社会科学普及的管理水平，发挥立法对社会科学普及事业的引领、推动和保障作用，建立起促进社会科学普及事业发展的长效机制；确保广东省社会科学普及事业有法可依，必将有力推进我省社会科学普及工作不断走上制度化、规范化、法制化的轨道。

三、《社会科学进社区》丛书是推动社科普及社会化的崭新尝试

《条例》明确规定，社会科学普及是全社会的共同责任，是社会科学工作的重要组成部分。社会科学研究机构和社会科学类学会、协会、研究会等组织，应

当根据全省的社会科学普及规划，结合自身学科优势，以组织社会科学普及作品创作，撰写社会科学普及读物，以及举办讲座、论坛等公益活动的方式，开展社会科学普及活动。

为在城乡社区深入推动社会科学理论创新和理论普及，扩大社会科学的影响力，充分发挥社科工作者的现实担当和理论自觉，广东省城市社区建设研究会积极履行作为社会科学普及组织的社会责任，在广东省社会科学界联合会和广东省社会科学院的直接指导下，近日全面启动《社会科学进社区》丛书的编辑出版工作。首批三本书：《新型社区理论读本：中国人的新型生活共同体》、《青少年法制安全教育读本》、《人大制度普法读本》已经完稿，即将向社会推出。这套丛书填补了国内社会科学进社区这一领域的空白，通过向社区群众和青少年广泛宣传、普及社会科学知识，实现社会科学“三贴近”（贴近实际、贴近生活、贴近群众）、“三深入”（深入实际、深入生活、深入群众），是推动社科普及社会化的一次崭新尝试。

社会科学普及的春天已经来临。我衷心希望全省社会科学工作者都行动起来，自觉成为一名社会科学普及工作者和社会科学普及志愿者，积极投身于时代的大潮中，主动提高对社科普及工作重要性、紧迫性的认识，积极参与社会科学理论的传播和普及工作，善于从生机勃勃的社会实践中汲取理论营养和智慧，善于把书本里、文件上、报告中的科学理论转化并普及于广大群众中。社会科学工作者要进一步走向世界，善于转换话语体系，用中国话语讲好“中国故事”、介绍“中国经验”、解读“中国道路”、传播“中国声音”，全面提升中国“软实力”。

在《条例》颁布实施和《社会科学进社区》丛书出版之际，我写下以上寄语，是为序。

田　丰

（作者系广东省政协常委、文化与文史委主任，原广东省社会科学界联合会主席）

序二

社会科学需要大众化

——《社会科学进社区》丛书序言

社会科学普及是时代赋予社会科学工作者的历史使命。党的十八大报告指出，要“推进马克思主义中国化、时代化、大众化，坚持不懈用中国特色社会主义理论体系武装全党、教育人民”。马克思主义大众化，就是把马克思主义的基本原理、基本观点通俗化、具体化、生活化，使之更好地为人民大众所理解、所接受、所运用。具体来说，就是用不断发展的马克思主义理论体系与方法阐释中国实践、中国道路、中国制度，采取公众易于理解、接受和参与的方式，普及社会科学知识、传播科学思想、倡导科学方法、弘扬科学精神和人文精神的活动。对社会科学工作者而言，这是一种理论自觉，更是当代社会科学工作者的历史责任和现实担当。

首先，社会科学普及天地广阔，大有可为，这是由我们所处的时代决定的。我们正处于一个经济与社会的转型时期，从国外来说，各种力量纵横捭阖，综合国力、国际市场、运行秩序、发展模式、价值观念等竞争日趋激烈，经济、政治、军事、金融、粮食、能源等方面的安全问题日益突出，新情况、新问题以及各种力量的矛盾与较量不断涌现，甚至升级。从国内情况来看，改革开放 30 多年来，我国在经济发展与社会进步等方面都取得了令世人瞩目的巨大成就。然而与此同时，我国在发展中还存在着亟待解决的许多问题，诸如贫富分化、权钱交易、环境污染等，对此我们应有清醒的认识、全面的分析和准确的判断，既不能因为成绩而忽视问题，也不能因为问题凸显而否定成绩，更不能不分全局与局部、主流与支流。从本质上、全局上、主流上看待中国特色社会主义的实践，既可以坚定我们的道路自信、理论自信、制度自信，也能增强解决问题的动力。此外，全球互联网带来的新技术革命、传播渠道的多样化，极大地改变了人们接受信息的途径和方法。互联网等新兴媒体成为思想文化的传播地和社会舆论的放大器，文本、音频、视频、论坛、群组、博客、微信……迅速融入百姓日常生活中，经典理论的传播面临巨大的挑战，继续沿用传统渠道进行单向度、扁平化的社科普及工作已不合时宜。这一方面为社会科学普及工作提出了新课题，带来了新的挑战；另一方面，也为我们做好社会科学普及工作提供了广阔空间，创造了新的机遇。

其次，社会科学的理论研究与普及工作是同样重要的。社会科学理论要作为一种思想武器，一定要为群众所掌握。所以，社会科学理论普及工作是社会科学的有机组成部分。社会科学要发挥好认识世界、传承文明、创新理论、资政育人、服务社会的重要功能，离不开理论普及工作。此外，社会科学的理论与实际相结合也是社会科学发展的根本途径。社科普及是科学理论、先进思想与人民群众之间联系的桥梁，缺少了群众的认知、实践和评判，社会科学就是无本之木。

党和政府历来高度重视哲学社会科学事业的繁荣。十六大以来，党中央从中国特色社会主义事业全局出发，把繁荣发展哲学社会科学作为重大而紧迫的任务进行谋划部署，颁布了《中共中央关于进一步繁荣发展哲学社会科学的意见》，启动了马克思主义理论研究和建设工程，十七届六中全会把繁荣发展哲学社会科学作为推动社会主义文化大发展大繁荣、建设社会主义文化强国的一项重要内容。党中央对于哲学社会科学重要性的阐述，提出了四个“同样重要”，即在认识和改造世界的过程中，哲学社会科学与自然科学同样重要；培养高水平的哲学社会科学家，与培养高水平的自然科学家同样重要；提高全民族的哲学社会科学素质，与提高全民族的自然科学素质同样重要；任用好哲学社会科学人才并充分发挥他们的作用，与任用好自然科学人才并发挥他们的作用同样重要。

最后，做好社会科学普及工作是社会科学工作者的重要职责。社会科学普及工作作为一项面向全民的公益性事业，承担着引导社会舆论、提升公众社会科学素质和思想道德素质的重要使命。近些年来，为了加强社会科学普及工作、推动社会科学理论服务群众常态化和制度化，省委、省政府制定、颁布了一系列发展社会科学普及事业的政策措施，建立并完善社会科学普及工作机制，打造了“社会科学普及周”、“岭南大讲坛”、“人文社科普及基地”、“省情调研”等社会科学普及工作品牌，开展了社科专家咨询、形势教育巡讲、讲座论坛研讨等社会科学普及惠民活动，编写了大量图文并茂、通俗易懂、群众喜闻乐见的社会科学普及读物，建立了一批功能完善、分布合理、作用积极的社会科学普及基地等。这些做法对推动社会科学的普及工作发挥了重要的作用。

为在城乡社区深入推动社会科学理论创新和理论普及，扩大社会科学的影响力，充分发挥社科工作者的现实担当和理论自觉，在广东省社会科学界联合会和广东省社会科学院的直接指导下，广东省城市社区建设研究会近日全面启动《社会科学进社区》丛书的编辑出版工作。首批三本书：《新型社区理论读本：中国人的新型生活共同体》、《青少年法制安全教育读本》、《人大制度普法读本》已经完稿，即将向社会推出。

我衷心祝愿广东省城市社区建设研究会在未来工作中，更积极地担当一个社会科学普及组织的社会责任和使命，以编辑出版《社会科学进社区》丛书为载体，团结更多的社会科学普及工作者和社会科学普及志愿者，发动社会力量，推进社会科学知识进社区、进校园、进村镇、进企业、进军营、进家庭；同时积极探索用数字化、信息化等技术手段建设社会科学进社区网络的新平台，将“社会科学进社区”打造成广东省社会科学普及工作的新品牌。

春风化雨，润物无声。社科普及工作责任重大，使命光荣。在《广东省社会科学普及条例》颁布实施和《社会科学进社区》丛书出版之际，我写下以上寄语，以表达一名社科理论工作者的情怀和感触。

王　珺

（作者系广东省社会科学院党组副书记、院长）

序三

社区梦助力中国梦

广东省城市社区建设研究会（以下简称社区研究会）成立于2004年5月，业务指导单位原是广东省社会科学院，后变更为广东省社会科学界联合会，是全国最早成立的专业从事社区建设理论研究和实践探索的省一级学术性社会团体组织。社区研究会通过对来自各方面社会资源的有效整合，以新型社区理论促进中国特色社区实践。

党的十八届三中全会提出“推进国家治理体系和治理能力现代化”的战略任务，并且要求统筹城乡社区建设，促进群众在城乡社区治理中依法自我管理、自我服务、自我教育、自我监督。这就需要我们深刻理解国家治理和社区治理的内在关系，科学把握社区治理的基本特征，积极推进社区治理创新。新型城镇化，其核心任务是积极推进城市新型社区建设和农村新型社区建设，健全新型的社区治理体系和服务体系，把城乡社区真正建设成为具有新自治能力、新治理结构、新服务体系、新安全观念、新文化理念和新生态功能的中国人的新型生活共同体。

建设中国人的新型生活共同体是一个富有时代特色的理论新课题。和谐社会的基础在社区，社会管理的重心在社区，改善民生的依托在社区，维护稳定的根基在社区。社区日益成为各种利益关系的交汇点、各种社会矛盾的聚集点、社会建设的着力点和党在基层执政的支撑点。基于这样的理论自觉和现实担当，社区研究会先后在全省成功组织和推广了创建“六好”平安和谐社区、宜居社区、生态社区、幸福社区等主题实践活动，与有关城区政府、街道、村镇、企业、学校共建社区建设理论研究与实践示范基地，开展社区建设理论研究，创办《广东社区》杂志，构建幸福社会就业平台和编辑出版《幸福广东》丛书和《社会科学进社区》丛书，取得了丰硕的成果，并得到了来自社会各方面的认可和好评。

为贯彻落实省委十届八次全会提出的建设幸福广东的目标，充分发挥省学术性社会团体组织的社会功能和现实担当责任，结合多年来开展社区建设理论研究和实践活动的丰富经验，社区研究会在“十二五”开局之年，将建设幸福广东目标落实到幸福社区的建设上，充分发动社会各方面的力量，开展建设幸福家庭、幸福企业、幸福学校、幸福社区、幸福村居等活动，以幸福家庭、幸福企业、幸福学校、幸福社区、幸福村居等为载体，引导广大群众树立正确积极的新时期广东人幸福观，并总结整理出一套既符合我国国情，又具有广东特色的幸福社区建设经验，向全省乃至全国推广，扎实推进幸福广东建设。

基于建设中国人的新型生活共同体的理论自觉和现实担当，社区研究会以社区为载体，团结全省社会各方面的力量，组织开展以“我为人人幸福，人人为我幸福”为主题的建设幸福广东主题系列活动，并向中共中央政治局委员、时任广东省委书记的汪洋同志报送了《关于以社区为载体，开展“我为人人幸福，人人为我幸福”暨建设幸福广东主题系列活动的建议》，“希望在省委、省政府各有关部门领导的支持和指导之下，将上述活动落实和扎实开展”。这一建议得到汪洋同志的高度认可和重视，并作出重要批示：“赞成，积极支持。”（中共广东省委办公厅批复省社科院：现将批示转去，请按照办理。粤批〔2011〕93 号）主题系列活动同时得到其他有关省领导的赞成和积极支持。省委常委林雄批示：“积极支持这项有意义的活动。”副省长雷于蓝批示：“很好！要认真总结，巩固成果，为建设幸福广东作出新贡献。祝系列活动取得圆满成功！”《中共广东省委、广东省人民政府关于加强社会建设的决定》将大力开展“我为人人幸福，人人为我幸福”等主题系列活动正式写入省委十届九次全会文件之中。

一、幸福广东主题系列活动举行

幸福广东主题系列活动自 2011 年 6 月 3 日正式启动以来，陆续走进全省 21 个地级以上市的社区、学校、企业和家庭。幸福广东主题系列活动组委会举行了十次大型主题活动。

（一）幸福广东主题系列活动的内容

1. 广东幸福价值观全民大讨论专家研讨会

2011 年 6 月 3 日，组委会在中共广州市委党校隆重举行了“我为人人幸福，人人为我幸福”暨幸福广东主题系列活动新闻发布会、启动仪式和新时期广东幸福价值观全民大讨论专家研讨会。来自广州地区各大高校、科研机构、媒体代表和中共广州市委党校全体教职员工，共 200 多人出席。会议形成了活动专报《广东幸福价值观引导南粤民众——新时期广东幸福价值观全民大讨论首场专家研讨会纪实》。

2. 幸福广东活动主题歌《幸福广东之歌》首唱

幸福广东主题系列活动主题歌《幸福广东之歌》，经过近半年时间的广泛社会征集，终于完美出炉。2011 年 7 月 8 日，在广东迎宾馆宴会厅举行了《幸福广东之歌》首唱仪式，广东省社会各界代表共 400 人出席了活动。《幸福广东之歌》开始唱响南粤大地，唱响大江南北，唱响中华神州，把幸福的神光带进千家万户。

3. 幸福广东文化艺术直通车启动

2011 年 8 月 24 日，在广州动物园正门广场举行的幸福广东文化艺术直通车首个工作站点启动。幸福广东文化艺术直通车活动内容及方式是在全省 21 个地市城市社区广场、公园广场、商业中心公共广场开展文化惠民、便民活动，将活动现场作为幸福广东主题系列活动成果的宣传展示窗口，播放活动主题歌《幸福广东之歌》，设立幸福留言墙，征集市民群众对建设幸福广东的意见和建议，让更多的市民群众了解建设幸福广东的目的和意义；将活动现场作为“温馨在社区 · 感动在社区 · 幸福在社区”主题摄影图片和书画作品巡回展示地，宣传幸福社区、幸福学校、幸福家庭、幸福企业、幸福村居；将活动现场作为社会团体和有关单位开展幸福广东主题系列活动的公共平台。

4. “幸福广东 · 关爱健康”大型公益活动启动

2011 年 8 月 28 日，组委会在广州天河公园南门广场举行“幸福广东 · 关爱健康”大型公益活动启动仪式。活动当天，省妇幼保健院对贫困家庭免费提供兔唇修补术名额，为附近的社区居民提供义诊、体检等各项公益服务，香港圣约翰救伤队向广州市义工免费赠送急救包。此项大型公益活动在全省 21 个地级以上市开展，安排宣教车、体检车，组织医疗志愿者，深入城市街道、社区、广场、工厂、学校、外来工居住区等地进行健康宣教、义诊和免费体检。

5. “幸福广东 · 安全校园”主题活动启动

“幸福广东 · 安全校园”——365 平安在身边主题系列活动由幸福广东主题系列活动组委会、省教育厅、社区研究会共同主办，省委政法委协办。活动将在全省中小学校、幼儿园统一免费安装“校园安全管理系统”，捐赠一批具有身份识别、电子考勤、随时通话、精确定位、短信通知、紧急一键求助等功能的智能电子学生证及学校终端设备，以完善校园监管体系。活动将构建校园“人防、技防、物防”三位一体的安全监管体系，开创校园安全、家校和谐、社会稳定的良好局面。安全校园活动启动仪式于2013年3月29日在深圳市隆重举行，“校园安全管理系统”捐赠活动已陆续在全省展开。此项活动将惠及全省约1 000万名青少年儿童，是建设幸福广东的一项重大公益事业。

“幸福广东·安全校园”——365平安在身边主题系列活动之校园安全“少年警训”公益活动也于2013年11月30日在广州市启动。“少年警训”公益活动的开展，将为青少年提供一个实现梦想、锤炼品格、展现自我的崭新舞台。通过开展军事训练、法制教育和共同参与社会实践等形式的活动，为青少年学生构建与警察面对面沟通、交流的平台，帮助青少年学生树立忠诚、正义、奉献的价值观和人生观，积累宝贵的人生经历。

6. “幸福广东·红色之旅”——革命老区慈善帮扶献爱心启程

2011年9月30日，“幸福广东·红色之旅”——革命老区慈善帮扶献爱心活动，在旧白云机场5号停机坪风车广场正式启程。活动邀请了老红军战士寇庆延同志、范希贤同志参加启程授旗仪式，粤港澳台企业家、社会各界人士积极响应。活动途经中南五省革命老区，在沿途进行慈善帮扶献爱心活动，设立爱心教育基金，捐建红军希望小学，是“幸福广东”主题的一次对外宣传之旅，在沿途革命老区展示了“幸福广东”新形象，提升了“幸福广东”在国内的影响力和感染力。

7. “幸福广东·走进幸福社区”研讨会

2011年10月17日，在广州增城碧桂园凤凰城举办的“幸福广东·走进幸福社区”研讨会上，与会专家和小区业主代表提出，幸福广东从幸福社区开始，可在全省各大社区内开展“幸福社区建设”主题活动，以社区居民需求为导向，全面、深入开展幸福社区创建，总结形成以多元治理、多元参与、多元服务为特征的“幸福社区建设GPS模式”，形成一个面向社区基层、服务社区百姓的幸福社区工作体系和机制，打造居民家门口步行10分钟的幸福生活圈。

8. “幸福广东·2012军民迎新春联欢晚会”成功举办

2012年1月12日晚上，由社区研究会、幸福广东主题系列活动组委会主办，广州军区政治部、宣传部，省武警总队，省边防总队，省文化厅，省社科联，珠海市人民政府，汕头市人民政府，广州市天河区委和区政府以及社会各界广大民众积极支持的“幸福广东·2012军民迎新春联欢晚会”在广州市中山纪念堂隆重举行。这是一场具有特殊意义的，由广大军民积极参与策划、编导、组织的幸福广东大型“春晚”，是以“我为人人幸福，人人为我幸福”为主题的幸福广东主题系列活动的年底重要会演活动。来自部队、厂矿、外来工居住区、社区、学校、企业、社团等社会各界的3 000多名民众代表应邀出席了晚会。晚会以艺术形式激发幸福畅想，军民群众欢聚一堂，让每一个人都切身感受到军民团结一家亲、幸福生活在广东的浓浓情意。

9. 幸福广东大型系列电视专题片《幸福广东》拍摄完成

幸福广东大型系列电视专题片由南方广播影视传媒集团、广东省社会科学界联合会与幸福广东主题系列活动组委会、社区研究会联合拍摄，旨在简明检阅广东改革开放以来人民物质生活不断改善、精神文化生活不断提高的转变过程，着重展现2008年金融危机后广东加快转型升级、推动科学发展、建设人本社会的崭新历程。该片用纪实性的手法、翔实的内容，融权威性、科学性、文献性、新闻性、政论性于一体，多视角、全方位展示了“十二五”期间，全省各地市（县、区）、各有关单位，在省委、省政府的领导下，齐心协力，锐意创新，开展“幸福广东我们共建，幸福的广东我们共享”的伟大创新实践。

10. 《幸福广东》丛书出版

幸福广东主题系列活动组委会、社区研究会主持、编辑出版《幸福广东》丛书，目的是借助这套大型系列丛书，使建设幸福广东的先进社会发展理念在全社会形成一种理性共识，将广东发展融入世界经济文化的大潮之中，并以此架设政府与大众、广东与世界对话的桥梁，深化大众对幸福广东的理解和认识，提升广东经济发展的社会形象，推动幸福广东建设。《幸福广东》丛书向全国及海外推出了首批三本书：《大转型：幸福广东率先垂范》、《幸福广东蓝皮书2012》、《商会经济：走向社会管理时代》，并举行了《幸福广东》丛书首发式。

（二）幸福广东主题系列活动取得成果的原因

社区研究会在全省开展幸福广东主题系列活动中取得了阶段性成果。之所以能够取得这些成果，总结起来，原因主要有三点：

1. 党委重视，政府支持

幸福广东主题系列活动得到了省委、省政府各有关领导的高度认可和重视。省委政法委、省关工委、省民政厅、省公安厅、省教育厅、省文化厅、省总工会、省社科联、省妇联等19个省直部门单位同意作为主题系列活动的支持和指导单位，对系列活动的开展给予积极支持和指导。

2. 社团主办，机构参与

幸福广东主题系列活动是由社区研究会作为主办单位，并联合了广东省各有关行业协会、商会、慈善组织、企事业单位共同举行的。

3. 公民响应，共建共享

幸福广东主题系列活动全面展示“幸福广东”在人民群众心中的美好形象，充分反映了人民群众对建设幸福广东美好愿景的热烈响应和积极参与，得到了众多老同志、老领导、老首长的热心参与和无私奉献。

二、社区研究会的下一步目标

社区研究会走过了不平凡的十年征程。我们的下一步工作目标是：

（1）深化幸福社区、幸福村居、幸福学校、幸福企业和幸福家庭主题创建活动。为落实省政府颁布的《幸福广东指标体系》，我们拟聘请专家团队研究制定幸福社区、幸福村居、幸福学校、幸福企业、幸福家庭五类指标体系和考核标准，为幸福广东指标体系提供行业推广标准；在全省开展幸福社区、幸福村居、幸福学校、幸福企业、幸福家庭主题创建活动和示范基地建设，为建设幸福广东树立行业标杆和榜样；利用民间组织自身资源和政府职能部门的支持，协调行业协会、商会、慈善基金、福彩、民间捐赠等社会资源，为社区、企业、学校及家庭提供专业化、社会化服务。

（2）办好幸福社会就业平台。幸福社会就业平台是由幸福广东主题系列活动组委会、社区研究会主办的面向全省学校、企业和社区，推动民生就业工程、促进社会和谐幸福的重要公益活动平台。平台与大中型企业共同组建企业用工联盟，每年共同开发10万个就业岗位；与大中专学校和职业院校共同组建大学生就业和创业联盟，为毕业生就业和创业提供多元化服务；同时为广大社会工和农民工提供就业、再就业和职业技能提升培训服务。

（3）启动幸福双丝带公益活动。“双丝带行动”是关注女性乳腺健康和宫颈健康的大型公益行动，是“粉红丝带运动”和“湛蓝丝带行动”的合称。幸福广东·关爱健康——幸福双丝带公益活动是在省民政厅、省卫生厅、省妇联、省总工会等19个厅局级单位支持和指导下，由幸福广东主题系列活动组委会、省社区研究会、中山大学老教授协会发起和主办的关爱女性身心健康、贯彻落实全国妇联和卫生部发起的针对女性“乳腺癌、宫颈癌”防治的“双丝带行动”、促进社会和谐幸福的重要公益活动。

（4）编辑出版《社会科学进社区》丛书。为在城乡社区深入开展“中国梦”主题宣传教育活动、培育和践行社会主义核心价值观、推动社会科学学术研究和普及推广、扩大社会科学的影响力、充分发挥理论工作者和社区工作者的现实担当和责任意识，社区研究会在广东省社会科学界联合会的直接指导下，近日全面启动《社会科学进社区》丛书的编辑出版工作。

以建设中国人的新型生活共同体为目标的社区建设，在我国才刚刚起步。由于社区的基础性、复杂性和多元性，其从实践到理论都处于探索阶段，有许多新问题需要研究，有许多新典型需要树立，有许多新模式需要发掘、培育。

广东省的社区建设一直走在全国的前列，是全国社区建设的排头兵，社区研究会在社区理论和实践的探索道路上任重而道远。我们的目标就是做全国社区建设理论和实践探索的排头兵。

千河万溪归于大海。社区研究会的使命和愿景，是自觉承担起社区资源整合者、社区理论探索者的重担，把建设中国人的新型生活共同体作为办会的理论自觉和现实担当，构建我们的共同社会生活，践行我们的核心价值观，实现我们的中国梦，并愿意为之而不懈努力。

社区，是未来城乡消费的主战场；社区，是未来民生幸福的理想园；社区，是中国梦和社会主义核心价值观的践行地。

社区代表着我们的理想和未来，就让我们从现在做起！

钟浩天

（作者系广东省城市社区建设研究会执行会长）

目　录

第一章　中国人的新型生活共同体：一个时代的新命题

第一节　社会转型：社会建设与社会管理新时代

从改革开放至今，中国正经历着一场持久而深刻的变革和转型。改革开放之初，中国实行的是以经济建设为中心的发展战略和发展模式，在这种发展战略和发展模式下，虽然也有社会建设与社会管理，但主要依附于经济建设这一中心任务。这一时期，国家把精力集中在经济领域的改革上，其核心是处理政府与市场的关系，结果是政府与企业的职能日渐明晰，市场经济体制初步建立，中国经济高速发展。

在以经济建设为中心和经济不发达的背景下，社会建设和社会管理要处理的问题相对比较少，工作任务也相对简单。历史进入新时期，随着中国的进一步发展，以前不曾出现的社会问题，或者很少出现的社会问题，如人口流动增加、环境资源承载加重、财富资源配置不公等，经过长期的积累，终于集中地爆发出来了，并把中国推进到“问题多发期”和“矛盾凸显期”。在这一新的形势下，管理新增社会事务，更好地维护公民基本权益，加强对社会秩序的干预等任务，就迫切地摆在了国人面前，提上了议事日程。

一、城市社会极化

随着现代化特别是城市化的快速推进，中国社会也不可避免地开始了两个相互联系的过程，即城市社会极化和人际关系疏松化。两极化群体不再有共同利益和共同价值。一方面，城市社会分异是城市社会发展过程中的普遍现象。另一方面，过度的城市社会分异就会产生城市社会极化现象，并导致一系列的社会矛盾，阻碍城市社会的健康发展。

在社会经济学中，“极化”是指经济—社会系统“中间状态或阶层（相对）缩减削弱，而强弱富贫等性质对立的两极状态或阶层（相对）扩大增强”的结构演化过程。所谓城市社会极化，是指城市中出身背景、经济、社会等条件不同的人群之间差距的扩大，是一种复杂的不平衡的城市社会现象。城市社会极化是城市社会分异的不平衡状态，其主要表现为城市社会阶层极化。

以珠江三角洲为例。珠江三角洲的社会阶层极化主要体现在城乡居民阶层极化、城镇职工与农民工阶层极化、新富阶层与贫困阶层极化三个方面。

城乡收入差距拉大，城乡居民阶层极化。2011 年，世界银行发布的《缩小差距，促进平等，实现广东经济的共享增长》报告指出，广东省总体收入不平等已经达到了值得警惕的水平，其中最大构成部分是珠江三角洲地区内部的收入不平等问题。从统计数据来看，珠江三角洲城镇居民人均可支配收入与农村居民人均纯收入差距由 2003 年的 2.75 倍扩大到 2010 年的 3.41 倍，并有不断扩大的趋势。

公共服务分配不均衡，城镇职工与农民工阶层极化。2010 年，珠江三角洲非（本地）户籍流动人口规模已经高达 2 587 万，占珠江三角洲常住人口的 46.1‰。同年，珠江三角洲地区农民工月平均工资为 1 917.85 元，而城镇从业人员平均工资则为 3 251 元，城镇职工与农民工收入差距由 2006 年的 1.66 倍扩大到 2010 年的 1.70 倍。由于进城的绝大多数农民工教育程度偏低、劳动技能缺乏、工资收入普遍不高，同时，户籍的问题，也使得农民工无法像城镇职工一样享受所在城市的公共服务，其居住、医疗、社保、子女教育等均无法得到保障，从而与城镇职工之间的阶层分化日趋严重。

阶层固化，新富阶层与贫困阶层极化。随着城市化进程的加快，珠江三角洲出现了所谓的“新富阶层”。他们主要是以出租厂房为主要收入的私营业主，民营企业家、房地产开发商、建筑承包商，以及收入较高的大学教授、医生、律师等。同时，这一群体普遍为其下一代提供了良好的教育条件和工作机会，以使其下一代能够继续保持在富裕阶层的位置。与之相比，另一个是不断增长的相对贫困阶层，这些人包括社会转型时期下岗失业人员及其家属、穷苦老人和无稳定工作的年轻人等。他们往往难以获得足够的资源去维持一个“城市人”应有的常规生活，而且这种状态具有明显的传递性。阶层固化，“贫者愈贫，富者愈富”，新富阶层和贫困阶层之间的极化也越发突出。①

① 广东省社会科学院．珠江三角洲新型城镇化研究——城市社会极化与新型城镇化路径选择［R］．广东省社会科学院专报，2013.

国内学者对当前中国社会和阶层极化的诸多观点，可以归纳为以下三种：碎片化、断裂化、层理化。所谓碎片化，即分化了的社会群体之间的利益关系不再扭结，呈现无序状态；所谓断裂化，即随着贫富差距的拉大，社会结构出现断裂，两极化的群体不再有共同利益；所谓层理化，即社会群体横向流动的通道相对畅通，上下流动的通道阻滞，阶层之间形成了分明的界限并且难以实现利益的交流。其结果就是阶层关系固化。

二、中国社会阶层关系固化引发的问题

中国社会阶层极化和阶层关系固化引发了相关社会问题：

1. 失地农民问题

失地农民是指因非农建设需要（农民住宅用地除外）占用农民集体土地从而失去土地使用份额的农民。在城市化过程中，作为从农民阶级分化出来的一个特殊群体，他们失去了作为自己经济来源和社会保障的土地，为新型城镇化和新型工业化建设作出了很大的牺牲和贡献。但由于历史、制度等诸多方面的影响，他们在农转非之后的市民化速度很慢，在城市化大潮中往往处于被动的弱势地位，存在着安置、就业、生活、城市适应、社会保障、医疗和教育等一系列问题，往往既不能融入城市又不能回归农村。

2. 农民工问题

农民工阶层是从农民阶级分化出来的一个特殊阶层，人数众多，2009 年底达到了 1.49 亿。这个阶层具有三个“双重性”：一是社会身份的双重性，其职业身份主要是工人，而户籍身份仍然是农民；二是社会地位的双重性，农民工在农村中处于核心地位，是优势群体，而在城市中则处于边缘地位，是弱势群体；三是社会生活的双重性，他们既习惯传统乡村生活又熟悉现代都市生活，是传统乡村文明和现代都市文明的享用者和沟通者。农民工阶层是介于工人和农民之间的边缘群体，在现实生活中不仅受到以户籍管理政策为标志的城乡分割制度的歧视，还受到城市居民的社会歧视；同时，他们的合法权益往往得不到有效保障，又缺乏政治参与的渠道，由此引发的劳动争议问题不断增多，并且上访或以非正常手段寻求问题解决的情况时有发生，社会矛盾容易激化。

3. 新的社会阶层问题

一方面，新的社会阶层的出现，收入差距的不断加大，对其他社会成员产生巨大的心理冲击，对分配不公、非公有制经济人士的高收入、高消费的不满等问

题频频发生，有时甚至达到相当激烈的程度，直接影响到社会的安定；另一方面，新的社会阶层特别是私营企业主和个体户，素质参差不齐，本身也存在一些消极的东西。如某些人偷税漏税，利用产权关系不明确的漏洞聚敛国家财富；走私贩私，制假贩假，投机诈骗，发不义之财；恶意拖欠、克扣工人工资，侵害职工的合法权益；行贿国家行政官员，助长灰色收入，大搞钱权交易；诚信危机；败坏社会风气，与黑势力勾结，为非作歹等。如何正确引导新的社会阶层的健康发展，是妥善处理阶层矛盾的重要问题。

另外，以城市贫困人口、经济结构调整进程中出现的失业和下岗职工等为代表的弱势群体问题；社会财富向居于社会上层的极少数人手中集中，社会各阶层贫富差距扩大，两极分化严重，造成各阶层在价值观念、社会意识上的明显差异，阶层心理隔阂不断加深的贫富差距问题；群体利益多元化与利益群体之间的利益冲突问题；“两栖人”现象的消亡与反复并存问题；由社会阶层分化引发的社会问题都需要寻求有效的方法、途径进行协调和化解。

城市社会阶层不断地极化和阶层关系固化，使得整个城市社会形成马赛克式拼贴状的空间结构。空间上的隔离阻碍了社会阶层的正常沟通与融合，进一步加剧了社会阶层的分化。如境遇相同的社会低收入群体聚居在相对封闭而偏远的保障性社区，就很难与社会中上层形成交流；居住在城中村的孩子，也很少有机会接触到高档社区的同龄人。贫困的地缘文化甚至会导致社会对整个区域居民的群体性歧视。缺乏沟通交流导致大多数社区活力不足，集体情感联系出现断裂。缺乏人文关怀，人与人之间的关系也会逐渐变得冷漠和疏远。

三、中国社会建设和社会管理面对的挑战

中国社会学学会名誉会长、中国人民大学教授郑杭生先生概括总结并提出，新形势下中国社会建设和社会管理，应对国内社会转型和国际社会发展具有六大挑战：

1. 在市场经济陌生人的世界，建立社会共同体的挑战

社会结构转型不可避免地造成社会流动加快和社会分化加剧，经济体制转轨则不可阻挡地引发人际关系疏远、传统联系减少——所有这些都从各个方面促进市场经济下陌生人世界的形成。“熟人社会”的分量逐渐减少，“陌生人世界”的成分快速增长。于是，新的社会整合的需要、新的社会团结的需要、新的人际和谐的期待，摆在了社会和人们面前。陌生人的世界需要新的连接和整合，否则

社会将成为畸形的社会。社会建设和社区建设，正是为了在一个市场经济的陌生人世界里，构筑起人际关系和谐的互助合作的新的社会共同体。这个社会共同体，在宏观上叫作和谐社会，在微观上叫作和谐社区。在一个市场经济的陌生人世界里，构筑人际关系和谐的互助合作的新的社会共同体，这是时代提出的新课题，通过制度创新破解这个难题，也是我们必须面对的挑战。

2. 在价值观开放多元的时代，促进意义共同性的挑战

社会建设和社区建设不仅要在市场经济的陌生人世界里，构筑人际关系和谐、互助合作的新的社会共同体，而且要在价值观开放多元的时代促进意义共同性；不仅要进行制度创新，而且要进行价值重塑。这是因为，意义共同性或价值共同性是社会成员、社会群体或社会阶层对自己在社会中所获利益和所处地位自我赋予相似或相同的认知。现阶段对贫富差距的两极分化、收入分配的不公正以及财富占有、资源和机会配置方面存在的不合理性，相关的一些新制度和新规范尚处在探索过程。这些实际情形使得意义共同性似乎与我们的生活渐行渐远。在这个快速变迁和明显分化的时期，社会越来越凸显出对于意义共同性的要求。社会成员在观念和价值观方面的共同性，其意义绝不亚于社会在利益结构方面的共同性。它触及了在一个急剧变迁和分化的时代，“我们何以能够共同生活”这样一个核心难题，这不能不说是一个严峻的挑战。

3. 在社会分化加剧的情势下落实公平正义的挑战

我们在理论上综合马克思、恩格斯和罗尔斯等人的观点，现实上根据新中国成立以来，特别是改革开放以来的实践经验，可以给社会正义下一个更为广泛的社会学定义：社会正义就是社会资源和社会机会配置的公平性和平等性。这里，公平就是“合理的差别”。同时，社会公平正义有两个维度，即制度安排与百姓认可。社会公平首先指的是由一种客观的制度安排的合理性问题，社会机会对每个社会成员都是自由开放的、可竞争的。社会学上以职业为主要标志的阶层或分层则要求这样来安排：使上层永不松懈，中层永不满足，下层永不绝望。每个阶层的成员都可根据自己的情况和通过自己的努力，找到改变自己地位和命运的机会。社会公平还在主观上体现为百姓的共同认可和认同，这是推动制度创新的最直接、最重要的动力。百姓认可的公平正义是上述意义共同性的最主要部分。

4. 在社会重心下移的情况下，大力改善民生的挑战

所谓民生问题，通俗地说，就是老百姓遇到的与衣食住行、生老病死等日常生活相关的问题。用社会学的术语来说，就是一个社会的成员，如何从政府、市场和社会之中获得自己生存和发展的社会资源和社会机会，来支撑自己的物质生

活和精神生活的问题。我国社会进入快速转型期，随着工业化、城市化、信息化和市场化的推进，社会分化加剧，并且出现了新的贫困问题，形成了生活困难的社会群体——社会学称之为社会弱势群体。他们为我国的社会进步作出了重大贡献，但是他们的生活改善不多，甚至更加困难。他们是上学难、看病难和住房难等民生困难的主要承受者。现实困境与未来威胁都与社会成员的切身利益有关，都与民生问题有关。前者导致“现实性的烦躁”，后者引发“预期性的焦虑”，它们都会构成人们的后顾之忧，严重影响社会成员的安全感，降低社会安全指数。民生问题不仅是个人安全和整体社会安全的连接点，而且是和谐社会建设最基础的必要条件，是社会矛盾多发和凸显最基本的根源，是对共产党执政能力的考验。能否大力改善民生问题，是中国社会发展和社会转型面临的最切实而严峻的挑战。

5. 在生态环境恶化的情况下，环境友好资源节约的挑战

我们已经指出，以往初级发展所需付出的生态环境的代价，包括：空气污染、水污染、沙漠化等。在这样的情况下建立环境友好型、资源节约型社会，不能不是一个持续的挑战。这一挑战涉及自然系统与社会系统的和谐、生态环境系统与居住环境系统的协调。实现城市建设与生态建设的统一、城市快速发展与生活质量提高的统一，还涉及经济发展模式的转变。

6. 在发展主体总体布局上，理顺三大部门关系的挑战

现代社会日益分化为三个既相互关联又彼此独立的领域，即政府组织、企业组织和社会组织。这三大部门是社会发展主体，其构成状况及其相互关系，对社会发展、社会建设和社会管理，具有结构性前提的意义和极大的影响。当前中国在这三个领域联动的社会结构和整合机制还没有很好地形成。主要表现在：①三者的比例和力量大小还严重失衡；②三大部门越位、缺位和错位的情况还很普遍，这里主要是政府要正确定位自己；③经济上交往原则被错误地引进到公共权力领域和公共领域的现象也很普遍；④由于社会缺位，第三部门还没有发挥自己应有的功能，还不能有效地弥补市场失灵、政府失灵的不足和减轻社会管理成本的作用。现在，面对多发和活跃的社会矛盾，中央政府和地方政府如果不从体制和部门结构上解决问题，那么，政府将会“引火烧身”。政府如果出现把矛盾集中在自己身上、疲于奔命和被动应对的状况，就很难从根本上加以改变。只有逐步消除上述结构性和功能性的障碍，三大部门各自才能成为良性的社会发展主体，才能有效地发挥各自的作用，相互配合和相互促进，才能为科学发展、和谐

社会建设提供结构和功能协调的部门体制，这不能不是一个任重而道远的挑战。①

郑杭生教授对当今社会转型应对的六大挑战的概括非常全面，引人深思。以科学发展观与构建和谐社会目标的提出为标志，中国进入了社会建设与经济建设并重的新时代。社会建设是指社会主体根据社会需要，有目的、有计划、有组织地进行的改善民生和推进社会进步的社会行为和过程。社会建设可以分为社会事业建设与社会体制建设，前者主要提供公共产品和公共服务，如科、教、文、卫、体，后者则使社会更加有序与和谐，如社会管理体制建设、社会保障体制建设等。社会管理有狭义和广义之分，狭义的社会管理主要指政府对社会治安、人口、环境、社会保险、福利以及社会服务等方面的管理，广义的社会管理则包括社会的自我管理、自主管理以及社会与政府的协调管理。当前，社会建设与管理最为重要而紧迫的任务是加快推进社会管理体制改革，着力推进以改善民生为重点的社会建设。

党的十八大开启了中国社会建设和社会管理的新时代。十八大报告史无前例地单独用一个大的篇幅来阐述社会建设和社会管理的相关内容，将社会建设和社会管理方面的工作提到了前所未有的高度。十八大报告第一次鲜明地提出了“构建中国特色社会主义社会管理体系”的重要战略思想，对中国的社会建设和社会管理的新的时代内涵作出了更深入和系统的阐述和完善。

十八大报告提出，要“在改善民生和创新社会管理中加强社会建设”，并增加了“加快健全基本公共服务体系”的新内容。更重要的是，十八大报告把社会体制改革、加强和创新社会管理纳入社会建设范畴中。“社会管理”不能等同于“管理社会”，它不仅包括了政府对社会的管理，还包括了社会的自我管理，即建立在社会自我组织基础上的自主管理，以及社会组织协同政府的社会管理。相应地，加强和创新社会管理的最终目标是让社会自身运转起来，社会自身的能力建设遂成为社会建设的题中之意。由此，社会民生建设、社会体制改革、社会管理创新和社会能力建设一起，构成了具有时代特色的社会建设新命题。

十八大报告要求，加快形成党委领导、政府负责、社会协同、公众参与、法治保障的社会管理体制，加快形成政府主导、覆盖城乡、可持续的基本公共服务体系，加快形成政社分开、权责明确、依法自治的现代社会组织体制，加快形成源头治理、动态管理、应急处置相结合的社会管理机制。这是中国共产党迄今为止对中国特色社会主义社会管理体系最为系统的表述。需要指出的是，十八大报告在原有“党委领导、政府负责、社会协同、公众参与”的基础上新增了“法

---

① 郑杭生，徐晓军，彭扬帆．社会建设与社会管理中的理论深化与实践创新：访中国人民大学郑杭生教授［J］．社会主义研究，2013（3）．

治保障”的内容，凸显了法治在促进社会和谐中的关键作用，这是在多元主体参与的社会管理格局形成后，对如何管理主体间关系提出的新要求。

十八大报告指出：“社会和谐人人有责、和谐社会人人共享。”这一延续十七大报告主题的新论断表明，政府并非社会建设的唯一主体。充分发挥社会功能，调动社会力量，发挥公民、社区、社会组织和其他社会力量的作用，是有效推进社会建设、成功构建和谐社会的重要途径。同时，社会建设的目标在于确保全体人民，特别是“较少受惠者”都能享受到改革开放的成果。因此，社会公平正义应是贯穿社会建设全过程的核心价值，是保障和改善民生、加强和创新社会管理的出发点和落脚点。

十八大报告关于中国社会建设和社会管理的新论断，是对中国共产党执政理念的丰富及其在实践层面的重大推进，是中国共产党在新的时代条件下坚持全心全意为人民服务的生动而具体的展现。执政为民，始终关心人民群众最现实、最直接、最根本的利益，就是要深入到每一个老百姓的生活中去，把建设温馨、和谐、安全、充满幸福感的新型社区作为自己最重要的工作，作为执政为民的最重要使命。建设一个老百姓安居乐业、守望相助、充满人文关怀的中国人的新型生活共同体，有利于在新形势下构建共产党与人民群众的鱼水关系，构建执政党与老百姓相互支持的良性互动关系，是中国共产党和政府治理国家、治理社会的根本战略观念的转变，是中国社会建设和社会管理的又一理论创新。

第二节　社区重构：从单位中国走向社区中国

经济领域在变革的同时，也带来了传统社会的解体。改革开放前的中国，农村社会更接近于西方学者笔下传统社会中的共同体，一定村庄内的人们基于共同的信仰的情感，以共有传统、习俗和习惯作为规范，通过长期自然的面对面的频繁交往，形成了一种守望相助、亲密友爱、富有人情味的生产、生活共同体，我们称之为人民公社；而在城市社会，单位体制是中国在现代化进程中诞生的一种社会调控体系，在很长一段时期内，单位体制满足了中国重建社会政治秩序和推动现代化进程的双重需要。中国依靠单位这种组织形式完成了对各种要素的吸纳与统合，单位组织按照其级别高低和职能与行业分布的不同，被政党和行政的力量分割成若干个平行林立的管制领域。由于单位体制的长期存在，人们也以单位为基础形成了相对稳定的工作生活“共同体”：人们长期地在同一个单位工作，在同一个单位大院生活，大家共同遵守相同的单位规章制度，享受基本相同的福利待遇，在频繁的交往中逐渐形成了共同的规范和情感。

传统社区解构的过程，是伴随着单位中国体制的解体的。计划经济体制造就的城市社会单位制和街居制的解体，经济领域的变革，以及市场经济的推进，不仅提高了人口的流动性，加快了“熟人的社会”向“陌生人的社会”（费孝通，1981）的转变，同时也打破了原有的基于传统道德、亲密人情关系的社会交往方式，取而代之的是以等价交换为原则的利益交往方式，以及在法律和契约规定下对个人价值与利益的追求。

一种社会解体之后，就需要另一种新的社会重建出来。这就是社区中国的崛起。

社区是城乡社会的基本构成单元，是一个个“小社会”和大社会的缩影。社区的形成是社区建设的结果。社区是社会的基本构成要素之一，因此，社区建设实质上是社会建设的一个方面。新型社区已成为中国社会经济发展结构转型中的一个战略性问题。中国的社会经济结构正处于这样一个转型之中，面临着四个方面的挑战：一是知识经济的挑战。我们必须迎接这个挑战，否则与发达国家的差距将越来越大，从而影响到中华民族的生存与发展。二是全球一体化的挑战。我们要与国际全面接轨，不仅经济上要与国际接轨，社会生活上也要与国际接轨。三是可持续发展的挑战。过去我们的经济社会发展目标只是单纯追求经济增长，现在提出了以人为本的全面协调和可持续的科学发展观。四是新型城镇化的挑战。以人为本的新型城镇化，需要不断加强和完善城乡社区建设，构建城乡新型生活共同体。

社区建设是指在党和政府的主导下，依靠社区力量，整合社区资源，强化社区功能，解决社区问题，构筑新型基层社区管理体制，提高社区成员的整体素质和生活质量，建设现代化文明和谐的新型社区的过程。其基本内容包括开展社区居民自治、构建社区治理体系、拓展社区服务体系、构建社区安全、繁荣社区文化、改善社区生态环境等。它和国外的社区发展运动具有一定程度的相似性。社区建设的最终目标，就是要使社区变成城乡居民依法实行自我教育、自我服务、自我管理的具有自主性和能动性的新型社区。现代新型社区的形成必须具备两个前提条件：一是重建社区居民共有生活空间，促进邻里间的交往和交流，强化邻里依存关系；二是重建社区居民共有价值共识，凝聚全体社区居民，增强社区居民的社区认同感和社区归属感。这两点是新型社区建设的基本任务。

正因为如此，党的十八届三中全会提出“推进国家治理体系和治理能力现代化”的战略任务，并且要求统筹城乡社区建设，促进群众在城乡社区治理中依法自我管理、自我服务、自我教育、自我监督。这就需要我们深刻理解国家治理和社区治理的内在关系，科学把握社区治理的基本特征，积极推进社区治理创新。

在当今中国治理体系中，社区治理具有基础性地位和作用。这主要是因为，一方面，社区是城乡的基本构成单元，我国城乡社区建设操作领域所界定的“社区”，大多是指居民委员会辖区和村民委员会辖区共同体，它们属于基层法定社区范畴，是现实社区的重要表现形式。正是这些现实社区的有机集合构成了当代中国这一生机勃勃的社会有机体，社区治理在构建整个国家治理体系中，具有基础性的地位和作用。另一方面，具有中国特色的新型社区建设肩负着构建中国人新型社会生活共同体的历史使命。正式发端于20世纪90年代前期的新型社区建设，是经济转轨和社会转型的客观要求和必然产物。与此相一致，“单位人”向“社区人”、“社会人”的转变成为普遍现象，乃至出现了居民利益社区化的趋势。例如，救助工作的社区化管理，使贫困阶层的利益诉求转向了社区；人口老龄化尤其是企业退休人员的管理服务的社会化，使广大老年人的利益诉求转向了社区；住房商品化使广大业主的一部分利益诉求转向了房屋坐落的住宅小区及其社区物业服务管理机构；对于那些成千上万的流动人口的服务管理，也需要依托社区来组织实施。

现代社会管理的主体不仅仅是政府组织，它还包括社会组织和企业组织，其根本目标和出发点是建立一个开放、自由、民主、公正、平等、和谐的现代社会，使每一个公民有充分的自由和权利去追求幸福的希望和实现这种希望的机会。

十八大提出构建中国特色社会主义社会管理体系的重要战略思想，为新型社区建设提供了新的发展思路和目标。建设管理有序、服务完善、文明祥和的新型社区是构建社会主义和谐社会的重要内容和途径。无论是经济、政治、文化、社会方面的目标，还是生态环境方面的目标，我们都要落实到人民群众物质和文化生活水平的提高层面上来，而社区是聚居在一定地域的人们组成的社会生活共同体，人民群众物质和文化生活水平的提高，离不开新型社区建设。新型社区建设是社会资源再次分配的重要途径。社会保障和就业工作，需逐步交给社区去完成。全面建设小康社会要求基层民主更加健全，这就离不开社区居民自治。同时，人的全面发展，形成全民学习、终身学习的学习型社会，以及生态文明建设，也离不开新型社区建设。

新型社区成为中国人的新型社会生活共同体。在计划经济体制造就的单位制和街居制社会体制下，传统社区没有太多活力和凝聚力，社区工作对象除了居住在社区的老年人外，就是没有单位的居民，社区功能非常单一。而经济转轨、社会转型后的城市新型社区就不同了，除了原有的工作对象外，单位人逐渐演变成了社会人、社区人，流动人口、失业人员和离退休人员也已开始纳入社区管理范畴中，因而，社区工作的总量大大增加，结构也越来越复杂。大量的社会管理、社会服务、社会保障的功能也就不断从政府和企事业单位中剥离出来，并由社区承接，这就有力地提升了新型社区的特征和功能，丰富和拓宽了新型社区建设的内涵，使新型社区从微观的层面担当起了造就大社会的重任，成了能协调和凝聚方方面面的中心和平台，构成了功能比较齐全的“社区中国”。

新型社区是构建和谐社会的基础和基石。我国现在既是经济飞快发展的黄金期，又是各类社会矛盾和社会问题的凸显期。社会转型必然会造成社会各阶层利益格局和结构发生变化。社会地位的下降会引起人们心理上的不平衡，收入的悬殊会使人们产生不满的情绪，工作的紧张会增加人们的精神压力，价值观念和生活方式的变化会给人们带来许多的不适应，人口流动频率的加快会使城市管理的难度越来越大，社会上消极的东西会给人们造成负面的影响，再加上突发的天灾人祸，所有这些影响社会稳定的因素虽然都反映在社会，但都发生在社区。所以，社区处在所有社会问题和社会矛盾的风口浪尖，社区只有提前做好防范工作，才能最大限度地把各种问题消化在基层，才能够防患于未然。

新型社区是中国公民民主实践和培育公民公共责任的有效载体。社区居民自治，是加强基层民主建设的一种最好形式。社区居民通过民主选举、民主决策、民主管理和民主监督参与社区事务的直接管理，这是国家法律赋予居民的神圣不可侵犯的权利，也是社区事业兴旺发达的表现。居民社区参与是社区建设的第一原则，也是它的生命线。社区参与标志着居民既能分享社区利益，又能承担社区责任，标志着居民对社区的认同和关爱。实践证明，有活力、有创造力、有效率的健康的社区，都是居民社区参与率比较高的社区。通过社区建设工作的不断推进，新型社区将成为基层民主自治的一个坚实的平台，成为居民从参与管理社区事务走向参与管理社会事务和国家事务的起点。

新型社区是构建学习型社会的重要载体。社区是城乡生活的细胞，是城乡发展的标志，是社会稳定的基石。每一个人除了工作以外，大半生时间都是在社区度过的。社区的人文环境、自然环境、民风民情、文明程度，对每个人的身心发展都产生着极其重要的作用。当前，世界上许多国家已越来越重视创建学习型社区和学习型城市，如新加坡、土耳其、澳大利亚等国家都在积极地开展创建全新的学习型社区、学习型城市和学习型政府的活动。学习型社区把政府、企业、家庭和机关团体有机地联合起来，通过组织健康而丰富多彩的文化活动，帮助社区成员建立共同愿景、进行团队学习、改善心智模式和进行更系统的思考，提高社区居民文化素质和文明素质，为社区发展注入新的活力，达到促进社会稳定和保障国民经济持续健康发展的目的。学习理念的转变，带来的将是人们思想观念的更新、心智模式的改善，从而使人们确立全新的发展理念，为整个城市社会的跨越发展积蓄新的能量。

新型社区建设的目标是构建以“自治、共享、合作、参与、协调”为原则的城乡基层管理运作系统，即从传统的以居民户籍管理为主，转变为以居民居住地社区管理为主；从以条块分隔、条条为主，转变为条块结合、块块为主；从以行政手段管理为主，转变为社区居民依法自治、民主管理为主。因此，新型社区成为推进国家治理体系和治理能力现代化的重要载体。

第三节　新型社区：中国人的新型生活共同体

我们这里提出的新型社区，是指在传统社区解构的过程中，依据法律法规、自然地理因素或心理情感因素建立起来的具有新自治能力、新治理结构、新服务体系、新安全观念、新文化理念和新生态功能的新型生活共同体。

社区是城乡的基本生活单元，是中国人的新型生活共同体。新型城镇化最终要解决的，就是构建一个居民自治、治理有序、服务完善、安全构筑、文化认同、生态优化的中国人的新型生活共同体。“21 世纪对世界影响最大的两件事，一是美国的高科技产业，二是中国的城镇化。”诺贝尔经济学奖得主斯蒂格利茨曾经如此预言。而中国正以 2012 年已达 52. 57% 的城镇化率和 7. 12 亿的城镇人口，对世界产生着深刻而广泛的影响。中国的新型城镇化，正致力于积极推进城市和农村的新型社区建设，健全新型的社区管理和服务体制，把城乡社区真正建设成为居民自治、治理有序、服务完善、安全构筑、文化认同、生态优化的中国人的新型生活共同体。

一、新组织：重构政府与社区新型关系

中国社会经济结构的转型必然要求重构政府与社区的关系。新型社区变革的推进有助于政府改革的推进。“小政府、大社会”，意味着政府管不了也不可能

管到市民许多个人的事情，这并非说这些个人的事情不需要管，而是管的方式要改变，即从政府管转变为市民“自己管理自己”，还政于民，还社区于居民，通过居民社区参与来分担管理事务。也就是在城乡居住社区范围内建立一种新自治能力，这种能力体现为社区自组织体制，许多社会问题和社会矛盾都消化在基层社区的萌芽状态中。

社区自组织是指公域组织（政府）、私域组织（企业）之外的第三域组织。走向社区自组织参与，意味着政府如果要实现其城乡基层管理的目标，必须和社区的各种组织特别是强调自主自理的第三域组织相互信任、相互支持、相互合作。社区自组织参与的理念，要求政府在每一件社区公共事务上都能与社区公众保持良好的合作关系。根据社区目前的综合实力，走向社区自组织参与，核心是构建新型社区自组织体制，提高市民的新自治能力，让社区成为居民实现自治的活动舞台，使不同职业、不同利益、不同角色的社会人群得到新的整合，形成对社区公共利益和共同价值的自觉认同，形成具有精神认同感和归属感的社会有机“共同体”。

新型社区建设的实质，是一场深刻的制度创新和体制创新。要培育社区居民的新自治能力，构筑新型社区自组织体制，必须在制度创新和体制创新上，把培育社区自治与优化政府管理结合起来，把新型社区既作为培育社区居民自治的平台，又作为实现政府管理重心下沉的平台，探索政府依法行政与社区依法自治相结合的运作机制，在体制和过程上形成政府专业服务系统与社区自我服务系统互动的活力。政府与社区实现互动，所带来的最终成效是，政府在社区居民中的威信得到提高，社区自治得到发育，居民得到更好的服务，辖区内单位得到实惠，政府与社区、社区与居民实现“双赢”。

社区自组织体制包括纵横两个向度的社区重构和社区整合：一是从纵向方面，即在原来的行政、社会合一的城市基层行政区体系的基础上，突破基层行政区在社区管理体制方面的种种限制，做到“责权利”全面到位，改变城乡基层行政管理旧体制与现代社区管理社会化趋势不相适应的状况；二是从横向方面，即理顺地方政府与社区内各种社会组织成员的相互关系，形成一种具有主体性、自治性的民间社会、市民社会管理活动，让社区居民和社区自组织充分参与社区管理体制建设，从而在更大的范围内构建规模不同、形态各异、功能明确的社区自组织参与新模式。新型社区自组织体制可以考虑由三个层次构成：

1. 社区建设（规划）委员会

这是在中观社区层面（地方政府一级管辖的地区）创建一个网络联盟和共

建组织，它的主要职能为：统筹规划，即对每个社区以及社区与社区之间的发展和管理作出统一规划，确定整个地区范围内社区建设与社区发展的近期、中期和远期目标与任务；组织协调，即根据规定的目标和任务，利用有效的机制和方法，寻找并落实管理任务的执行者，调节中观社区层面内各社区的组织关系，配合社区体制建设工作的正常实施；监督调控，即以管理职责为依据，对社区管理的情况进行检查和监督，使之符合社区体制建设的目标和要求。

2. 社区管理委员会

在微观社区层面（经过社区体制改革后作了规模调整的居民委员会和村民委员会辖区）创建一个具有网络结构的社会复合组织、管理组织和协调组织。它的职责和定位是社区建设和社区发展的组织者、社区居民利益的保护者和社区多方利益的协调者。社区管理委员会从成员构成上看，是一种联盟和网络组织。它由社区居委会、业主委员会、物业管理公司、发展商、居民代表、辖区单位、政府职能部门组成。其职责是协调社区内各方管理者之间的职权范围和利益关系，让社区各方管理者建立起组织联系，相互配合，使其各司其职，以便在社区层面上形成合力，统一管理，实现社区公共事业的目标。

3. 社区社会组织和专业服务组织

它接受社区管理委员会的指导，组织社区居民开展各种丰富多彩的有益的活动，代表居民直接参与社区管理和社会事务。社区居委会作为社区自治主体组织，其议事层由全体社区成员选举产生，实行兼职制，行使社区民主议事和民主监督的职能。社区居委会的执行层，即社区居委会的专职工作人员通过公开招聘，实行专职制，负责社区具体公共事务的管理。业主委员会，是一个由物业管理区域内业主代表组成，代表业主的利益，向社会各方反映业主的意愿和要求，并监督物业管理公司管理运作的社区民间组织。物业管理公司属专业服务组织范畴，主要是提供面向全体社区居民和不同人群的各种社区管理的专业化、社会化系列服务。

二、新公民：社区人—社区公民新主体的培育和成长

所谓社区自组织体制，实际是让社区来解决居民日常生活中出现的问题。根据社区目前的综合实力，社区自组织体制的首要任务是动员更多的社会力量，进而组织广大社区居民参与社区生活的自理，提升社区居民的新自治能力，让越来越多的居民自己来协调和管理他们在社区里的各种关系，从而在社区内创建一个适应于中国社会经济结构转型、贴近居民具体生活和满足居民日常需求的新治理

体系和新服务体系。它的完善过程将是社区居民共同建设一个守望相助、尊老护幼、知礼立德的文化共同体的过程，也是共同缔造一个和睦成风、安居乐业、其乐融融的美好生态共同体的过程。这一过程也是社区人—社区公民新主体的培育和成长过程。

社区自组织体制是孕育社区人—社区公民成长的土壤。一个现代化的文明社会，其最本质特征既不是它有多么丰富的物质文明，也不是它有多么高超的技术文明，而是它有非常了不起的人文精神和社会政治文明。公民精神、公民权利的实现成为整个社会的第一要义是其最显著的标志。这样的社会，实现了从市民社会到公民社会的转变；社会从身份崇拜过渡到价值尊重，从权力时代过渡到权利时代；个人则从传统的单位人变成现代社区人和社会人；国家管理的目标，则由传统的为某种社会的“中心任务”服务转到为现代社会的具体的每一个公民服务。

社区人—社区公民新主体核心精神内涵包括：

1. 自治精神

自治精神就是强调社区公民“自己管理自己”，社区公民拥有自由选举权和言论自由权，政府还政于民、放权于民，居民通过社区参与来分担社会管理事务。通过加强社区自治组织建设，坚持扩大民主、居民自治的原则，积极推进社区居民委员会和社区业主委员会来依法实行民主选举工作，将社区居民委员会直接选举的范围扩大，作为基层民主进一步发展的标志，引导社区公民广泛参与社区公共事务，落实社区居民对社区公共事务包括物业管理的知情权、管理权、决策权、监督权，逐步实现社区居民自我管理、自我教育、自我服务、自我监督，以提高社区自治管理水平。

2. 共享精神

费孝通曾在对社区的解释中指出：“社区，它的含义中一个重要的部分，就是‘共同的’、‘一起的’、‘共享的’，就是一群人有共同的感受，有共同关心的事情，也常常有共同的命运。”① 共享精神是指社区公民不仅是社区建设的利益主体（或者说社区利益共同体），同时也是社区建设的精神共同体，他们共同享有社区发展的丰硕成果。这种共享精神理念使社区公民成为真正的社区利益共同体和精神共同体，他们在社区建设和社区参与中作为决策主体、执行主体、创造主体、利益主体和精神主体，同时又共同承担社区建设和社区参与中的风险。共享精神使社区公民具有荣誉感、认同感和归属感，激励社区公民更积极、主动、自觉地投身于社区活

① 费孝通．居民自治：中国城市社区建设的新目标［J］．江海学刊，2002（3）．

动，参与社区建设，并形成社区发展的良性循环和发展活力。

3. 合作精神

公民社会理论的核心观念是在国家控制之外的社会生活领域之间存在着一个有别于国家又独立于国家的公共空间。在这个公共空间中存在着众多以自愿和合作为目的的结合起来的社区自组织，并构成水平式互动的网络结构和联盟。社区自组织也叫非政府组织，或被称为第三部门，是一个成熟的现代公民社会的基础。当前我国的非政府组织力量还非常弱小，社区参与的动员和组织能力极其有限。公民社会中的社区自组织服务于公民和社会的途径：①通过构建社区自组织，提高公民的新自治能力，使不同职业、不同利益、不同角色的社会人群得到新的整合，形成对社区公共利益和社区共同价值的自觉认同，形成具有精神归属感的社会有机“共同体”；②通过训练公民个人并创制社会团体组织网络，约束放肆的个人主义并培养合作精神。公民社会理论的重点在于政治领域之外的社会领域，强调制约国家权力、保护个人的自由和权利，强调培养公民之间的合作互助精神。这种合作互助精神又要以平等精神和自我约束为前提。因为，无论何种职业、收入多少、官职高低，人们在社区中的身份都是居民，大家对社区公共事务都有平等的权利与义务。社区公共事务理应由居民群众在平等协商的基础上自我处理和解决。在社区中，不仅居民和居民之间的关系是平等的，即便是居民自治组织和政府部门之间也不是行政隶属的上下级关系，而应该是一种平等的协商对话关系。

社区人—社区公民这一新主体概念，通过倡导社区公民参与社会行动、进行社会互动，培育社区公民的自治精神、共享精神、合作精神，最终实现人与社会的互动、人与人的和谐、国家与社会的双向发展、市民社会向公民社会的过渡。

三、新文化：以文化共同体为目标的社区文化建设

文化是一种包含着精神价值和生活方式的精神共同体。以构建居住地新治理体系和新服务体系为核心的新型社区建设，从本质上讲是一种新文化建设。不管人们的自觉程度如何，我们事实上是在建设一种新文化——社区文化。就目标而言，这种社区文化是植根于历史文化传统，反映时代进步精神，具有城乡新型社区特点的先进文化，是一种综合反映城乡社区历史人文特点和现代文明程度的先进文化。只有从文化共同体的创新意义上认识和把握新型社区建设，才能准确地确定新型社区建设的目标和发展方向，完整地把握新型社区建设的精神实质和精神内涵。

以文化共同体为目标的社区文化建设，其文化整合和文化创新功能主要表现在

以下四个方面：

1. 提高社区人的素质，促进社区的全面发展

社区通过社区文化一系列的活动和手段，起到陶冶人、锤炼人的作用。在现实和实践中，我们发现，与其他的一般社区相比较，一个社区的文化活动越丰富和越有特色，社区居民参与越主动、越广泛，这个社区整体的文明水准就越高，这个社区的人的道德文化素质和全面发展程度就越高。人的素质提高综合了思想道德素质、科学文化素质、心理情感素质、身体健康素质等诸多方面，而所有这些方面都同社区文化建设的内容相关联。

2. 优化社区人际关系

社区文化的实践有利于形成一种和睦、融洽、安宁的共同体气氛，良好的社区人文环境是建立在相同品位、相同社会地位之上的和睦的社区人际关系，邻里之间守望相助、互相友爱、健康向上，社区人由此可以从现代社会普遍存在的压抑感和不安全感中解放出来。社区文化建设有助于这样一种和谐的邻里关系的形成。

3. 满足社区人的情感和精神需求

随着城乡居民物质生活水平的提高，人们对精神生活有了更高的需求，而社区文化恰恰在很大程度上满足了人们对情感和精神生活的需求，社区为他们提供了场地和空间。社区居民在紧张繁忙的一天工作后会感到精神倦怠、身体疲劳，社区文化将为他们提供一个轻松、愉快和舒适的环境和空间，使他们从精神劳累和精神压力中解脱出来，得到精神上的满足和享受。

4. 培育社区共有精神和价值共识

社区文化的核心就是社区共同价值观和价值共识的培育和创新。我们的社区要有凝聚力、号召力，就必须发现和培育社区的共同价值观和价值共识。社区的共同价值观和价值共识也就是社区居民共同追求的意愿，是对社区的某些事物、关心的事情，对我们自身的前途、自身的命运的一些共同的认知、共同的判断、共同的选择。有共同意愿才能增强社区成员的认同感和归属感。我们必须努力提高居民社区参与意识，倡导社区的公共合作和互助志愿精神，促使居民积极参与社区的公共事务，提高社区的自我管理能力，进而提高全社会的文明程度。

以社区文化为导向的新型社区建设，其发展新思路体现“三大文化主题”建设：

1. 建设以环境为标识的新居住生态文化

以环境为标识的生态文化，体现在为居民提供创造一个天蓝、地绿、水清、空气新鲜、整洁干净的社区生态环境，以切实提高社区居民的居住生活质量，实

现人与自然的高度和谐统一。

2. 建设以制度化服务为特色的新居住行为文化

以制度化服务为特色的居家文化，包括提供便利居家生活的数字化生活方式、建立保障居家安全的安全防范体系、体现人文关怀的专业化社区管理服务理念，以及形成体现家园意识的社区公众参与行为。

3. 建设以终身化学习为导向的新居住精神文化

以终身化学习为导向的精神文化，旨在开展形式多样的思想道德教育和科学文化教育活动，培养居民良好的核心价值观和道德精神风貌，倡导学习科学文化知识，促进居民身心的全面和谐发展。

四、新管理：社区管理服务专业化、社会化实践引领

新型社区建设，需要社区管理服务专业化、社会化实践的引领和推动。城市社区之所以叫新型社区，很大程度上是中国的居住产权结构发生变化的必然。从20世纪90年代以来，中国致力于大力推进城市房屋产权的改革，今天的中国新型社区的形成其实是居住产权变化的结果，可以说居住产权的变革正在改变中国的社会深层结构，居住的变革正在全方位地、多层面地、深刻而广泛地影响着中国文化的变迁和社会的进步。在短短十几年时间里，中国居民拥有住房产权的比例发生着根本性的变化，现在中国城乡里多数居民拥有属于自己产权的住房，在这种新情况下，新型社区结构也是产权结构变化的结果。并且，作为一个社会群体来看，新型社区是对应一个社会的中产市民阶层而言的，中产市民阶层是中国城乡新型社区形成和发展的必要社会条件。

中国从20世纪80年代出现物业管理这一新生事物以来，已经历了30年的发展历程。如何为城乡新型社区居民创造安居乐业的美好家园，从规划设计和制度安排上适应城乡新型社区管理体制的变化，是城乡新型社区建设需要深入研究的新课题。

专业物业公司为新型社区提供管理和服务，物业公司以市场化、社会化方式运营，为社区业主提供专业化、精致化、社会化的管理服务，居民委员会的管理职能也逐步转变，社区全体成员（业主委员会、开发商、物业管理公司和居委会）走向相互依存、和睦共处。

第一，物业管理行业在构建城乡新型社区过程中发挥着服务、协调、引导的作用。在和谐社会建设中，如何构建城乡新型社区成为一个重要课题，成为和谐

社会建设的一个有机组成部分。在和谐新型社区的建设过程中，物业管理行业不仅应该而且能够发挥引领作用，这就要求物业管理企业在为业主和使用者做好服务的同时，还要加大“社区是我家，建设靠大家”的主题宣传、协调力度，引导社区向“和谐共处、共同进步”发展。这种作用的发挥，不仅能为物业管理行业自身的发展提供广阔空间，而且必将极大地促进整个社会的和谐和进步。更重要的是，身为构建城乡新型社区管理服务引导者和推动者的物业管理企业，首先应该提高自身对“和谐社会、和谐社区”的认识和服务于社区、服务于社会的强烈责任感，以构建“和谐社区、幸福社区”为始，以打造“和谐社会”为终，为城乡新型社区管理提供专业化、社会化的服务保障。

第二，提升社区居民的“社区公民”观念和意识。社区居民是城乡新型社区的主体，也是城乡现代文明建设的创造者，社区居民素质的高低对城乡现代文明程度具有决定性作用。新型社区建设是一项宏大的系统工程，需要全体居民的共同参与才能取得成功。应当通过立法和加大宣传的力度，把文化道德风尚、社区安全构筑、优化生态环境、全民服务等有机地结合起来，提高广大人民群众对物业管理行业的认识，使他们从心底里感受到社区就是自己的理想家园，从而关心和配合物业管理，以主人翁的态度参与社区的齐抓共管，形成“群策群力、共居一地、共保安宁、共建文明”的时代新风尚。

第三，建设“社区共生、天人合一”的生态新居住区。市场的开放和经济的发展，必然使人们的生活水平实现从量到质的飞跃。人们向往的是“社区共生、天人合一”的生态居住环境，关注的是居住质量，追求的是高品位的生活。因此，新世纪的社区人居建设，应当把“社区共生”和“以人为本”的服务理念，贯穿到社区规划、社区建设和社区物业管理的全过程、全产业链条中，这样才能营造出“社区共生、天人合一”的生态新居住环境。

提起新加坡，人人都知道这是一个美丽的花园城市。这里环境清新，到处绿树葱茏，鲜花点缀，法律政纪严明，管理井然有序，工作生活便捷，处处体现管理严格、社会安定文明……新加坡之所以能够具有良好的城市形象、拥有良好的世界信誉度、享有美誉，离不开其高水准的专业化、社会化社区管理和服务。一个居住区就是一个城市的缩影。我们有理由相信，伴随着政府对物业管理市场的培育和社区公民意识的树立，城乡新旧居住区全面推行社区物业管理，并把“社区共生”和“以人为本”理念贯穿到社区物业管理的全过程之中，将会在我们的城乡社区营造出人与自然、人与社会、人与人和谐共处、共同进步的新景象。

下图为“社区共生、天人合一”的生态新居住区：

图 1 - 1

图 1 - 2

图 1 - 3

（图片来源：都市田园的博客，http：//wgj22233. blog. 163. com/）

第四节　典型案例

【案例】

都市田园　心中的田园

——追求自然、生态、健康和时尚的新型社区生活

早上，当你在烦躁中开始一天单调乏味的工作时，幼儿园的孩子们正挥着彩色的小铲子，等待花盆里的幼苗长大；正午，当你正在惆怅“吃什么”时，李梅摘回了自己种的茄子、豆角并做了午饭；周末，当你又在微信上“刷”了大半天时，老张爬上树，摘下了一筐筐玛瑙似的红樱桃……钢筋水泥的丛林里，都市田园何处有？他们的生活，或许能给你一些启发。

娃娃们的菜地

北京亚运村正北 4 公里处，有一个 5 万人的社区——北苑家园。社区里有个幼儿园，园长王芳为了让孩子们能体验田园乐趣，想出了阳台种植的办法。

她自己跑花卉市场，购置花盆、挑选各色菜苗……让每个孩子都有自己的“菜地”，能够在这里栽花种菜。

早上，孩子们陆陆续续来到幼儿园，气氛渐渐活跃起来了。这些在城里出生、长大的孩子，围坐在一起听老师讲农场的生活，他们充满了好奇。老师经常随手拿出一棵菜苗，讲着植物的结构。老师走后，小朋友往往还拿着菜苗，在原地翻来覆去研究半天。教室的阳台上放着很多盆子，盆子里种着各种各样的菜。老师在给小朋友示范栽种菜苗的时候，孩子们就拿着小铲子，在一旁认真地看着、听着。

在这里，随时都能见到手上、脸上沾着泥土的孩子，孩子们总爱自己动手去松松土，拨弄拨弄小菜苗，对菜苗该怎么拿、怎么种……都充满了好奇。分到一棵小菜苗，便满心欢喜。偶尔在叶子底下发现一个青涩的小西红柿，更是视之如珍宝。

“人多好干活。”种一棵菜，往往需要几个小朋友合作。班里只有一个洒水

壶，小朋友们争着要给菜苗洒水，吵着说：“让他们吃得饱饱的。”拿到洒水壶的小女孩，露出欣喜的笑容，惹得其他孩子一脸羡慕。

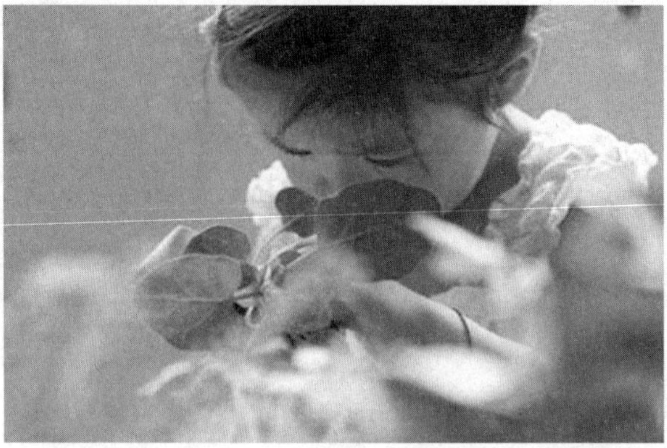

图 1－4　小朋友研究着手里的植物，看得入了迷

小区户外的土地上也有小部分地可以种菜，小朋友们穿着写有自己名字的安全背心，成群结队“开着小火车”，跟着老师去户外种菜。

栽种结束后，小朋友们回到教室，用绿色颜料勾画着田园生活。一面墙，很快就在孩子们的笔下变成了绿色“田园”。种完菜，孩子们脸上沾满泥；画完“田园”，孩子们脸上又沾满了颜料，索性直接上个“烟熏妆”。

在钢筋水泥的大都市里，一块小小的菜地，便让这些孩子接了“地气”、近了自然。

李梅的小院

李梅家住北京市顺义区，这个小区几乎每栋楼前都有个小园子，每家每户都会在园子里栽些花花草草，种点瓜果蔬菜。

6 月，走进李梅的小院，西红柿已经有拳头大小了，李梅说过几天就能吃了。扒开叶子，绛紫色的茄子便“蹦跳”出来，李梅把它摘回去，配上几根豆角，翻炒几下，一道美味的“茄子豆角”就上桌了。嫩黄瓜用剪刀剪下来，拿回去随便一冲，宝贝孙子接过来就塞进嘴巴，大口大口地吃着，满屋都弥漫着一股清香。想吃水果，也不用买，自己种的杏儿黄澄澄的，比外面买的甜多了。

图 1－5　正午，李梅从她的后院中剪下几根黄瓜准备给孙子吃

午饭后，趁孙子午睡，李梅便开始打理她的菜园。给菜浇浇水、除除草、松松土，掐掉多余的藤蔓。她还给宝贝孙子养了只小白兔，剩下的菜叶就用来喂它。在李梅眼中，这样的喜悦是住在高楼大厦里无法比拟的。“在城市待久了，不觉得有多么好，现在有着自己的小园，吃着自己种的绿色食品，既放心又高兴。”李梅说。

菜园的每个角落都是李梅精心布置的，哪块地种什么，要施多少肥，哪些蔓该修剪，各种蔬菜的生长习性，她都了如指掌。看着这些植物生根发芽，结出丰硕的果实，李梅满心欢喜。她说，有这些就足够了。

住进四合院　种棵辣椒苗

今年 61 岁的曹红艳是刘韦廷的母亲，她是个“闲不住”的人，一直有个住进四合院的心愿。

刘韦廷从小就在西四的大院中长大。在儿时的记忆里，母亲总会带她到街坊邻居家串门，她对北京的胡同和四合院那是再熟悉不过了。

去年，刘韦廷听说西四北二条有一处四合院要转租，离自己家只隔两条胡同，四处打探后，联系到了院子的主人。经过多次商议，她最终把这处四合院租了下来。这不仅了却了母亲多年的心愿，刘韦廷自己也十分开心。

图 1 - 6　四合院里的刘韦廷

曹红艳说："要做就要做得有模有样，就按我对四合院的记忆，还原咱老北京的模样。"但在刘韦廷看来，这院子不仅要古色古香，还需要加入点现代元素。

老北京的四合院中少不了藤蔓、绿植、摇椅、竹笼，而对于年轻人来说，没啥都不能没了 WiFi 和舒适的休息环境。

于是，盆景、假山有了，摇椅、竹笼也买回来了。竹笼里养着鹩哥，陶罐里种满了薄荷。一只猫咪在阳光下，发着呆，打着盹，自在玩耍。窗台上、台阶旁，围几根栅栏，弄几个盆子，种几棵辣椒苗，栽一些时令鲜蔬，装点生活，品味鲜美，算得上四方院落里的一角田园了。古韵与现代、记忆与现实，在这一家人的磨合下，完美地结合起来了。

天气好的时候，约上三五好友，沏壶茶，聊聊天。在院子里搭个小桌，炒几个自己种的小菜。饭后晒晒太阳，吹吹风，打个盹，好不惬意。

看着满窗风景，听着虫鸣鸟叫，隐秘在都市里的四合院闹中取静，生活在这里闲适安逸。

老张的果园　游人的周末

老张叫张国栋，北京昌平崔村镇真顺村人，11 年前承包了 4 亩地，开始种樱桃。

图 1－7　老张在他的果园里

老张的果园叫“兄弟果园”。“这果园不是我的，是给我两个儿子承包的。”老张感叹道：“我都 60 多了，还能干几年啊，等以后留给儿子。”他有两个儿子，一个在北京开出租车，另一个在昌平上班。休息日，两个儿子就都回来帮着老张打理果园。目前，果园里种着 4 亩樱桃和 10 亩苹果。夏天收樱桃，秋天收苹果，一年到头都有得忙。老张说，农民一睁眼就是活。他说：“人不能闲着，总得找点事做，不然就废了。”因此，对他而言，忙在果园就是一种幸福。

见到老张的前一天，北京下了场大雨，这对干旱闷热的北京是件好事，对老张的果树也是件好事，可是，泥泞的路面却让来人很为难。但这对于老张来说，根本不算什么，脚上一双耐磨的“解放鞋”，走起路来大步流星，说起话来声若洪钟。爬上树去摘樱桃，来来回回把樱桃送到老伴儿手里，老伴再把它们一箱箱装好……6 月 6 日上午，老张接待了一波大客户，一下卖出了几十箱樱桃。

果园除了卖水果，还可以接待游人来采摘。这几年，越来越多的城里人，周末和节假日来这里休闲放松，果园的生意一年比一年好。

老张说，他种的樱桃绝对没有农药，每年春天喷一遍石灰硫黄合剂就行。他对前来采摘的游客说：“树顶的樱桃接受日照最充分，所以口感最甜。”他说，现在的日子是太好过了，也不用担心什么。

雨后的蓝天下，樱桃园映衬着强烈的阳光，满眼绿色，一片宁静。樱桃树下，老张种了几行葱，整整齐齐的，长势很好。苹果园里郁郁葱葱，时有老张散养的鸡四处走动，在阳光下觅食。

不论是在幼儿园学习种菜的孩子，自己种菜丰衣足食的李梅，还是租个四合院种菜栽花的刘韦廷，替儿子打理果园、为城里人提供休闲去处的老张……他们有各自的田园，但无一例外，他们都乐在田园。

一块菜地，几根菜苗，便能让城里人接接“地气”，近了自然。慢下脚步，闲下心来，享受田园。都市田园何处有？在郊区，在小院，在阳台……其实，田园在我们心里。

（资料来源：千龙网，http：//photo. qianlong. com/4404/2014/06/16/6164@9676024. htm）

第二章　社区：一个共同体概念及其当代发展

第一节　社区：一个共同体的概念

社区是世界各国社会结构与社会体系的重要组成部分。社区研究是一个公认的国际前沿课题。

英国学者 S. H. 梅因在 1816 年出版的《东西方村落社区》一书中首先使用了社区一词。德国社会学家 F. 滕尼斯（Ferdinand Tonnies）从社会学研究的角度首次提出了社区的概念。他在 1887 年出版的《社区与社会》（*Gemeinschaft and Gesellschaft*）一书中提出了“社区”的概念，即“Gemeinschaft”（德文，一般译为共同体、团体、集体、社区等）。滕尼斯用这个词表示一种由具有共同价值观念的同质人口所组成的关系亲密、守望相助、存在富有人情味的社会关系的社会团体，人们加入这种团体，并不是根据自己意愿的选择，而是因为他们生长在这个团体内。其后，美国的查尔斯·罗密斯（C. F. Loomis）将这本书译成英文，即 *Community and Society*[①]，并将德文“Gemeinschaft”英译为“Community”。Community 一词有公社、团体、共同体等含义。罗密斯认为，社区是自生的，而社会是结合的；社区是同质的或异质共生的，而社会是异质的；社区是相对封闭的、自给自足的，而社会则是相对开放的、相互依存的；社区往往是单一价值取向的，而社会则是多元价值取向的；社区是人们感情和身份的重要源泉。后来，美国社会学家 R. E. 帕克（Robert Ezra Park）等人又赋予了社区地域性的含义。帕克认为，“Community is not society”（意即社区和社会在概念上是不同的）。在 1933 年帕克访华之前，我国学界把“Community”和“Society”都翻译成“社会”，在帕克的影响下，费孝通等燕京大学青年学生，首次将英文“Community”

---

① Ferdinand Tonnies. *Community and Society* [M]. Translated by Charles F. Loomis. New York: Harper & Row, 1963, pp. 1 - 298.

译成中文“社区”,[①] 并将社区概念引进我国。费孝通先生在谈到“社区”这个术语的翻译时指出：社会是人际关系的综合，每一个社区都是一个社会，而社会却不是社区，“这个词实际是指在一个地方共同生活的人，……是指一群聚集在一个地方分工合作的人，它是具体的，这群人之间的关系，即人际关系，构成社会”。费孝通将社区定义为：“若干社会群体（家庭、民族）或社会组织（机关、团体）聚集在一地域里，形成一个在生活上互相关联的大集体。”他们在吴文藻先生的指导下，与其他学者一起致力于我国本土的社区研究，确立了社区研究在我国社会学中的重要地位。在中国社会学界中“Community”（社区）这个译名被沿用下来，逐步成为社会学的一个专门概念。后来，“社区”这一学术概念被许多中国学者引用，并逐渐流传到今天。

据统计，自滕尼斯提出社区的概念后，中外学界对社区概念基本内容的理解也在不断发生变化。至今关于社区的定义已有 140 多种。在此，我们举例说明之。

英国社会学家麦基文（Robert M. Maclver）在 1917 年出版的 *Community：A Sociological Study*（《社区》）中指出社区是由长期在某一地域生活的人们所自然形成的社会共同体。麦基文对社区研究的贡献主要有三点：

1. 赋予社区以地理学意蕴

麦基文主要是从人的活动地区来界定社区的。他把社区界定为“共同生活的任何区域”，农村、城镇是社区，城市、国家，甚至更大的区域也是社区。

2. 比较分析了社区和社团的根本不同

麦基文比较了社区和社团赋予在我们身份上的根本不同，进一步强调了社区作为人类生命家园的重要意义。

3. 把社区和国家结合起来进行比较研究

麦基文指出社区是类似于国家的一种综合组织，比专门组织对人的成长更具有全面的功能。

在当代社区的研究上，具有重要影响的是美国社会学家桑德斯（I. Sanders）于 1958 年出版的 *Community*（《社区论》）。在桑德斯看来，社区不再是单面的而是多面的，社区性质不再是单维的而是多维的，社区至少有五种属性：地域性、人口性、体系性、冲突性、场域性。桑德斯的贡献，主要在于提出了界定社区发展的四种方法：

第一，作为一种过程的社区发展，重在步骤与过程；

① 费孝通. 学术自述与反思——费孝通学术文集［M］. 北京：生活·读书·新知三联书店，1996.

第二，作为一种方法的社区发展，重在过程与目标；

第三，作为一种方案的社区发展，重在方法与内容；

第四，作为一种运动的社区发展，重在计划与动力。

与桑德斯的《社区论》差不多齐名的另一部著作是美国社会学家华伦（R. P. Warren）于1963年出版的 *The Community in America*（《美国社区》）。华伦总结了对社区的六种基本界定：

第一，地方性社区，包括农村社区、都市社区；

第二，人的社区，主要是社区人口；

第三，作为共享的制度和价值的社区，包含着对文明和文化进化的考察；

第四，作为互动的社区，主要是指社区行动；

第五，作为一种权力分配的社区，包含着对社区权力结构的分析；

第六，作为一种社会体系的社区。

华伦分析了社区体系的沟通、边界维持、系统连接、社会化、社会控制和制度化等六个特征，并分析了社区的经济功能和教育功能。

乔纳森（Christien T. Jonassen）在《社区类型学》一文中的研究表明，大部分学者同意社区含有以下因素：

第一，人口的集中；

第二，地域；

第三，劳动分工的互赖体系；

第四，具有文化和社会活动的特质；

第五，归属感；

第六，自我维持与发展。①

《国际社会科学百科全书》中对社区的定义是：

第一，社区是居住于特定地区范围内的人口；

第二，社区是以地域为界并具有整合功能的社区系统；

第三，社区是具有地方性的自治自决的行动单位。②

世界卫生组织于1974年集合社区卫生护理界的专家，共同界定适用于社区卫生作用的社区定义："社区是指一固定的地理区域范围内的社会团体，其成员有着

---

① C. T. Jonassen. Community Typology. in Marvin B. Sassman. *Community Structure and Analysis*［M］. New-York：Thomas Y. Crowell Company，1959. 转引自夏建中. 现代西方城市社区研究的主要理论与方法［J］. 燕山大学学报（哲学社会科学版），2000（2）.

② D. L. 西尔斯. 国际社会科学百科全书［M］. 纽约：麦克米兰出版公司，自由出版社，1968.

共同的兴趣，彼此认识且互相来往，行使社会功能，创造社会规范，形成特有的价值体系和社会福利事业。每个成员均经由家庭、近邻、社区而融入更大的社区。”

由此可见，形成社区的四个要素包括：

（1）人民：社区由人组成。不论何种类型之社区，因人聚集与互动，方能满足彼此的需求。但人数多少才能形成一个社区，目前并无定论。社区太大、人数过多，将使彼此互动困难；但人数太少就一定不可能形成利益互惠与生活维持的团体。

（2）地方或地理疆界：以地理的范围来界定社区的大小，疆界是一般人最能接受的对社区的定义。但是，并非所有的社区都有明确的地理划分。如果界的区域不合适，将会对社区资料的收集造成一定的困难。

（3）社会互动：社区内居民由于生活所需彼此产生互动，特别是互赖与竞争关系，如社区居民的食、衣、住、行、育、乐皆需与他人共同完成。相关的经济、交通、娱乐等系统也因此而形成。社区经由不同的社会系统发挥功能，满足居民生活必需，建立社区规范。

（4）社区认同：社区居民习惯以社区的名义与其他社区的居民沟通，并在自己的社区内互动。同时社区居民形成一种社区防卫系统，居民产生明确的“归属感”及“社区情结”。

国外学者和组织机构主要强调社区概念的三个要素：社会互动、地理区域和共同约束。而在中国，学者们对社区基本概念的界定也各有差别。台湾地区的学者徐震（1978）认为“社区是居住于某一地理区域，具有共同关系，社会互动及其服务体系的一个人群”。刘视湘从社区心理学的角度把社区定义为：“社区是某一地域里个体和群体的集合，其成员在生活上、心理上、文化上有一定的相互关联和共同认识。”① 夏建中在对西方社区理论进行研究归纳的基础上，认为社区概念应该包括以下几个基本特征：

（1）共同性，主要指共同的利益、共同的文化、共同的意识或价值观等；

（2）非正式组织；

（3）社区居民间的互动；

（4）具有一些基本社会功能和一定规模；

（5）具有地域性。②

---

① 刘视湘. 社区心理学［M］. 北京：开明出版社，2013. 60.

② 夏建中. 现代西方城市社区研究的主要理论与方法［J］. 燕山大学学报（哲学社会科学版），2000（2）.

综上所述，在对社区概念的众多理解和解释中，我们不难发现，中外学者们都倾向于将社区界定为“在一定地理区域内具有互动关系的人们所组成的社会生活共同体”。

2000 年，我国开始在全国全面推进城市社区建设。国家民政部对社区作了如下定义：所谓社区，是指聚居在一定地域范围内的人们所组成的社会生活共同体。目前，城市社区的范围，一般是指经过社区体制改革后作了规模调整的居民委员会辖区。这是我国在政府层面对社区定义所作的权威性解释。

第二节　如何定义人类生活的共同体

无疑，社区概念最核心的内容是共同体概念。共同体概念最早可以追溯到古希腊，古希腊的城邦可以看作最本源意义上的共同体。古希腊人以公民们的共同信仰为联结纽带，以共同利益和对正义的追求为目标。共同体的概念不仅意味着一群人共同生活在一起，而且意味着他们之间形成了休戚与共的亲密关系和价值皈依。

在西方思想传统中，亚里士多德已重视共同体的意义。在亚里士多德看来，个人的善不能与共同体的善分离开来看待，人们是在一个共同体中，对共同善的追求使他们获得了相应的利益或善。①

如何定义人类生活的共同体，自马克思以来，中外学者们对这一问题作出了积极而富有意义的探索。

一、马克思关于共同体的思想

马克思在其著作中对共同体的类型、重要性等都作了许多阐述。他没有明确地界定共同体的概念，但仔细分析马克思所阐述的共同体思想后，我们可以发现马克思所说的共同体，主要指人们的群体结合方式或集体存在方式或组织形式，而无论它以实体还是关系表现出来，无论它以什么样的形态存在，也无论它的规模大或小，也无论它处于何种发展阶段，这些通通都无妨。②

1. 共同体的类型

马克思认为，人类共同体的发展与演变经历了三个阶段：自然共同体、抽象

① 龚群．自由主义的自我观与社群主义的共同体观念［J］．世界哲学，2007（5）：72～78.

② 秦龙．马克思对“共同体”的探索［J］．社会主义研究，2006（3）．

共同体和真正共同体。而这三个共同体对应着人的发展的三个阶段，即人对人的依赖、以物的依赖性为基础的人的独立性以及人的自由全面发展的阶段。[①] 在马克思看来，“自由人的联合体”是一种真正的共同体，实现人的自由全面发展也是这种真正共同体的最大价值。

2. 共同体的重要性

马克思十分重视共同体的重要性。他指出，“只有在共同体中，个人才能获得全面发展其才能的手段，也就是说，只有在共同体中才可能有个人自由。从前各个人联合而成的虚假的共同体，总是相对于个人而独立的；由于这种共同体是一个阶级反对另一个阶级的联合，因此对于被统治阶级来说，它不仅是完全虚幻的共同体，而且是新的桎梏。在真正的共同体的条件下，各个人在自己的联合中并通过这种联合获得自己的自由”[②]。

马克思认为，合乎人的个性全面发展的共同体必然是和谐的共同体。马克思指出人“不仅是一种合群的动物，而且是只有在社会中才能独立的动物”，“人的实质也就是人的真正的共同体”，“以群的联合力量和集体行动来弥补个体自卫能力的不足”。

从马克思的论述中可知，共同体对人类发展有着非常重要的意义。一是每个社会成员都必须依靠共同体而存在发展；二是共同体发展的最终目标是人的自由全面的发展，即实现自由人的联合体；三是阶级社会只有阶级自由，废除阶级的共产主义社会才会有全民自由，自由人的联合体是人类的理想境界。[③] 可见，自由、平等、合作是马克思关于共同体思想的内在特征。

二、国外学者关于共同体的理论

1. 滕尼斯关于共同体的思想

在马克思的论述中，他把国家与社会都看成共同体，而滕尼斯所阐述的共同体则是小群体。1887 年，滕尼斯在出版的《社区与社会》中提出了“共同体”的概念。他认为“由自然意志占支配地位的联合体成为共同体”。

滕尼斯认为，在“共同体”中，人们之间是基于共同的历史、传统、信仰、风俗及信任而形成的一种亲密无间、相互信任、守望相助、默认一致的人际关

① 秦龙．马克思从“共同体”视角看人的发展思想探析［J］．求实，2007（9）．
② 马克思，恩格斯．马克思恩格斯选集（第 1 卷）［M］．北京：人民出版社，1995. 119.
③ 刘忠全，陈东英．自由的个人与和谐的共同体［J］．探索，2008（2）．

系。“社区”或“共同体”体现了不同的、对立的关系。传统的农村村庄是共同体的代表，新兴的商业化城市则是社会的代表，由此也形成了城市与乡村的对立。“在共同体里，尽管有种种的分离，但仍然保持着结合；在社会里，尽管有种种的结合，但仍然保持着分离。”换句话说，“人们在共同体里与同伙一起，从出生之日起，就休戚与共，同甘共苦。人们走进社会就如同走进他乡异国”[1]。

滕尼斯把共同体分为三种：血缘共同体、地缘共同体和精神共同体。他认为，血缘共同体作为行为的统一体发展为地缘共同体，地缘共同体直接表现为居住在一起，而地缘共同体又发展为精神共同体，作为在相同的方向上和相同的意向上的纯粹的相互作用和支配。他还认为，精神共同体是真正的和最高形式的共同体。[2]

2. 齐格蒙特·鲍曼关于共同体的思想

英国学者齐格蒙特·鲍曼在《共同体》一书中对共同体展开了详细的论述，他认为，共同体是指社会中存在的、基于主观上和客观上的共同特征（包括种族、观念、地位、遭遇、任务、身份等）而组成的各种层次的团体、组织，既包括小规模的社区自发组织，也可指更高层次上的政治组织，还可指国家和民族这一最高层次的总体，即民族共同体或国家共同体。[3] 鲍曼对共同体对现代人的重要意义进行分析。他说，“在这个迅速全球化的世界中，我们都是相互依赖的，因为没有人能够独自掌握自己的命运，存在着每个个体都要面对但又不能独自对付与解决的任务。无论把我们分裂开来并促使我们相互疏远的是什么东西，划定界限并设置障碍，使得对这些任务的解决，变得更加困难。我们都需要获得这些条件——我们与生活的挑战进行斗争的控制权，但对我们中的大多数人来说，这种控制只能以集体的方式才能获得。在这里，完成这些任务时，共同体是人们最理想的东西；但同样是在这里，为了改变一下，也存在着让共同体不再失去的机会。如果说在这个个体的世界上存在着共同体的话，那它只可能是（而且必须是）一个用相互的、共同的关心编织起来的共同体；只可能是一个由做人的平等权利，和对根据这一权利行动的平等能力的关注与责任编织起来的共同体”；“共同体是一个‘温馨’的地方，一个温暖而又舒适的场所。它就像是一个家（roof），在它的下面，可以遮风避雨”；“在共同体中，我们能够互相依靠对方。如果我们跌倒了，其他人会帮助我们

① 项继权．中国农村社区及共同体的转型与重建［J］．华中师范大学学报（人文社会科学版），2009（3）．

② 斐迪南·滕尼斯．共同体与社会［M］．林荣远译．北京：商务印书馆．1999. 65.

③ 齐格蒙特·鲍曼．共同体［M］．欧阳景根译．南京：江苏人民出版社，2007. 1.

重新站立起来”[①]。在鲍曼看来，共同体能给人们的生存和生活提供一种安全的保障，由此增加人与人之间的安全感与信任感。

但是，鲍曼又认为，“‘共同体’意味着的并不是一种我们可以获得和享受的世界，而是一种我们将热切希望栖息、希望重新拥有的世界”。因为在当今迅速私人化、个体化和全球化的世界中，人们之间的信任、认同和忠诚持续弱化，共同体陷入解体之中。“共同体一旦‘解体’，它就不能像凤凰涅槃一样被再次整合为一体”[②]。“再多的汗水，也永远不会重新打开那扇通往共同体的天真、原始的同一与安宁的大门”[③]。

齐格蒙特·鲍曼的预言可能是悲观的，但是，他在此向今天这个时代的我们展示了在现代社会中传统共同体的认同和忠诚正在消退这一无可挽回的现实困境。同时，也向我们提出了一个严肃的问题：在一个日益开放和多元化价值观下的现代社会中，社区或共同体能否存在和延续？陷入解体的社区或共同体可否重新构建？齐格蒙特·鲍曼触及了在一个社会急剧变迁和社会分化的时代，“我们是否还能够共同生活”这样的核心难题，这是我们这个时代面临的一个严峻的挑战。

三、村落共同体与村社共同体的重建

社会学对地域共同体的一般定义是，一定规模的住户比较集中地居住在有一定界限的地理区域内；居住者之间表现出坚固的内聚性并相互作用；他们具有不基于血缘纽带的共同成员感和共同归属感。村落共同体以土地的私人占有为基础、以村落共有的水利设施为补充，在共同体中形成了关于耕地和耕作、用水等共同体规则，并在此基础上确立了生活规范。在村落生活中，村民之间形成了共同的文化信仰，形成了超越个别利益、在生命意义上的相互认同感。

第二次世界大战之后，以《中国农村惯行调查》6 卷本的调查报告为依据，清水盛光、平野义太郎、戒能通孝和福武直等日本学者分别出版了关于中国农村社会结构性质与共同体思想的研究专著（福武直，1976；清水盛光，1951；平野义太郎，1978）。他们使用相同的调查资料，却得出了截然相反的结论。中国农村是否具有村落共同体的性质，是日本社会学关于中国农村研究的主要争论焦点。

清水和平野认为中国农村存在着“乡土共同体”，并认为包括中国在内的亚

① 齐格蒙特·鲍曼．共同体［M］．欧阳景根译．南京：江苏人民出版社，2007. 2 ~3.
② 齐格蒙特·鲍曼．共同体［M］．欧阳景根译．南京：江苏人民出版社，2007. 11.
③ 齐格蒙特·鲍曼．共同体［M］．欧阳景根译．南京：江苏人民出版社，2007. 15.

洲村落是以农村共同体为基础的，以家族邻保的连带互助形式实施的水稻农业要求以乡土为生活基础，以生命的协同、整体的亲和作为乡土生活的原理；村落在农村生活中的农耕、治安防卫、祭祀信仰、娱乐、婚葬以及农民的意识道德中的共同规范等方面具有共同体意义的相互依存关系。而戒能通孝和福武直则认为，中国近代农村是开放的，而非封闭的；村落没有明确的地理边界，没有形成固定和稳定的村落地域集团；村落是由松散的个人联合而成的集团，由纯粹的实力关系支配，没有村落共同体意识，也就不存在村落共同体。中国农村不存在日本农村对村民具有巨大制约作用的规范，村民的关系是扩散性的，村落本身不是共同体，而仅仅是一种结社性质，村内只是根据在“看青”、“打更”等安全防卫的基础层次上的需求组织起来，不存在精神上的相互认同和相互依存性。

如果从历史的角度看，在中国传统乡村社会中，由于血缘关系及家族利益是人们的共同纽带，也是人们交往和信任的重要基础，在家族范围内人们相互信任、守望相助、亲密无间，由此形成一种血缘共同体及家族共同体。在不少地方，家族的聚居也形成以家族为中心的地域共同体。正如费正清所指出，“中国家庭是自成一体的小天地，是个微型的邦国。从前，社会单元是家庭而不是个人，家庭才是当地政治生活中负责的成分”[①]。中国著名社会学家费孝通著有《江村经济》、《乡土中国与乡土重建》等著作，正如布·马林诺夫斯基在他的《江村经济》一书的“序言”中所说，“据我所知，没有其他作品能够如此深入地理解并以第一手材料描述了中国乡村社区的全部生活”。费孝通将传统中国社会结构关系的特征称为“差序格局”，在这种特殊的社会结构里，从己到天下是一圈一圈推出去的。在传统社会圈子中，除了“家庭圈”、“亲属圈”和“家族圈”，还有邻居、朋友等以地缘为特点的社会圈，形成传统的社会关系网络以及圈内人的人情、认同、信任和圈外人的排斥、疏离、不信任等。当然，传统社会的村落共同体还必须为乡民提供水利、耕作、治安、防卫、祭祀、信仰以及娱乐等的支持和保障，由此获得人们的认同和信任。如此，也就产生了以血缘、亲缘、地缘关系为基础的“共同纽带”、“社会交往”和“认同意识”等乡村社区特征。在这里，虽然不同学者对传统农村社会有不同的描述，但是，他们都发现血缘关系是社会关系的重要基础，也是乡村社区及共同体组织的重要基础。

华中师范大学中国农村问题研究中心项继权教授，通过对我国农村社区及共同体的变迁和发展的考察，分析了不同历史时期农村社区或共同体的认同基础及

① 费正清．美国与中国［M］．北京：世界知识出版社，1999. 22.

其变化，探讨和说明了在开放社会背景下我国乡村共同体的重建之路。他认为，一定的认同和归属感是共同体的特征，也是其赖以存在的基础。在我国不同的历史时期以及不同的社会经济背景下，农村社区及共同体有着不尽相同的认同基础和特征。如果说由传统家族主导的村落是建立在血缘关系基础上的社会生活共同体，新中国成立以后“人民公社”时期的基层社区则是一种“政经不分”、“政社不分”的经济共同体和生产共同体。随着农村的改革及乡村社会的分化，建立在集体经济及政治控制基础上的社区日益解体。在新的历史时期，依靠加强农村基层政治与行政管理以及经济的集体化或合作化都不足以重建社区和社会生活共同体，应通过加强农村公共服务，用服务将人们联系起来，在服务的基础上重建农民的社区及社会信任和认同，构建新型农村社会生活共同体。①

“三农”问题专家李昌平在他的新著《再向总理说实话》一书中，提出“重建农民村社共同体”。他认为，农民村社共同体的特点：第一，有共同的“产权、财权、事权、治权”；第二，“三位一体”，村民共同体有“经济发展，社区建设，社区治理”三种职能和功能；第三，在村民共同体内，有最高权力的村民大会，有村民委员会、其他社团和经济组织。

李昌平提出的“村社共同体”，是一个源于社会学的概念，是“村社”和“共同体”的复合型名词，既体现了历史承继性，又体现了中外历史上村社共同体的“合理内核”，还体现了现实的需要和长远的发展方向。如果要用更简洁的话加以概括的话，李昌平的“重建村社共同体”，就是以土地集体所有制单位为地理区划，以土地集体的成员为主体组成的包括经济、政治、文化、社会、生态在内的农村社区综合性自治组织。“村社”既指地理区划、经济区划，又指行政区划，是共同体的载体。“共同体”是指地域内的基本生产资料如土地等，以及政治、文化、社会、生态的村民共有、共建和共享，其具体内容可以随时代的变化而不断更新。“自治”是它的基本治理方式，就是“我的社区我做主”，这种做主，并不排除中央和省、市、县、乡的指导和经济上的扶助。从实践出发，更简洁地概括为一句话就是：所谓“重建村社共同体”，就是“现行村或村民小组的完善和重建”，“名称不变，内容全新”或者叫作“旧瓶装新酒”。对村一级来讲是把“有法不依”变成“有法必依”，把不完美的完善起来；对村民小组来讲，是立法立规、重新确认。农民村社共同体无论是以村、村民小组为单位，还是以自然村落为单位，基础都是土地集体。在具体实践中，土地集体原以自然村

① 项继权．中国农村社区及共同体的转型与重建［J］．华中师范大学学报（人文社会科学版），2009（3）．

落为单位的，则自然村落是一个村社共同体，原土地集体是以村民小组为单位的，则村民小组是一个村社共同体，土地集体是以行政村为单位的，则行政村是一个村社共同体。以后，在有的整个村民小组或行政村的人口全都正式迁移进城后，只要其在原地的财产所有权或使用权没有消失，他的成员权就不会消失，但余下的人口，则有可能组成更大地理区划的共同体。这样，土地集体就成为村社共同体下属的经济组织。

李昌平提出“重建农民村社共同体”，主要是基于这样的考虑：现存的农村基层组织并没有完整地组建起来，或者是职能不明，处于一种离散的状况，甚至成了“烂尾楼”。比如，由“生产队”直接过渡来的“村民小组”，本属农村基层组织的基石，但其职能是什么，至今不得而知。又如村民自治，实际上不少地方存在“有村民，无自治”的状况，其仅仅是上级行政的“过水田坝”，以至于有的村，一般性的日常治安，都由国家设立村级警务室来承担，村民成为“看客”，这就增加了国家的行政成本和农村基层的不稳定性。又如，城镇征地拆迁引发的一系列恶性事件，土地集体的成员缺位是一个重要原因。事实上，征地拆迁中各农户该不该拆，补偿在总体上合不合理，在各户之间的补贴合不合理，只要放到村社共同体之内，一般是可以解决的。各种惠农资金到了共同体内该如何分配和使用，只要指导得法，也是可以解决的。因此，重建农民村社共同体就成为国家农村政策的当务之急。这就是李昌平提出重建农民村社共同体的现实意义所在，它成为李昌平架构的农村体制的亮点，也是农村基层的急切期待。

在经济和行政功能独立后，村落将成为以生活互助为基本功能的空间。作为日常生活单位，需要确立每一个农户的独立的社会地位，使其成为村落共有财产的真正所有者，这样村落社会成员才能在自由、平等的基础上建立新的合作关系。身份的平等性是现代社会的重要特征，唯有如此才能保证机会平等，也才可能不是一个“人治社会”，而是遵循契约和法律的社会，从而实现社会秩序的规范化和稳定化。

目前，中国农村在积极推进农村新型社区建设时，需要培育农村新型社区共同体，形成村落和村社的凝聚力和向心力，以实现农村社区的和谐稳定。与此同时，还要重新认识家族、宗教等传统文化的作用，培养村民对村落和村社的文化认同感和文化归属感，建立村民日常生活的互助组织，这是建立真正的村民自治的基础条件。

第三节　互联网时代的网络社区新概念

进入现代信息化时代，互联网的产生使得一种全新的人类社会组织和生活方式正在走近我们。一个超越时间和空间限制、巨大的人类新生活空间，一种与传统社区不同的新的人类生活共同体已经形成，我们称之为“网络社区”。网络社区的出现、发展和扩大进而形成了一种具有共同归属感的新的社会联合体和社会组织结构。网络超时空、跨国界的特性，正在造就全球社区。这种新型社区冲破地域的约束，通过网络空间锻造跨国界、跨种族、跨民族的社会关系。

网络社区图

一、网络社区的界定

所谓网络社区，就是社区网络化、信息化，即一群拥有共同兴趣、喜好、经验的人，或是学有所精的专业人士，通过各种形式的电子网络以及电子邮件、新闻群组、聊天室或论坛等方式组成一个社区，让参与该社区的会员彼此之间能借此进行沟通、交流、分享信息，以得到认同感和归属感。网络社区具体包括BBS/论坛、贴吧、公告栏、群组讨论、在线聊天、交友、个人空间、无线增值服务等形式在内的网上交流空间，同一主题的网络社区集中了具有共同兴趣的访问者。

如何定义网络社区，各有各的说法。斯米思（Smith）认为，“网络社区是通过电讯传播网络，显著地发生在经由计算机所连接起来的一组人进行的许多方面的互动”①。

P. 库伯斯（P. Coopers）提出，网上社区应以“会员之间的归属感”为中心，并由以下几大要素来强化：对品牌的认同；对其他会员具有强烈的志同道合的感觉；可以借由网站产生会员之间的互动；对该网络社区的发展有参与的机会；会员之间能借由该网络社区产生并拥有共同利益。

Haward Rheingold 在《网络社区》（*The Virtual Community*，1993）一书中，将网络社区界定为“一群主要媒介为计算机网络彼此沟通的人们，彼此有某种程度的认识、分享某种程度的知识和信息、相当程度如同对待友人般彼此关怀，所形成的团体”②。

我们可以把网络社区界定为：由网上相互关联并具有文化认同的若干社会群体和社会组织构成的网民共同体。

二、网络社区的起源和发展

从网络技术的角度来看，网上社区，又称为 BBS（Bulletin Board System 的缩写）、论坛。1978 年在芝加哥地区的计算机交流会上，克里森（Krison）和罗斯（Russ Lane）一见如故。因此，两人经常在各方面进行合作。但两个人并不住在一起，只能通过电话进行语言的交流，有些问题语言是很难表达清楚的。芝加哥冬季的暴风雨又使他们不能每天都见面，因此，他们就借助于当时刚上市的调制解调器（modem）将他们家里的两台苹果电脑通过电话线连接在一起，创建了世界上的第一个 BBS。这就是 BBS 的雏形。在互联网技术的飞速发展之下，BBS 的功能得到不断扩展，并迅速成为全世界计算机用户交流信息的园地——网络社区。

网络社区的发展阶段：从 1997 年至 2007 年的 11 年间，1999 年至 2000 年和 2006 年至 2007 年是互联网网站及社区数增幅最大的两个时期，也是中国互联网发展最快的两个时间段。

---

① 贝尔．后工业社会的来临——对社会预测的一项探索［M］．高铎译．北京：商务印书馆，1986.

② 陈远等．网络社区信息传播的相关理论述评［J］．图书情报知识，2008（2）．

三、网络社区的构成和特点

在现代社会学中，社区是指地区性的生活共同体。构成一个社区，应包括以下五个基本要素：一定范围的地域空间、一定规模的社区设施、一定数量的社区人口、一定类型的社区活动、一定特征的社区文化。传统社会学认为社区与社区之间存在着种种差异，不同社区因结构、功能、人口状况、组织程度等体现出不同的分类和层次。

构建网络社区同样必须具备这五个因素，一定范围的地域空间指的是网站的域名、网站的空间，同时还包括到达这个空间的带宽。带宽正如你去往不同地方的公路，假如到达这个社区的公路宽敞和方便，那么这个社区会更容易凝聚人气。

一定规模的社区设施在现实社区中指的是人们居住的条件和环境；社区需要为居民提供独立的住所，公共的活动场所、娱乐场所，生活服务设施等；网络社区指的是网站的功能和服务，人们在网络社区上仍然需要独立的个人空间（如blog、SNS）、公共的活动和娱乐场所（如论坛、游戏等）、各种服务（如商城、生活资讯、分类信息、在线咨询等）。完善的功能和服务正如优良的小区，可以吸引人们来到这里，并作长期居住的打算。

一定数量的社区人口指网站的注册用户数，当然注册的用户数并不等于有效的用户数。网络社区与现实社区有一个很明显的区别，现实社区中的人口容量是有限的，而网络社区中的人口数量几乎是无限的。网络社区的运营者应该通过一切有效的手段让更多的网民到达这个社区，并想办法留住这些人。关于人口的容量，网络社区具有无可比拟的优势。开发商耗资上亿元建设一个现实的社区，耗资百亿元打造一条繁华的商业街，而且这样的社区和商业街空间、商铺和房屋的数量也有限。然而网站运营者只需要建设现实社区的1/10甚至1/100的成本，就可以打造出一个社区和一条同样繁华的商业街。现在淘宝网每天的人流就不亚于西单商业街的人流，虽然交易额的数量还有差距，但这只是时间问题。

一定类型的社区活动指的是人们在生产过程中参与的各种生活、工作和娱乐活动，以及在这个过程中结成的人与人之间的关系。在网络社区上具体体现为记录自己的感情和生活，发起和参加各种问题的讨论，表达对一些问题的看法和观点，参与各种兴趣、各种主题的活动，通过各种方法表达和满足个性的诉求，进行倾诉、认同、交友、交易等，以及人们在这些活动中形成的社会网络。

一定特征的社区文化指的是不同的网络社区，由于社区的功能、结构、人群的组成、组织者的理念和倡导等方面的差异，形成具有一定特征的社区文化和社区认同。在具备了前面四个方面的因素以后，才有可能形成一定特征的社区文化。社区文化不是某个人赋予的，而是人们在社区活动中积累和沉淀下来的一种价值认同。比如，提起 mop，你会想起变态（bt）；提起 donews，你会想起 IT 评论；提起 chinaren，你会想起温馨的校园生活。

以上五个因素构成网络社区，网络社区将成为人们生活的一部分，成为人们现实生活的延伸，使人们的生活内涵更丰富，生活方式更加多元化、更加精彩。人类历史上，从来没有一项技术如此深刻地影响着人们的工作和生活，在那么短的时间内给人们的生活方式带来如此大的变革。互联网将彻底地改变当代人们的精神价值和生活方式。

根据上述对网络社区基本要素的叙述，我们可以归纳出网络社区的几个特点：①它必须以互联网网络作为传播的媒介；②它的成员通过网络社区能共享信息与沟通；③成员能通过网络社区来满足社会生活需要；④它的成员对它有一定的认同感和归属感。

四、网络社区的人际关系特点

王欢、郭玉锦认为，网络社区是对现实社区的引喻，无论是功能还是组织形式，其和现实社区都存在明显差别，不再具有地域含义而变成了一个由数字化技术支撑的“拟想空间”。由于网上交往空间不再具有地理或城市社区等界定性质，网民的人际交往也与现实社区中的人际交往有着明显的不同。

第一，网民有同等机会表达心声。网络社区中最底层或最边缘的人，与网络中其他位置上的人一样，拥有同等的机会陈述自己的意见。现实社区的人际交往常常受制于社会身份、经济能力、权力地位，不同阶层的人很难实现跨越阶层的交往。网络社区的存在，意味着一种崭新的、可能的人类社会的组织或结构方式，它已存在于当代的人类社会中。

第二，网络社区的人际互动既有公共性又有隐匿性。人际互动的公共性使网民可以轻而易举地把自己呈现在公众面前，就像是站在舞台上，表演者扮演众人期待的角色；同时又可以隐匿自己的真实身份，维持多个不同身份。网民能够主动塑造一个全新的自我以及相应的人际关系，往往不需暴露太多的自我真实面貌，即能在网民社群中进行“社交活动”。

第三，网络社区的人际沟通方式缺乏非语言沟通中的身体语言和辅助语言的一些要素。比如沟通参与者言语的音色、腔调、音量和非言语化的信息（如瞪眼、扬眉、撇嘴、耸肩等肢体语言），以及沟通环境。一般的人际沟通方式是亲身参与的沟通，而网民的“沟通方式”则是完全依赖电脑网络来传达的。电脑网络传达的沟通方式也常被网民们巧妙地用来与他人保持社会距离以取得更大的隐私空间。

第四，“归属感”的建立可以跨越时空。网络社区里，即使从未谋面，网民之间也可能因为彼此间的趣味相投、志同道合而逐渐发展出“友谊”，甚至“伙伴”、“情侣”、“配偶”等原本只有在真实的社区中，凭借面对面的互动与沟通才能建立起来的默契或亲密关系。通过这样的“默契”或“亲密关系”，陌生的网民之间不但可以交换信息、互通有无，还能从中获取“社会支持”与“归属感”，并且从中获取“自我认同”。

第五，网络社区的人际关系较为脆弱。通过网名代号来隐匿部分的身份，网络社区的每个成员都可以自由选择自己的身份、立场、交流方法，并伴随着明确的隐秘性。经由网上社区建立的关系可能会维持，也可能会消失，“在线”的朋友也可能成为“离线”的朋友。

总之，网络社区为人类提供了另一类生存空间。它不可触摸但客观存在，它为大众营造了一个可以同时共享又彼此分离的宽松、自由的生活环境。在这种环境下，人们的心态更接近于“本我”，更少了现实社会给人们身心造成的压力。网络社区的虚拟性，在一定程度上避免了因相貌、身份、等级、利益等诸多方面而导致的交往的局限，使得自由、平等的交流有可能改善现实社区人们虽居住在一起却未必平等的人际关系。网络社区最重要的功能在于它提供给人自由而全面发展的空间，在于它鼓励人们最大限度地挖掘自身的潜力、展示其才华。但值得注意的是，网络社区毕竟是人们生活的一部分，它不可能完全代替人与人在现实社会中的直接沟通与交往，不能代替人们的现实生活。因此，我们所要做的是利用这一虚拟的环境与空间更好地完善自己。[①]

综上所述，我们梳理了贯穿人类生活中共同体内容的丰富多样性和时代变迁性。随着时代的发展和社会的进步，人们形成了不同时代和不同语境下的共同体概念，并以血缘、地缘、业缘、文化等为纽带形成了“血缘共同体”、“地缘共同体”、“业缘共同体”、“精神共同体”等概念。进入现代信息化时代，互联网

---

① 王欢，郭玉锦．网络社区及其交往特点［J］．北京邮电大学学报（社会科学版），2003（4）：19～21.

成为人类主要的交往手段，发挥着越来越举足轻重的作用，“网络共同体”成为人类新生活、新集群的主要方式之一。“网络共同体”是人们在网络上基于主观或客观上的共同特征所结成的一种“社会群体”或“社会组织”。

第四节　当代共同体的概念界定和精神实质

张志旻、赵世奎等人认为，对当代共同体的概念进行梳理和考察，就不能脱离共同体概念所置身的语境。从共同体所置身的语境出发，国内外学者们对当代共同体的概念给出了不同的解读。在此，仅举部分例子进行说明：

对学习共同体（learning community）的界定主要是从群体关系、社会组织的角度切入，认为凡是以社会学的方法建构知识的团体都可成为“学习共同体”。郑葳和李芒（2007）认为，学习共同体与其说是学习者群体，不如说是一个系统的学习环境，是一种多元、民主、平等而安全的开放式学习环境。

科学共同体（scientific community）一词由英国科学家米切尔·波兰尼（Michael Polanyi）最早使用。他认为，科学家不是孤军奋战，而是与他的专业同行一起工作，各个不同专业团体合成一个大的群体，称作“科学共同体”，即科学共同体是由不同专业的科学家共同组成的群体。美国科学史家和科学哲学家库恩则赋予了“科学共同体”更为引人注目的意义和地位。他认为，范式和科学共同体这两个概念是密切相关的，范式是科学共同体成员们的共同信念，科学家们由于具有共同的范式而构成一个科学共同体。

法律职业共同体就是一个由法官、检察官、律师、公证人员以及法学学者等组成的法律职业群体，是一群精通法律专业知识并实际操作和运用法律的人，是现代社会中法律秩序和社会正义的守护人。他们有共同的知识、共同的语言、共同的思维、共同的认同、共同的理想、共同的目标、共同的风格和气质。

实践共同体是莱芙和温格（Lave and Wenger，1991）在《情境认知：合法的边缘参与》中提出的。温格（1998）在《实践共同体：学习、意义和身份》中给予了系统的阐述，认为实践共同体指的是这样一个人群，所有成员拥有一个共同的关注点，共同致力于解决一组问题，或者为了一个主题共同投入热情，他们在这一共同追求的领域中通过持续不断的相互作用而发展自己的知识和专长。

知识共同体的概念由约翰·拉吉（John Gerard Ruggie）在1972年引入国际关系研究中。拉吉借用了福柯“知识”（episteme）的概念并结合了博卡特·霍尔泽（Burkat Holzner）“知识共同体”的概念，认为知识共同体是由某一知识领域相互联系的行为体组成。根据霍尔泽的解释，拉吉认为，“知识共同体界定了它的成员，并建构了特定的现实”。哈斯等将“知识共同体”视为解释国际政策协调和国际合作的一个独立变量。

学术共同体的概念由韩启德提出，他认为，学术共同体就是一群志同道合的学者，遵守共同的道德规范，相互尊重、相互联系、相互影响，共同推动学术的发展，从而形成的群体。

由此，张志旻、赵世奎等人的结论是，共同目标、身份认同和归属感是共同体的基本特征，也是共同体赖以生成的基本要素。他们给出共同体一个描述性的定义，共同体就是“一个基于共同目标和自主认同，能够让成员体验到归属感的人的群体”①。

尽管中外学者们对当代共同体概念的具体界定各不相同，但一般来说，他们都认为个人生活于相互连接的社会关系之中，并为其所决定，因此，个人组成了共同体，是共同体的一部分，个人的认同和属性是由他所在的共同体决定的。在他们看来，共同体是一个成员共同认同的，拥有共同价值、规范和目标的有机整体。共同的认同可能源自情感、共同利益、合理的共同信仰或共同目标等。共同体的基本特征是：由一定量的对象组成；为了追求各自的利益而统一行动；具有高效的协作能力。只有在共同体中，个人权利和公共利益才能同时实现。共同体是基于传统的血缘、地缘、业缘和文化而形成的人类集合体，共同体内的人们有着共同的价值观和传统，体现着成员的共同感情、共同信仰和集体意识，从而将同质性的个体结合在一起。共同体的一个基本特征和功能是为其成员提供生活的某种确定性和安全性，而成员之间则维系着一种紧密的社会关系，相互依存、相互信任和相互帮助。

可以看出，共同体内容的精神实质是一种公共精神，包括了成员对共同体的认同、共同利益以及公共参与，成员之间的互助、信任与合作。共同体所折射出来的精神实质、价值理念、生活方式具有持久深远的影响，共同体本质是和谐的。中国目前致力于构建社会主义和谐社会、实现中华民族伟大复兴的“中国梦”，其精神实质即在于培育和践行“以人为本”的价值理念，是对人全面自由、和谐发展的积极关注。由此可见，共同体的精神实质与现代和谐社会的精神实质在根本上是一致的，共同体不仅仅代表传统社会，它同样是现代社会的一种

① 张志旻，赵世奎等．共同体的界定、内涵及其生成——共同体研究综述［J］．科学学与科学技术管理，2010（10）．

社会组织方式。也许有人会质疑，现代社会的异质性这么大，而共同体强调的恰恰是同质性，如何在一个高度异质化的城市社区空间里打破“理性化”现代人的心理防线，促进相互间利益与情感的互动，构建现代社会中的社区共同体呢？实际上，我们所强调的社区共同体的同质性，并非指向传统意义上的血缘、地缘、业缘、文化背景等，而是在本质上指向一种公共精神，即共同体意识。社区共同体意识就是社区成员在长期稳定的共同生活中形成的共同的文化认同感、文化归属感，以及自我身份的确立（个体对自身在社区中的角色责任和义务的认知），这是维系社区团结和凝聚力的精神共同体纽带，是当代社区建设和社区发展的核心所在。它在根本上不是来自社会权威性和屈服性的管制压力，而是来自社区成员之间平等地位基础上的自愿合作和价值共识。

论述到这里，我们可以给社区的共同体下一个定义：社区是指聚集在一定地域空间（包括现实的地理物质空间和虚拟的心理情感空间）范围内的人群通过社会互动所组成的具有文化认同感和文化归属感的社会生活共同体（包括现实生活共同体和精神生活共同体）。

当今中国正在大力推进城市新型社区建设和农村新型社区建设，这也是以构建中国人的新的社会生活共同体为目标的。如果说社区或共同体的本质特征是一定地域空间范围内共同的认同和归属，并由此形成了边界清晰的群体，那么，随着现代社会的日益分化及走向开放，尤其是现代信息技术和互联网的出现，社区或共同体的认同及其边界正在逐渐模糊甚至瓦解，传统意义上的社区或共同体（以初级群体、村落、单位等为典型代表）也将面临解体。

我们认为，所谓新型社区，是指在传统社区解构的过程中，依据法律法规、自然地理因素或心理情感因素建立起来的具有新自治能力、新治理结构、新服务体系、新安全观念、新文化理念和新生态功能的新型生活共同体。新型生活共同体主要体现为六大共同体意识：自治共同体、治理共同体、服务共同体、安全共同体、文化共同体、生态共同体。这六大共同体同时呈现出新型生活共同体多元化的培育路径和方式。

在以下的章节，我们希望通过深入探讨当代经济社会转型背景下新型社区的共同体意识和培育路径，以及幸福社区作为新型社区的新理念和新实践形式，探讨和说明在现代社会开放背景和多元化价值观下新型生活共同体的重构之路。这里的重构，并不是回归到传统意义上的社区共同体，而是要推进现代意义上的新型社区共同体意识由应然状态向实然状态的积极转变，探索出基于共同体精神与现代社会精神相契合的中国新型社区建设之路。

第五节 典型案例

【案例1】

桃源居社区：全球理想人居社区

深圳市桃源居社区坐落在我国沿海移民城市深圳的宝安区，西邻107国道，东北临广深高速公路和洲石公路，宝安城区的主干道前进路穿区而过，与深圳市区、蛇口、福永码头、未来的地铁10号线及机场的交通联系十分便捷。该地占地面积1.16平方公里，建筑面积180万平方米，现已入住5万余人。桃源居社区环境优美，配套设施较为齐全，有着较高品质的生活居住环境。自建区以来，桃源居社区因其平安和谐而成为一个关爱、互助、有良好的社会风尚、有较高的生活指数的国际型文化与理想人居社区，并在国内和国际上获得了众多社区荣誉。

桃源居社区自1997年以来，无一例业主因纠纷而诉诸法律，无一例刑事案件发生，成为中国和谐社区建设的典范和社会管理创新的先驱。多年来，“桃源居”被联合国经济合作署评选为“全球理想人居社区”，获得“2005国际最适合人类居住社区大赛总决赛”金奖；被广东省委、省政府授予“平安和谐红旗社区”、“广东省文明和谐社区”等称号，实现了政府、开发商与居民的多方“共赢”。

桃源居积极借鉴国外社区民主自治的经验，倡导“共建家园、业主自治”理念，并主要通过社区文化与教育的互动和社区义工共同参与的影响，让居民成为社区管理的真正主人，使桃源居成为最具激情与活力的社区。

业主入区前，物业管理公司就与业主签订共建家园协议书，鼓励业主参与到社区建设和发展中来。社区现有13个义工组织，内容涉及居民衣食住行的方方面面，随时随处可以看到义工活动的身影。由于居民积极参与群防群治，社区成立8年来，无一例业主刑事案件、无一例告上法庭的邻里纠纷；社区没有“黄赌毒”、没有因贫富悬殊激化而产生的矛盾。社区内现有6 000人的清华学校，学校内无一例未成年人犯罪与吸毒案件。社区被各级政府评为“治安文明示范社区”、“红旗示范社区”和“健康示范社区”，也被国际社会广泛认可。

桃源居社区是一个以友爱为纽带，传递爱、文化、激情与活力的社区。在这里，每天有活动、三天有“大戏”，每年的文化投入近千万元，每年组织各类文艺活动近百次。每年正月十五至十七日，是桃源居人的社区文化艺术节。人们在家门口挂起自制的水果灯笼、谜语灯笼、神话故事灯笼，上千爱好文艺的居民组织了“欢乐社区大巡游”，人们在猜灯谜、逛庙会、游园识友等活动中演绎和深化亲情、友情、邻里情、家园情，在情与景的交融中，重温中国元宵古情人节的无尽文化意蕴。每年 3 月 13 日的“桃源体育节”和春、秋两季的社区运动会，人们举家出动，大显体育才能。中秋节是桃源居社区大家庭共庆团圆的日子，从业主自发组织的小型聚会庆祝，到动辄数千人、数万人的社区大活动，社区文化共同参与、社区祥和共同维护是贯穿其中的主线。在“九九”重阳节，社区为老人们举办金、银婚纪念典礼，妇女节、儿童节、母亲节、圣诞节……每一个节日，都被桃源居人当作不同的主题文化日设计得有滋有味。

在桃源居，人们安居乐业、精神充实：妇女们修身养性、相夫教子；孩子们咿呀学语、快乐成长；创业者以满腔热情弄潮时代；老人们儿孙绕膝，鹤发童颜。一年四季，桃源居的公共文化娱乐场馆、教育学习机构活动不断，人气凝聚，为安宁和谐的社区图画添写着怡然自乐的画笔。

这里是女人的家园。在桃源居，女性受到了特殊的关爱。桃源居的观念是，女性是家庭的引擎，家庭是社区的构成。当一个个崇尚优雅、追求完美的女性被锻造出来时，当她们融入家庭、融入社区时，那么这个家庭一定是幸福的，这个社区一定是和谐的。如果有更多的社区拥有或不断锻造出这样的女性，我们这个社会就一定会充满美的创造、爱的创造。

2005 年 8 月，桃源社区女子学校正式成立，开中国社区妇女教育之先河。桃源居社区本着对社会负责的思想，依靠政府职能部门，成立了女子学校，制订了社区妇女教育实施方案，并且设立了社区妇女教育基金。在女子社区教育中心，女性居民以崭新的方法，重启心智、重建自我、重拾信心，在生活的旅途上重新进发。这是桃源居追求的目标。女子培训项目包括两大类：学历技能培训类和素质教育培训类。一个好女人就是一所好学校，一个好母亲就是一个好老师，一个女人影响家庭三代人，伟大的母亲可以造就一个优秀的民族。这是桃源居社区妇女教育背后的文化理念，也是社会性别视角与中国国情相结合得出的结论。桃源居社区提出用晃动摇篮的手推动社区发展，并将这种理念变为现实。桃源居终身教育体系一个最重要的特色，就是其对于女性教育的重视。女性群体的教育被列在桃源居教育体系的重要位置，不仅是因为女性居民的整体素质有待提高，还因为桃源居注意到女性群体的重要性，注意到晃动摇篮的女性影响的不仅是孩子，还有老人和丈夫、整个家庭、整个社区乃至整个社会。

这里是老人的家园。每天清晨，在百鸟争鸣、空气清新的体育公园，练太极的老人们矫健的身影是一道迷人的风景；夕阳西下，跳保健操、健美舞的老人们会让你忘记岁月的痕迹；夜晚来临，老年大学民乐团优美的旋律似乎在歌唱一天又一天的情趣；课堂上，耄耋老人挥毫泼墨的豪情怎能不让人驻足观望？在中秋节、重阳节、艺术节，社区的每个地方都跃动着老人们健康的身姿，洋溢着老人们由衷的幸福。

桃源居社区率先开创了以“居家养老”为主、以“社区养老”为辅的养老模式。社区设有老人休闲娱乐场所、老人托管中心，提供看护、疗养、保健等全程服务，还创设了老年文化艺术团、老人作坊、老人农庄，真正实现了“老有所养、老有所乐、老有所学、老有所成”的目标。西方国家有比较健全的福利体系和个人经济保障与社区养老院服务相结合的成熟机制，但可能不会有中国桃源居的老人们在精神上所享有的富足：各种人际交往驱走了孤独与寂寞，各种活动实现并提升了自我价值，各种场合都感受到尊重和温馨。而且桃源居已探索出以社区为依托、以家庭养老为核心、以养老服务网络为支撑、以各类养老设施为载体，形式多样的可持续发展的社区养老服务体系，满足了不同类型老年人的需求，夯实了社区社会化养老服务的基础。

这里是儿童的乐园。桃源居设立了社区儿童教育中心、儿童泛会所，让儿童在清华学校学知识，在社区儿童教育中心学特长，在儿童泛会所学心智，让课堂教育向社区延伸，向家庭发展，全面引导、支持儿童在素质教育中成长。社区教育义工参教助教，良性互动，促进邻里和谐相处。

为了建设新社区、营造新生活，桃源居已建立了完善的社区公建配套运营机制、社会福利与公益事业社区补充保障经济机制。社区的规划功能平衡齐全；社区开发科学有序；社区文化活动丰富多彩；社区终身教育体系涵盖每一个群体；社区居家养老，能让老人白天与朋友相聚，晚上与儿女亲情相依；社区体育设施齐全，居民们选择合适的体育活动强身健体、锻炼意志；社区安防警民共建，严密高效，让人们放心无虞地生活；社区卫生医疗设施先进，服务周全，居民家家都有保健医生；社区交通体系发达，为居民生活提供便捷通畅的服务；社区公共卫生管理、社区优美环境建设……社区的一切，社区居民生活的方方面面，都有人管、有人操心。

所有这一切，都是桃源居社区独具特色的服务型自治模式开出的幸福之花。

桃源居社区化蝶般探索成功的服务型自治模式，对于建设中国和谐社会和中国特色的社区，具有开创性意义。

（资料来源：桃源居社区家园网，http：//www. tyjsqw. com/html/sqjs/gjpt/index. html）

【案例2】

天涯社区：全球华人精神家园

天涯社区自1999年3月创立以来，以其开放、自由、包容、充满人文关怀的特色受到了全球华人网民的推崇，经过十几年的发展，已经成为以论坛、微论、博客、微博为基础，涉及专题涵盖民生、文学、经济、旅游、汽车、体育、IT等各方面，综合提供个人空间、企业空间、购物街、无线客户端、分类信息、来吧、问答等一系列功能服务，并创建了以人文情感为特色的综合性虚拟社区和大型网络社交平台。

目前，天涯社区每月覆盖品质用户超过2亿，注册用户超过9 000万，拥有上千万高忠诚度、高质量用户群所产生的超强人气、人文体验和互动原创内容，形成了独具天涯文化特色的大用户网络平台。天涯社区一直以网民为中心，满足个人沟通、互动、表达、创造等多重需求，并形成了全球华人范围内的线上线下信任交往文化，成为华语圈首屈一指的网络事件与网络名人聚焦平台，是最具影响力的全球华人网上家园。

天涯能成为中国最具影响力的网络社区，其原因主要有以下几点：

第一，天涯社区的核心理念能迎合大众的需要。任何时代的思想都愿意聚集在干净、自由的空气里，天涯“开放包容、兼容并蓄、人文关怀”的基本理念能满足大众的要求，因此天涯聚集了许多对天涯社区具有极高的忠诚度和极强的认同感的网民，其中大多数都是草根人才（如慕容雪村、当年明月等）。这些有犀利思想、独特见解的网民在宽松的氛围下敢说敢写，勇于发现社会上的各类事件，并将其曝光在天涯上，使天涯的内容有很大的独创性和丰富性，而这些内容正是吸引其他网民的重要因素。据统计，全国80%以上的网络舆论热点事件和网络热门词语出自天涯，如“最牛钉子户”、“重庆打黑”、“周老虎”、“被就业”“GJM（郭敬明，后成为抄袭的代名词）”等。天涯掀起各种时代新潮流，引领网络舆论，传递异彩纷呈的文化价值观，它创造有影响力的人物、影响有影响力的人，被誉为中国互联网的通讯社。

第二，成熟有效的社区管理模式和独特的网络社区体验。天涯社区拥有了一套成熟的社区管理系统，有其详尽的社区规则制度；另外，天涯社区内部长期以来已经形成一个自我管理、自我净化、自我提升的机制，网友之间、板块之间相互竞争，共同发展，形成了利于良性发展的舆论氛围，从而带给网友丰富、舒适、独特、温情的社区体验。

第三，极具吸引力的社区创新服务体系。天涯社区一直致力于新技术和新项目的开发与探索。2004—2006 年，天涯社区携手中国移动连续三年举办的“短信文学大赛”引起了国内外社会各界的广泛关注，全国 20 多家主流媒体对此进行了报道和讨论，此举“开辟了短信文学新时代”。为了更好地服务社区用户，2005 年 6 月天涯社区推出天涯相册增值功能，2006 年又相继推出《天涯人物》、《天涯时尚》、《天涯体育》栏目。不断推陈出新，让天涯更具吸引力。2008 年天涯启动开放平台战略，并开始构建天涯生态营销体系，成功研发了新一代网络广告产品，是中国社区营销的领航者。

第四，构建强大的社区品牌知名度和社会影响力。天涯网络社区有自己特色的价值观和文化属性。很多网民以天涯人自居，他们在天涯网络社区能找到归属感，很少有网民说“我是腾讯人，我是新浪人”。另外，网络社区是有自己的社区治理结构和治理方式的，就像一个城市社区一样。天涯有非常完善的站务体系，很多版主、管理员都是义工，他们用约定俗成的规则和方式治理社区。天涯社区已成为华人网络世界里广为认同的网络品牌之一，其中《天涯杂谈》、《关于茶社》、《舞文弄墨》、《诗词比兴》、《贴图专区》、《同性之间》、《影视评论》等栏目在网络媒体、新闻报刊界都具有较高的地位。《南方周末》等传统媒体和新浪、网易等网络媒体对天涯社区时有报道，并时常刊登天涯社区言论摘录，天涯社区骨干会员的文章也常结集出版，如《成都，今夜请将我遗忘》和《紫灯区》等。

（资料来源：http：//baike. sogou. com/v36216. htm - ref_2？ ch = ch. bk. refer，http：//www. docin. com/p - 216302475. html）

第三章 自治共同体与新自治能力

自治共同体是以社区居民自治为核心理念的共同体意识和共同体培育路径方式。自治共同体表现为以提升社区居民的新自治能力为目标，居民自组织化程度明显提高，居民社区归属感和自治责任感明显增强，公共参与的积极性显著提升，居民有序的政治参与全面扩展，充分反映社情民意的渠道得以健全；社区居民自治得以完善，民主选举、民主决策、民主管理、民主监督和自我管理、自我教育、自我服务、自我监督得到切实落实。

第一节 社区自治是社区居民自治

一、社区自治基本内涵

“自治”一词源于希腊语 autonomia。它有两层含义：一是独立自主，人民自己管理自己的事务；二是国家的某部分独立自主地进行管理，意味着一定的国家集权与中央分权。社区居民自治中的“自治”是指第一种含义，即社区自治就是一定区域内的居民，根据法律的规定组织起来，共同管理区域内涉及居民的事务。社区自治是依靠社区内的自治性组织来实现的，其自治权主要体现在财产自治、选举自治、组织与管理自治、教育自治和服务自治。

社区自治不涉及分权，也不涉及其他政治设计，而更多是属于日常生活问题。社区自治指向的是按照法律规定居民所享有的权利，这些权利包括居民对社区自治组织活动的参与权；居民对社区中政府活动、非营利组织活动的参与权与监督权；居民对企业活动所带来的外部负效应拥有的监督权和要求权；居民拥有组建群众性小社团的自由权等。从这一界定也可以看出，社区居民自治的主体是居民而不是居委会，居委会只是居民的一种自组织形式；居民自组织形式可以是居委会，也可以是其他形式，比如业主委员会、社区社会组织等。因此，社区居民自治不能等同于居委会自治。

社区居民自治是我国基层群众自治的重要组成部分。十七大的一个重大创新是将“基层群众自治制度”首次写入党代会报告，并把“基层群众自治制度”与人民代表大会制度、中国共产党领导的多党合作和政治协商制度、民族区域自治制度一起，纳入了中国特色政治制度范畴。这一方面表明了党对基层群众自治制度的重视，另一方面也表明了对基层群众自治制度的发展提出了更高要求。

二、当前社区居民自治存在的主要问题

社区居民自治的本质是居民通过自组织方式回应社区需求，在此过程中逐渐构建自治共同体。但是，恰恰是对社区居民自治在概念、理念上的模糊认知，导致了社区居民自治在实践中的偏差。这些偏差主要有：

（1）社区居民自治不是居民自治而是居委会自治；

（2）社区居民自治不是指向居民需求而是指向行政创新；

（3）社区居民自治不是居民行动而是政府行动。[①]

第二节　社区居民自治的主要表现形式

全面推进社区群众性自治。中国特色的“社区自治”应该称为社区群众性自治。就现阶段的情况而言，它有三种主要表现形式：

（1）以居（村）民委员会为组织载体的居（村）民自治；

（2）以业主大会、业主代表会、业主委员会为组织载体的社区业主自治；

（3）以基层社会组织为组织载体的社区社团自治。

这三种群众性自治不能相互替代，但可以功能互补。首先，这就需要建立健全居（村）民委员会组织体系，开展多层次、多样化的社区居（村）民自治活动。其次，需要培育发展和监督管理城乡社区社会组织，引导他们着力开展社区成员所需、民间组织所能、党和政府希望解决而又力所不及的服务项目，推进社区社团自治，把社区群众性自治空间从单一的地缘群体拓展到多元群体。再次，需要建立健全社区业主组织，推进社区业主自治，完善社区党组织、居（村）

① 广东省民政厅课题组．城市社区居民自治研究［R］．民政部政策研究中心，2013.

委会、业委会和物业服务企业的协调共管机制。所谓社区成员，既包括社区居民（村民），又包括驻社区单位，他们既是社区建设的受益者，又是社区建设和社区治理的主体力量。动员组织社区成员广泛有序参与社区治理是社区建设和社区治理创新的突出任务之一。要注重用共同需求、共同利益来调动社区成员广泛参与的积极性，坚持互利互惠、成果共享原则，在共治中共享，在共享中共治。

一、社区居民委员会

1. 社区居民委员会的性质

居民委员会是具有中国特色的基层群众性自治组织，是中国人民民主专政和城市基层政权的重要基础，也是党和政府联系人民群众的桥梁和纽带之一。我国《宪法》第一百一十一条规定：“城市和农村按居民居住地设立的居民委员会或者村民委员会是基层群众性自治组织。”《城市居民委员会组织法》第二条规定：“居民委员会是居民自我管理、自我教育、自我服务的基层群众性自治组织。”在中国的城市地区有 4 亿多居民通过这一制度直接行使宪法赋予的自治权和民主管理经济、文化和社会事务的权力。

2. 社区居民委员会的职责

社区居委会主要负责办理本社区居民的公共事务和公益事业；调解民间纠纷，协助维护社会治安；协助政府做好与社区居民利益有关的社会保障、城市管理、社会稳定、公共卫生、计划生育、优抚救济、青少年教育等工作；向政府反映社区居民的意见、要求和建议。文件规定，政府职能部门、街道办事处与社区居委会的关系是指导与协调、服务与监督的关系。理顺社区与驻社区单位关系，调动驻社区单位参与社区建设的积极性，挖掘社区资源，互惠互利、共建共享，驻社区单位有责任、有义务参与社区建设。

二、业主委员会

1. 业主委员会的性质

业主委员会，是指由物业管理区域内业主代表组成，代表业主的利益，向社会各方反映业主意愿和要求，并监督物业管理公司管理运作的一个民间性组织。

2. 业主委员会的人员构成

一般而言，一个物业管理区域只设一个业主委员会。首届业主委员会由物业管理行政主管部门会同开发建设单位或物业管理公司、业主代表组成筹委会，由筹委会推荐本会候选人名单，提交第一次业主大会或业主代表大会选举产生。业主委员会的组织机构在设置时，根据物业规模的大小设5～15名委员。

3. 业主委员会的职责

《物业管理条例》第十五条规定业主委员会履行下列职责：召集业主大会会议，报告物业管理的实施情况；代表业主与业主大会选聘的物业服务企业签订物业服务合同；及时了解业主、物业使用人的意见和建议，监督和协助物业服务企业履行物业服务合同；监督管理规约的实施；业主大会赋予的其他职责。

三、社区社会组织

1. 社区社会组织的性质

社区社会组织是指由社区组织或个人在社区（镇、街道）范围内单独或联合举办的、在社区范围内开展活动的、满足社区居民不同需求的民间自发组织。

社区社会组织不等同于社会组织（社会组织，在我国主要由公民自愿组成，由从事非营利活动的社会团体、民办非企业单位和利用社会捐赠的财产从事公益事业的基金会三大类经民政部门登记的社会组织组成），但社区社会组织是社会组织的重要组成部分。它是成立和依托于社区，在社区进行服务、开展活动的社会组织。

2. 社区社会组织的功能

社区社会组织扎根在社会最基层，最能体现社区服务的功能，是基层群众参与活动和表达意愿的最好渠道，其特点是小型、多样和便捷。可以将社区型社会组织放到街道备案，包括一些群团文体社会组织、社区服务组织、社区志愿者组织在内。一些小型社会组织在草创时期有诸多问题，但这并不妨碍政府给予其必要帮助。政府的帮助和扶持路径应该如是：鼓励小型社区社会组织往专业方向走，通过一系列扶持、帮助和流程梳理，让其在注册环节少走弯路；通过购买服务等方式，给其一定的生存和发展空间；通过民生创新资金的设置，引导其进行项目申报；在此过程中培养社会组织承接社会服务的能力，这是我们培育社区型社会组织、社区机构和社工组织的思路和框架。

第三节 自治共同体的培育路径

一、探索社区居委会成为名实相符的自治组织之路

我们必须要对“自治”有正确的理解。自治是指一种关系，是正确处理与政府的关系，两者分工明确，而不是彻底摆脱政府。就像“自由”是在法律的范围内活动，而不是想干什么就干什么，是以约束为前提的自由。

1. 关于“议行分设”

从全国各地的做法看，逐步减少行政性，自觉增加自治性，是使社区居委会真正成为自治组织、实现社区制度安排公平的实际途径。我们知道，现在全国各地逐步形成了社区“议行分设”的思路。但各地对“议行分设”的理解和做法很不一样。民政部在总结全国各地经验的基础上，在《全国社区建设试验区工作实施方案》中指出，要“按照社区自治、议行分设的原则，以社区居委会或社区委员会作为主体组织，探索社区内议事层和执行层分开的社区建设组织形式”。

所谓“议行分设”，“议”就是居委会进行议事、讨论，代表社区居民意见和利益，实质是表达与决策的民主过程，成员不坐班，可兼职，不领取报酬，只有适当生活补贴，公益岗位，没有固定工资，每届任期3年。“行”有两方面的含义：一是社区事务工作站执行居委会的某些决议，二是社区事务工作站从居委会中剥离，执行街道交办的政府行政工作。这样，居委会就不再是政府的“腿”，而真正成为居民的“头”；以前居委会“腿”的功能就由社区事务工作站来承担。在我国，这种“议行分设”或“居站分设”，实际上是“1+2”的模式，即在“居站”这两个议事层和执行层之上，还有社区党组织（党支部或党委）。社区党组织是领导层，负责统领、协调居委会和工作站这两支“桨”的工作，是社区这条大船的“舵手”，是平衡完成政府的事务性工作和实现居民自治两者之间的杠杆。

“议行分设”的创新和意义，主要体现为以下几个方面：

首先，“议行分设”有利于为居委会减负。“居站分设”的模式，把那些不属于居委会职责范围内的行政工作分离出来，转移到社区事务工作站，从而让社区管理工作者有能力和精力进行社区建设管理工作。实行议事层和执行层分离，

居委会不再对应政府工作，实现从政府的“腿”向社区居民的“头”的转变，这样就解决了长期以来困扰基层的社区居委会行政化倾向的问题。通过社区管理模式的创新，以新的思路解决长期以来困扰居委会的“上面千条线，下面一根针”的超负荷工作和难以提高管理水平的问题，改变了以前居委会干部80%以上的精力忙于应付上级各种检查和政府交办的各项任务的情况。

其次，“议行分设”有利于进一步扩大基层民主。推行“议行分设”，既可以使政府各项工作得到较好落实，工作重心真正实现下移，社区工作队伍可以逐步走向专业化、职业化和知识化，社区工作的水平也将得到提高。同时，通过职能归位，理顺了内外关系，强化了基层民主自治功能。社区事务工作站从居委会剥离后，居委会就有更多的时间和精力去从事自治方面的事情，进行自我教育、自我服务、自我管理、自我监督。“议行分设”的社区管理事务决策模式，是城市基层管理体制由行政化管理系统向法制保障下的社区居民自治体系的转变，是实现社区的民主决策、保证市民参与管理决策的可持续发展模式。“议行分设”的具体制度设计是通过设立“一个大会，两个机构”的方式实现的，社区成员代表大会，是社区的权力机构，其主要职责是选举产生社区议事协商委员会成员和社区管理委员会成员，讨论和决定社区事务；下设的社区议事协商委员会（简称议事会）和社区管理委员会（简称管委会），分别体现了“议行分设”。

再次，“议行分设”有利于推进社区服务工作专业化、产业化、规范化。由选举产生的社区居委会作为社区的议事机构，对社区的公益事业和公共事务进行调研决策，其下设的社区工作站作为社区的执行机构，来完成社区居委会决策的任务和区有关职能部门需要社区居委会协助完成的工作。社区工作站主要完成社会福利和便民利民服务工作，使社区服务工作产业化。同时，完成社区环境、社区治安、社区文化、社区卫生、社区计生等工作，使社区工作规范化。社区居委会的成员由选举产生，社区工作站的工作人员是面向社会公开招聘的，都是专业化、职业化的人员。通过组建社区工作站，使有关职能部门的职能、任务、经费、人员进社区，使社区建设工作得到全面的启动和推进。

社区居委会走向自治组织之路，在全国各地发展是不平衡的。在我国社区建设与社区发展过程中，有些地方社区居委会行政化的倾向仍然严重存在，有的甚至还在向行政化发展。社区居委会行政化主要表现在：组织设置功能行政化；自治章程、工作制度及人事决定行政化；经费收支行政化；运行方式、考核机制行政化。造成社区居委会行政化的原因，可以从政府、社区组织自身以及居民的参与几个方面去找，但是政府干预过多是其中的主要原因。因为，政府对社区干预过多促使居民对政府产生很强的依赖心理，社区居民的自治意识、参与意识因而变得比较淡薄。因此，各地应加快社区居委会“去行政化”进程，加强社区居民的自治能力建设。

2. 逐步扩大直接选举，增强社区居民对居委会的认同感

从社区工作的实践来看，社区居民自治的中心问题是要充分调动起普通老百姓对自治事务的兴趣，让他们认识到自治是自己的事情，从而关注自治，对自治有积极性，这样才能最终搞好自治。

调动老百姓对于自治的真正兴趣和积极性的一个最好的办法就是将自治组织的管理权真正交到老百姓的手中，真正由老百姓来实行自我管理，从而达到自治的目的。而社区的民主是否在开始的时候就将社区的自治真正交到了居民手中，一个最主要的标志就是是否真正实行了居民自我选举。有了这个民主的选举的基础，才有可能实现后来社区发展的民主决策、民主管理和民主监督等。如果社区的领导人不是居民自己选举产生的，那么这些社区的领导人将不可能认真实行自治，居民也就会对这样的自治不感兴趣，结果就会使社区的自治成为一句空话。因此，要逐步推广“一人一票”、居民自己推选候选人的直接选举，然后在这个基础上进一步发展社区自治。

二、探索业主委员会自治之路

业主委员会是社区业主的自治组织，代表广大业主进行自治管理。作为中国城市社区自治组织的重要形态，它是市民社会重要的主体、基层民主的生长点、新型现代公民人格的孕育地。

1. 业主委员会自治是中国基层民主实践的新形式

计划经济条件下，实行单位分房，同一个单位的人基本上住在一个小区里面，人们生活中的各种纠纷和矛盾也主要由单位来协调。随着市场经济和房地产制度的变革，不同单位甚至不同行业的人生活在一起，单位小区变成了住宅小区。这必然意味着社会组织和管理方式的深刻变革。2003 年 6 月国务院颁布《物业管理条例》(2007 年 8 月修订)，住建部下发《业主大会规程》，2007 年 3 月全国人大通过《物权法》，2009 年 12 月住建部下发《业主大会指导规则》，同时废止《业主大会规程》，初步建立起业主自治的架构。

业主自治也许比基层自治更能推动中国的民主转型。首先，业主自治是市民社会的基础，市民社会决定国家政治，市民社会的成长和壮大是公民社会的前

提，从历史现实看，西方民主就是由业主自治发展而来。其次，小区居民是市民社会中典型的陌生人关系，没有宗法血缘关系的桎梏，比农村村民自治具有更多的民主条件。最后，业主自治保障的是居民基本的物质和生活利益，不牵涉政治纷争，不受资本的直接操控，能够有效地培育人们的民主意识，锻炼人们的民主参与能力，养成民主的生活方式。业主自治的健康发展必然会产生一系列的效果，如推动社区居民自治的真正实现，改变基层人大代表不代表人民的状况，继而推动各级人大代表实行真正的民主选举。

2. 培育业主的自治意识和自治能力，推进业主委员会健康发展

作为以维护住宅权益为基础的居民自治组织，业主大会和业主委员会担负着重要的社会责任，政府和社会各界必须积极帮助它们加快建设和完善，使其具备与职责要求相适应的管理能力。

业主委员会自身的建设特别需要注意两个问题：一是从目前来看，如何在现有的法律法规条件下，更合理地明确和界定业主委员会的地位，把它与居民委员会的作用协调好；二是从长远来看，如何培育业主和业主委员会的自治意识和管理能力。

进一步明确业主委员会的法律地位，可以考虑在一些具有一定规模、管理比较规范的业主委员会中开展试点，使业主委员会经过注册，成为新一类的社会组织，从而促进该自治组织的自我完善和自我约束；同时设法促使居民委员会与业主委员会在物业管理中形成合力。居民委员会与业主委员会都是居民自治组织，一个管居民事务，但在物业管理中缺乏一定的发言权；另一个管物业，但在居民管理中没有权威。这种状况不利于处理由物业引发的矛盾，也很容易出现管理缺位或越位的现象。

上海的一些国际化社区，近年来已经调整了社区组织架构，将居民委员会与业主委员会的工作结合起来，建立了“居民事务协商管理委员会”之类的自治组织。可以探索在现行的法律法规条件下，在具有一定规模、居民委员会与业主委员会管辖范围基本一致的住宅区，试行居民委员会与业主委员会“两块牌子、一套班子”的统一管理方式，减少居民管理的体制损耗，提高居民自治的实际效应。

目前，业主委员会成员是受业主推选并业余兼任的，很多成员并不十分了解岗位职责，没有被要求必须接受职业教育和物业管理培训，而且也没有规范的用工管理和薪酬制度。政府应组织、开展职业培训，并逐步试行职业能力测评和岗位证书制度。同时，可以选择居民委员会下属的优秀专业社工到业主委员会任

职，充实业主委员会力量，增进业主委员会与居民委员会的工作联系。

另外，要大力培育业主的自治意识和自治能力，指导业主委员会制定业主活动规范，加大督促业主参与管理的力度，大力培育广大业主的自我管理意识和能力。

有这样一则案例：某小区属老式动迁小区，老年人居住比例较高，平时到小区散步没有可以坐下来休息的地方，经常有老年人到居委会反映可否设一些休闲座椅。居委会将这一情况与党支部商量后，决定与业主委员会、物业公司召开协调会，并听取、汇总居民意见。经协商，最后确定了初步方案，明确了安装数量和经费的支出办法，确定由业主委员会为此方案的主要负责者，居委会进行监督，物业公司负责实施。业主委员会在小区内张贴决定公示，最后在小区居民的一致赞同下，物业公司开始施工，居民们纷纷叫好。

从上面的案例可以看出，协调好社区内相关组织对于社区建设和社区管理具有重要意义。随着住宅商品化的不断发展，越来越多的居民都会成为“业主”，将物业管理纳入社区建设，发挥好社区自治组织和业主委员会的作用。这不仅有利于物业管理的健康发展，也符合社区建设的目标和要求，是保障居民合法权益的有效措施，对于促进和加强社区建设发展具有重要意义。

在未来的新型社区建设中，应重新安排社区相关组织之间的关系，处理好业主委员会和居民委员会的相互关系，形成新的自治共同体模式。在这种自治共同体模式中，以社区党组织为核心，居民委员会、业主委员会为两翼，物业公司起支撑作用，社区联席会议制度起协调作用，建立良好的沟通机制，建立有效的约束和激励机制。这样的自治共同体模式能适应经济发展的要求，能发挥业主委员会的应有作用，有利于社区物业管理以及新型社区建设的长远发展。

三、探索社区社会组织健康发展之路

在努力形成社区社会组织发展与和谐社区建设良性互动的新格局方面，各地也都形成了相似“大力培育发展社区社会组织、推进社区建设”的思路。自2005年以来，中国的社区社会组织得到极大的发展。

在各地的实践探索中，其逐步形成了一条有各地特色的社区社会组织的健康发展之路，这主要包括：

（1）为社区社会组织正名，提高社区社会组织的认知度；

（2）实行分类管理，努力使社区社会组织的培育走向制度化；

（3）提供发展平台，努力使社区社会组织发展壮大、发挥作用走向制度化；

（4）进一步做了几项配套的制度建设工作，如探索建立委托授权机制，对照行政许可法，明确政府事务移交的内容、程序和方式；建立合作联动机制，使基层社会组织与社区其他组织平等沟通、协商合作，推进社区治理多元化；建立对基层社会组织的评估监管体系，明确谁来监管，解决监管的主体问题；明确监管什么，建立社会组织的评估指标；明确怎么监管，完善监管的方式和监管渠道。

总之，社区建设搞得好的地方，其社区社会组织就能进入有规可循、有制度可依、各方重视、实质性壮大发展、发挥作用的新阶段。这无疑是从另一个重要方面推进了社会建设，因为社区社会组织的健康发展本来就是社会建设的重要课题之一。

四、提升社区居民的新自治能力

社区居民自治，就是在社区范围内，社区居民根据需要兴办同社区公众切身利益密切相关的公共事项，并且都要通过座谈会、听证会、协商会、公开征询、民意调查等途径，表达社区居民意见。实行民主决策，兼顾不同群体的利益。实质就是社区居民通过不同形式兴办社区公共事务，是社区居民通过自我组织、自我管理、社会参与、政治参与等职能，实现社区的民主自治。这样社区将成为中国城市走向现代管理的基本社会单位，成为中国城市民主治理的基石。社区自治需要在社区居民中广泛开展民主自治的培养与训练，提升社区居民新自治能力。

根据中国青少年研究中心、共青团中央权益部课题组的调查统计资料，有学者认为当前我国在城市社区发展过程中主要存在以下几方面的问题：

（1）社区意识淡薄，社区公共参与不足。居民对自己所在的社区普遍缺乏一种归属感和认同感，单位意识还很强，而社区意识、参与意识、主人翁意识还没有完全形成，社区的凝聚力不够。

（2）社区缺乏组织性。虽然不少社区成立了居民委员会，但是大家还是发现社区的力量无法集中。这使得社区活动的开展困难重重，而且社区内的居民成分不同，无法实现有效的合作，也就是组织性不强。

（3）虽然社区也举办了不少活动，但是忽视了其中的内涵。由于举办活动的单位目的各不相同，往往使得社区居民在参与了之后，并不会对其社区多一些了解，所以对他们社区意识的发展也没有任何帮助。

（4）社区居民缺乏管理运作社区的能力。社区居民过分依赖社区工作者或者社区中一些热心人士，一旦没有这批骨干分子的参与，社区活动就没有人接手了。

（5）社区只重视硬件建设，忽视对于社区精神和意识的建设。

（6）市民的社区归属感淡薄，对社区管理、社区建设缺乏认同感。①

针对上述情况，根本解决办法还是要在社区居民中广泛开展民主自治的能力培养与训练，提升社区居民自治能力。培育社区的民主自治，将分散的市民组织起来，建立能够承接政府授权、接受社会组织资助的法制化组织渠道，为社区居民提供有针对性的各种服务，引导市民通过正式的组织渠道参与社区活动和其他社会政治活动，这需要相当长一段时间的艰苦努力才能达到。有学者提出下列建议：

（1）确立社区居民的主体地位。其是观念的转变，是从官本位转向民本位。社区领导的选举，社区工作成绩的评定，社区事务的立项、实施、管理、评估，都要是社区居民说了算，而不是政府说了算。因为社区的主体是居住在此的市民。

（2）赋予社区居委会独立的社团法人地位。其要改变目前社区居委会对政府过强的依附关系，就必须在法律上赋予它独立的社团法人地位，使社区以独立核算的组织身份接受政府或社会组织的授权和专项资助。否则，政府总是以恩赐和大包大揽的方式给社区拨款，不仅政府感到负担沉重，而且社区居委会也难以独立自主地开展工作，一些社区居委会甚至感叹："拿着政府的工资，就不得不为政府办事。"

（3）将社区组织起来，大力发展社区民间组织。以原有居委会人员构成方式来承担今日社区工作是不可能的，社区内部组织应分为这样几个层次：

第一是社区委员会，主要负责大型社区变迁项目的引进，协调各种内部关系和外部关系，引导社区发展方向，动员居民参与社区管理；针对社区内部各类人群的需要，对社区环境、社区发展所需资金等问题负总责。但它不是具体的提供服务者和具体活动的组织者，而主要是领导者、协调者，是社区发展的规划者和整体利益的维护者。社区委员会是一个常设机构，大部分成员是社区各方面的代表，但它必须有主持日常工作的领导和聘请的专职工作人员。它的领导成员都要经过社区居民选举产生，受居民监督、对居民负责。现有居委会能否胜任现代社

① 岑颖，凌文铨，方俐洛．城市居民社区意识调查［J］．改革与战略，2003（8）：35～38.

区工作，取决于它是否符合上述要求。名称并不重要，关键看这个组织的人员构成、性质和功能。

第二是建立提供专业服务的社区民间组织。这些组织都要接受社区委员会的统一领导。从资金来源看，可分为外部组织和内部组织。外部组织即一些全市性或全国性的组织向社区的扩展，比如计划生育、妇联、著名洗染连锁店、大型物业公司等；内部组织即本社区组织，如读书会、秧歌队、邻里互助组等。应当看到，这两种组织往往是同时存在的。在市场经济条件下，许多企事业单位为求生存正纷纷面向社区提供服务，社区委员会应该主动与这些社会服务组织建立联系，为居民提供更方便、更专业化的服务。就本社区专业组织而言，为不同需求的人组建不同的组织，提供不同的服务，并促使这些组织与社区内外同类组织或相关组织建立起联盟关系，使社区活动更丰富多彩，使服务更贴近居民的需要。

（4）政府授权。从西方的经验看，政府授权是指政府将原来自己直接负责的服务项目授权给社区组织或社区专业服务组织去完成。这种授权是随该项资金下放而将相应责任和权力一同下放。这与当前城市政府给社区干部发放工资和启动资金、要求社区干部随时听命于自己的做法是不同的。西方社区专业组织在申请授权时，因为有资金的驱动，往往是争先恐后。比如社区戒毒所，为争取资金就必须取得良好的业绩，否则下一年政府或政府委托的社会组织就不会再授权予它。为了向现代社区制转变，社区组织的独立地位、社区专业组织的发展是两个必要的前提。

（5）理顺社区内外部关系。社区是具有独立社团法人资格的组织，不是政府的附庸。社区是一定地域内介于政府与社会组织和个人之间的中介组织，是代表本区居民利益、可接受政府授权的民间组织。社区有权利依据自己的需要与其他社区进行联合行动，有权利组建各种专业服务组织。社区是一个独立的组织，它不必完全听命于政府的指令。当然，在大目标一致、协商同意的情况下，社区可以协助政府完成某项任务。社区委员会是社区内部代表居民整体利益的最高组织，其他专业服务组织应该服从它的领导，包括物业管理公司。社区委员会的任务，就是将社区看作一个利益整体，充分调动社区内的人力、物力资源，为了社区发展的共同目标，与政府、社会组织及一切可利用的资源联合起来，形成合作关系，采取多边共同行动，从而真正实现社区自治。①

① 王颖．民主自治：社区建设的核心［J］．唯实，2003（8/9）：133～137.

第四节　典型案例

【案例1】

社区居委会全面直选的行政区诞生

16万选民热情参与直选，浙江宁波海曙区成为国内第一个社区居委会全面实行直选的行政区，城市基层民主建设迈出了新的一步。

下岗职工罗力栋抱着试一试的心态参加了社区主任竞选，得票率竟超过了65%！这让不少人感到意外——他的对手是居委会老书记，论经验和资历，罗力栋都不占上风。不过，40出头的他年富力强，竞选演说时一句朴实的“居民的困难就是我的困难”打动了很多选民。

截至11月29日，最后一个社区直选告竣，宁波市海曙区总计59个候选人靠直选当上了社区主任。至此，海曙区成为国内第一个社区居委会全面实行直选的行政区。

为何搞直选？

在行政区内全面推行社区直选可达到“一石三鸟”之效

位于宁波城区核心的海曙区有35万人口，管辖8个街道、59个成熟社区。今年春天，按照上级部署，海曙区挑选3个社区如期完成了居委会直选试点。直选试点之后，一项选择摆到了区领导面前：是静观效果，还是立即全面推广？有关部门没有明确态度，干部中也有认识分歧。

分管这项工作的许义平副区长解释，最终决定将直选“进行到底”是想通过全面实行社区直选，达到“一石三鸟”之效：其一，构建“选聘分离”的社区组织体系，完善社区治理结构，提高工作效率；其二，根据“打破身份、竞争上岗、提高待遇、加强管理”的原则，建立能进能出的竞争机制，吸引高素质人才进入社区工作；其三，拓宽居民参与社区自治的渠道，加快基层民主政治建设的制度创新，将不断出现的矛盾化解在基层。区委书记施孝国认为：“归根结底，我们的标准就是看符不符合‘三个代表’的根本要求。”

直选怎么选?

直选过程的规范，意义远远超过选举结果本身

在行政区内全面推行直选，要冒“第一个吃螃蟹”的风险。为此，海曙区进行了周密部署：成立区选举领导小组，在街道成立选举委员会，在各个社区成立由非本社区居民组成的选举办公室；通过入门到户的《致居民的一封信》、专题宣传栏以及文艺演出等形式，营造直选的浓厚氛围。

“没想到群众参与的积极性这么高，没想到进行得这么有序。”这是作为选民的区委宣传部副部长陈建东的感受。有些居民在见面会上就直截了当地提出：“你担任社区居委会主任将如何解决小区治安问题？如何帮扶弱势群体再就业?”

报名竞选联南社区居委会主任的沈瑞龙是海曙区文化局局长。“我一直想为社区做点事，参加竞选不是组织上的安排。如果我落选了，就更能说明群众的民主意识加强了。”事后印证，局长的身份并没有给他带来什么“优惠”。得票结果是，他名列第三，得票最多的是居委会的原支部书记。

程序规范是海曙区直选的最大亮点。这主要体现在候选人提名程序、竞选程序和投票制度的规范上。记者翻阅海曙区 51 页的直选规程，创新之举可圈可点。譬如：候选人提名权完全交给群众，不再由街道指定、推荐或协商；凡本人自愿报名并有十名选民联名支持者，都可成为候选人；候选人前期可与居民见面，并允许到选民家中“拉选票”；采用无记名投票、差额选举方式，当场计票，当场公布结果；使用半透明投票箱，设置封闭式划票间等。

这次竞选过程，让沈瑞龙感触颇深：“十年前我当选区人大代表是由组织上推荐的，而这次完全是自由参加，公开竞选，能够当选，我发自内心地感到荣幸。”

实行民主，重要的是程序民主。专家认为，当前我国城市社区直选的一个迫切问题是如何建立一个规范的选举制度。许多地方不清楚社区直选应该怎样进行，也不清楚规范的选举制度该是什么样。这方面，海曙区负责组织实施社区直选的设计师们动了不少脑筋，还专门请来国内研究基层民主选举的专家，对选举模式和规范进行了具体谋划。新芝社区的候选人罗力栋完全是自己报名并竞选成功的，而街道领导认为有能力的一位候选人落选了。有人因此认为这次选举不成功，但在现场观摩的专家看来，这恰恰是程序规范的成功例证。也许，换个视角看海曙的价值，直选过程的规范，意义远远超过选举结果本身。

直选选什么?

参选者和选举者都在“实践”中成熟起来，坚定了踯躅不前者的信心

直选居委会的“战鼓”已息，留下的思考未停。直选的各方，都有丰厚的收获。

在区领导的眼中，改革社区管理体制，吸引社会精英参与社区管理，为的是将政府对社区工作的大包大揽变为社区自治与政府公共管理的互动博弈。路径是“选聘分离”，即构筑民选的居委会自治组织和政府付酬的专业社工相结合的组织形式。新的组织框架由社区党组织、社区成员代表大会和社区居委会组成。居委会负责决策和监督，社工除了担负政府分派的事务，还是贯彻居委会决策的执行部门。只是这一创新体制，尚无法律依据，效果如何也有待观察。

在竞选者眼中，直选是民主的实战演练。热情高涨的候选人陈争鸣为了让选民了解自己，决定登门介绍自己。当他敲开第一户人家的房门时，手止不住地打战，说话也语无伦次。进第二户人家时，他的心绪镇静多了，以后的自我推销也老练起来。等到他登台发表演说时，便有了脱胎换骨的变化。广大选民则把直选看作一种最好的民主实践课堂。有位居民说：“当我听过选举辩论，经过严格的投票程序，在秘密划票间划票以后，对民主的真正含义有了深刻的理解。”

专家也为找到了一种符合国情的规范的社区直选方法而兴奋。尽管我国从1990年就实施了《城市居委会组织法》，但直选九年后才在青岛试点。各地制度和方法五花八门，成为社区直选五年里举步不前的主要原因。具有突破意义的海曙直选，是中国基层民主从农村走向城市的一个重要标志。

更重要的是，海曙直选坚定了踯躅不前者的信心。此前，有人认为搞直选是走形式，有人认为居民素质不高、条件不成熟，有人认为城市社区不像农村，社区居委会与居民之间没有利益上的联系……实践证明，种种顾虑都是多余的。

“云霞出海曙，梅柳渡江春。”在中国全部城市普及社区直选，还有一段很长的路要走。海曙区也需要总结得失，把民主的脚步迈得更坚实、更稳健。

（资料来源：《人民日报》，2003年12月9日）

【案例2】

社区居委会直选：自己的当家人自己选

——探访北京差额直接选举社区居委会

目击居民直选社区当家人

3月22日，一个普通的双休日，然而对北京市崇文区前门街道鲜鱼口社区的居民来说，这是个具有特殊意义的日子。这一天，他们投出了自己神圣的一票，直接选举社区的当家人。

一大早，鲜鱼口社区居委会大院就热闹起来，人们纷纷涌向设在这里的选举会场。会场四周挂着醒目的标语横幅——“珍惜民主权利，投下庄严一票”、“搞好社区居委会选举，推进社会主义政治文明建设”。大院一侧，依次排列着验证处、登记处、发票处、写票处、代书处等。社区秧歌队趁会前的空闲，跳起了欢快的秧歌和扇子舞。

家住前门街道长巷二条19号的马文玲大爷今年已72岁，早上7时多，他和亲家共十口人一起赶来投票。老人告诉记者，在提名阶段，全家特意召开了一个家庭会议，“协调”立场，确定候选人名单。“活了几十年，经历了新旧社会，这阵势还头一回经历。谁有本事、心眼正，大家心里最有数。”老人大声地说道。

8时整，直选大会开始。庄严的国歌飘荡在小巷的上空。主持人宣读了总监票人、监票人名单，工作人员讲解了填写选票的有关事项。随后，选民们开始按顺序领取选票、填写选票并依次投票。

投票现场，家住新潮胡同20号的段少东老人给双目几乎失明的老伴郑玉英一个一个地介绍候选人，并按照老伴的意见帮她填写选票。他告诉记者，他们老两口意见基本一致，但在个别人选上各选各的，互不“干涉内政”。来自山东德州的周德勤和爱人特意抽时间赶来投票。他自1999年就在鲜鱼口做生意，没想到作为外来人口这次也能参加选举：“咱也是社区的一员，一定得用好自己的选举权。”

投票一直持续到19时才结束。在监票人员的监督下，开始唱票、计票。23时左右，居民们自己决定的结果终于出来了：全社区共有登记选民2 546人，共发出选票2 467张，收回2 464张，12位候选人中，9人当选为社区居委会成员。

自2000年就开始担任居委会主任的尹艳霞由于工作出色，再次以2 272的高票当选为新一届居委会主任。当主持人宣布这一结果时，许多一直守候在居委会大院的居民热烈鼓掌。尹艳霞发表了即席就职演说："居委会干什么？只要是居民企盼的，就是我们该干的；只要是居民不满的，就是我们该管的！"掌声再次响起……

直选社区参选率超过96%

鲜鱼口社区由11条曲折相通的胡同组成，常住居民有1 470户，共3 150人。穿行在鲜鱼口弯弯曲曲的小巷里，记者发现，群众对选举和参与选举的热情高涨。据鲜鱼口社区选举委员会的张秀兰介绍，为了充分体现选举的普遍性原则，街道和社区采用设宣传站、出黑板报、悬挂横幅、制作展板等多种形式进行宣传，还专门印发了《致居民的一封信》，社区群众对选举的知晓率达95%以上，参选率超过96%。

"充分发扬民主，规范选举程序，严格依法办事是做好社区居委会直选的关键。"北京市民政局基层政权处处长李建国介绍说，在本次北京市社区居委会选举确定的124个先行选举的试点社区中，共有包括鲜鱼口社区在内的15个社区采取直选的方式进行选举。从建立选举工作机构、推选社区选举委员会、确认选民资格、选择选举方式，到确定正式候选人和投票选举等环节，都严格遵照有关法律法规，由居民会议民主讨论决定。

选举形式上也有新的变化：一是扩大选民范围。除本社区人户一致和人在户不在的本市居民以外，还将社区单位代表和在本社区居住一年以上的外来人员纳入了选民范围。二是打破原来候选人提名的框框，采用有选举权的居民10人以上联合提名和自荐提名相结合的方式，凡选民皆有提名权和自荐权。三是充分体现差额选举原则。鲜鱼口社区应选9人，参加候选人提名的居民938人，共提名推荐候选人13人，确定12人为正式候选人，差额3人。四是安排正式候选人竞选活动。在投票日前一周举行了正式候选人与选民见面会，候选人进行了竞选演说，并回答了选民的提问。

据市民政局介绍，这次社区居委会选举是北京市调整社区规模、创新社区管理体制后的第一次选举。到今年6月，北京将有200多个社区居委会选举采取直接差额方式进行，占北京市全部2 400多个社区的10%左右。前门街道9个社区将全部采用直选方式产生新一届居委会班子。

提升社区建设整体水平

北京市大幅度提高城市社区居委会直接差额选举的比例，对城市基层民主选举形式进行了大胆尝试和有益探索。北京市民政局副局长聂志达说，直接差额选举社区自治组织能够提升社区建设的整体水平，增强社区成员的民主意识、社区意识和参与意识，提高他们自我管理、自我教育、自我服务、自我监督的能力。

“城市社区居委会直选是加强和推进社会主义政治文明建设的有效途径，展现出中国特色社会主义民主政治的蓬勃活力。”北京市委党校袁达毅副教授如是说。袁达毅长年致力于我国基层选举研究，这次又全程观摩了鲜鱼口社区直选。他说，社会主义民主政治的本质是人民当家做主，通过直接差额选举，可将社区当家人的权利交给社区居民，这是扩大基层民主、推进社会主义政治文明建设的生动体现。同时，直接选举的过程本身又是一个实践民主的过程，有利于培养公民的民主意识、民主技能和民主习惯。

在采访中，有关人士也坦言，基层直接选举是一个发展趋势。但在目前，城市社区居委会选举不宜全部采用直选方式，要根据居民意愿和实际情况采取不同的选举方式。比如像鲜鱼口社区，自然环境、人口密度、成员结构等都具有城市平房密集区的普遍特点，居民由单位人转变为社会人较早，社区是一种熟人或半熟人社会，社区居民彼此比较了解，其切身利益与居委会关系紧密。因此，在这里采取全体有选举权的选民选举社区居委会成员的直选方式，条件比较成熟。而对另一些尚处于“单位”体制下的社区，居民的直接利益更多地与单位联系在一起，他们对社区的事务相对关注较少，对这类社区采取居民代表选举的“间接选举”方式，则更符合实际。

扩大基层民主的生动体现

作为与城市居民打交道最多的干部，社区居委会成员可谓官不大事情不少，权不重责任不小。与市民生活息息相关的居委会成员如何产生，居民关心，社会关注。北京市推行社区居委会直选，让居民们进一步实现了民主权利。

“社区是我家，人人都爱它。”在从单位人向社会人过渡的进程中，居民的各种利益关系逐步由单位转移到社区，社区居委会发挥着越来越重要的作用。社区居委会能否得到居民的认可与支持，对于提升社区的建设管理水平至关重要。对于居民来说，通过行使提名权和选举权，选出代表大多数人意愿的社区当家人，有利于强化对社区的认同感、归属感和荣誉感。北京直选社区参选率超过

96%，反映出群众对社区居委会寄托的厚望；对于当选的社区居委会成员来说，通过竞争脱颖而出，选票表达了群众对其的信任，信任蕴含着责任。“只要是居民企盼的，就是我们该干的；只要是居民不满的，就是我们该管的。”话语中透着社区当家人强烈的服务意识。社区居委会直选这一机制，为双方营造了一个充分交流、沟通的平台，更为社区居委会今后开展工作奠定了坚实的基础。

从农村“海推直选”村委会到城市直选社区居委会，从等额选举到差额选举，从居民代表间接选举到全体居民直接投票选举，各地群众从手中的选票上见证着我国基层民主建设扎实推进的步伐。党的十六大报告提出：“发展社会主义民主政治，建设社会主义政治文明，是全面建设小康社会的重要目标。”透过社区居委会直选这扇窗口，可以感受到社会主义民主政治的勃勃生机，可以感受到社会主义政治文明的不断进步，可以感受到人民当家做主的切实保障。

（资料来源：《人民日报》，2003 年 3 月 31 日）

【案例 3】

塑造社区共同体　实现社区自治

最近，北京朝阳区丽都水岸小区的李女士遭遇有家难回的尴尬，她家的车无法进入小区，楼层的电梯卡密码频频被修改，打电话给物业，他们会拖延30～60分钟，往往需要报警才来开电梯。而这一切，都是源于李女士这两年作为业主代表，带头维权抵制丽都水岸新物业公司在未经业主同意的情况下，赶走了老物业强行接管小区。李女士告诉记者，这个新的物业公司本就名声不佳，而且并没有通过合法的手续接管这个小区的物业，现在还气焰嚣张，在一次派出所警察调解时扬言：就是要治带头的业主！

这个在首都东南角偏安一隅的高档社区如今再也难安，数十家业主在窗户外挂着“成立业委会”的字幅，尽管业主里面不乏商界和政界的有头有脸或小有成就的人士，还有诸如黄晓明、毛宁、马伊琍这样的明星，却拿一个被业主认定为“非法”的物业公司无可奈何。他们自己在法律框架内成立业主委员会的基本权益，从入住到现在两年了，都无法实现。而丽都水岸的这种尴尬，其实仅仅是中国城市化过程中诸多城市社区的一个小小的缩影。

中国城市社区自治的困境

为什么说是一个小小的缩影？因为仅仅在北京，记者就听闻或实地采访过十几家有各种各样问题的社区，不管是高档还是普通的社区，都存在着问题。以其发展阶段看，总结起来，当前中国的城市社区问题，主要存在三种形态或类型的问题或矛盾。第一是有适合比例的业主入住了，却难以召开业主大会，难以成立应该成立的业主委员会（以下简称业委会）。这个问题主要是房地产商、物业的干预，以房地产行政主管部门的消极作为为主要手段。第二是成立了业委会，业委会与房地产商、物业之间有矛盾，涉及房地产商、物业侵害业务权益。第三是业主对新成立的业委会的工作不满意，要改选老的业委会。

这是目前记者所观察与采访过的三种社区问题，其中问题最大、数量最多，而且目前矛盾最激烈的，是第一种类型。目前，很多社区存在房地产商没有按时交房、交房了却没有及时给房产证、房子质量不过关、公摊面积作假、在业主不知情的情况下擅自占用或出售公有设施或空间、物业乱收费、物业服务质量差等诸多问题。但对这些问题的处理，大部分都需要业主们召开业主大会，成立业委会，以集体的智慧与力量去解决。可是，在开发商、物业、基层政府等各种外界因素的影响下，业委会难以成立，于是问题就陷入了怪圈。由此也可见社区自治的现实是不容乐观的。

所以，第一步必须要解决的就是成立业委会。虽然根据《物业管理条例》第十条规定：同一个物业管理区域内的业主，应当在物业所在地的区、县人民政府房地产行政主管部门的指导下成立业主大会，并选举产生业主委员会。但问题就来了，召开业主大会所面临的问题：一是在没有业委会的前提下谁来挑头？二是如果行政主管部门不积极指导，那该怎么办？另外，因为业主大会有“选聘、解聘物业管理企业”的权责，所以从物业的角度来说，如果自身存在某些问题，很容易就想干预、阻碍业主大会的召开，从而又让问题无解了。

同时政策还要求业主召开业主大会必须制定《业主大会议事规则》和《业主公约》，这更是增加了很多技术性的难度。曾经被诸多媒体报道的北京大西洋新城社区的业委会，就是被朝阳区国土资源和房屋管理局及望京街道办事处否定的，它们联合发出的公告这样说：“大西洋部分业主既没有依法组建筹备组，也没有按照规定在政府有关部门的指导下依法召开业主大会，选举产生业主委员会，没有制定《业主大会议事规则》和《业主公约》，所以不合法。”

目前，北京丽都水岸所面临的问题也同样如此，社区所在的朝阳区将台乡政府、水岸家园社区的作为让李女士等业主极为不满。李女士告诉记者，他们递交的申请（召开丽都水岸业主大会，及指派工作人员指导业主大会筹备组），被拖沓了两个月才公示。成立业主大会筹备组之后工作就一直耗着，直到现在，筹备组依然没有召开第一次会议，无法落实对于新物业公司维权的正当权益。没有筹备组，就没有业主大会，而如果绕过乡政府与社区，业主大会以及大会选出的业委会就是不合法的。所以，基层政府就成为横亘在社区自治，以及业主与物业解决纠纷的最大障碍。

社区自治的政府角色越位

丽都水岸遇到的，就是当前社区除了业主与开发商、物业之间矛盾的另一个最大问题：业主与基层政府之间的问题。在如今这个网格化的社会治理中，基层政府的权力触角慢慢地开始延伸。这对于政府来说，确实是可以起到一种很好的维稳的在场感，感觉一切都在自己的管控中。但管得越多，也就意味着介入越深，介入越深则很容易让自身成为矛盾的焦点。这就是目前城市社区治理的现状，带有明显的行政化色彩，社区自治能力还较弱。随着社区建设的深入，社区自治组织机制建设、社区组织能力建设的问题越来越凸显出来。然而一方面是政府干预太多，业主自治能力无法得到实践与提升；另一方面也是由于业主自治能力不强，政府觉得必须由他们治理才不会出乱，最后就陷入悖论当中。

事实上，从理论与实际的双层面来看，在当前的社区治理中，政府的定位是有问题的，至少在落实的时候，往往越俎代庖，落得两头不讨好。这种思维与做法，与当下中国大的治理思维是一致的，就是什么都想管，却往往事与愿违，最后不仅管不好，反而管出了“一身骚”。现在社区里面的很多问题，政府起到的作用，不是调停，而是把自己卷入其中，成为业主所怨懑的对象。

因此，如果跳出这种思维，对于基层政府来说，最聪明、最妥当的做法就是放开，将前置的介入管理改为后置的备案管理，甚至可以从政策上将之视为社会组织，也允许其成立小型的基金会，纳入《社会团体登记管理条例》、《基金会管理条例》中，予以注册登记。然后，充分地让业主自治，自行解决问题，政府只起到居中调停、裁判员的作用。比如召开业主大会，就不用物业所在地的区、县人民政府，房地产行政主管部门的指导，而只要规定，在满足多少业主同意等条件下即可召开，同时主管部门再提供《业主大会议事规则》和《业主公约》等模板，帮助业主自我管理起来。让社区业主充分地自治，对于政府来说绝对不是添乱，而是能够更好地帮助管理与解决问题。社区内部能解决的问题，就不用麻烦政府了，如果实在解决不了，再在各方的要求下，以中立、客观的姿态，做一个调解，如果还是不行，就鼓励各方走司法程序。这应该说是政府最聪明的做法，也是一种最富有价值的基层制度设计了。

公共精神是社区未来的保障

事实上，成立业主大会与业委会等，仅仅是社区治理的第一个环节，也是每一个正常社区都应该具备的基本条件。遗憾的是，现在的社区都只在这个基本线之下挣扎与努力。但长远来看，随着城市化的发展与业主的权益意识的提升，这些问题都必将会慢慢地被解决。所以，我们也应该去探讨，在这种基本问题解决之后，中国的城市社区，应该往什么方向发展？如何构建一个富有人情味、邻里和睦、社区持续良性运转的生活空间，形成一种社区居民都认同的公共精神？这也是致力于社区自治与社区发展的人必须思考的，更是每一个社区人所应该意识到的。

这一点，前不久刚刚经历过一百多天艰苦的社区自治实践的何道峰，深有感触。作为中国扶贫基金会的执行秘书长，他在20世纪90年代就敢为人先，把这个国字号官办基金会彻底地去行政化，这是中国目前唯一一个自我革命的官办公益组织。

何道峰的小区在奥林匹克公园旁边，和丽都水岸一样，同样是一个高档社区，业主也都是社会精英分子，过半业主身价数千万，汤唯、马艳丽、吴京安和刀郎等众多明星也在这儿置业。但就是这样的小区，也面临了诸多问题，小区大湖发臭、沙滩黄淤、狗屎遍地、地库起土、保安散漫、业主诉求无响应、物业缴费率低下。甚至在这样一个封闭式管理的小区里，今年已发生了三起失窃事件，其中有一户连续两次被盗。当被盗业主要求查看监控时，发现此处的监控摄像头正好坏了。

业主们再也忍不下去了，纷纷质疑和指责业委会的工作不力，他们觉得，这个代表业主权益的组织，已经开始变质了，既无年度报告，也无公开会议，还可能存在贪腐、滥用职权行为。更令大家气愤的是，当时的业委会主任正紧锣密鼓地谋划换届连任，并把任期延至6年。于是何道峰号召大家，开始了三个多月的推翻原业委会、重新选举业委会的社区自治行动。何道峰也坦诚，一开始工作开展是艰难的，这不仅仅是问题的困难性，还是因为人们的理念问题，因为中国人认为家里的是自己的，家以外的社区不是自己的，不肯花时间、金钱和隔壁邻居构建公共空间和公共事务。但还好的是，何道峰居住的这个社区业主的整体意识较高，加上核心人员的努力，他们成立了社区志愿者协会，并通过搞电影放映、亲子活动等社区交流活动，慢慢地在这种发展社区亲密关系的努力下，凝聚更多的人团结起来，一起为社区的公共事务献策献力。

在 10 月 15 日北京国家会展中心地下一层的国粹艺术馆里，为庆祝业委会换届成功而召开的“奥临之夜酒会”上，何道峰总结了他的感悟，以及未来社区建设每个人都必须具备的社区精神：“尊重个性，恪守程序；共建空间，捍卫公益；相互欣赏，不离不弃。”这三句话，既是对一个社区公共精神最好的概括，也是实践出来的一种共识。如果没有这种精神，社区就难以形成一种让生活在其中的人都感到安逸、舒适、温馨的生活空间，更难以形成一种基于共同价值观与行为准则的社区共同体。而在热闹现场，几百个业主像朋友聚会般的场景，也让人看到一种全新的社区面貌的呈现，印证了他们社区对于这个公共精神的认同与实践。

社区共同体为何重要

虽然党的十七大报告也提出，要“把城乡社区建设成为管理有序、服务完善、文明祥和的社会生活共同体”。但什么是“共同体”，很多人可能还不得要领。1887 年，德国社会学家 F. 滕尼斯为概括传统社会向现代社会转型的特征，使用了一对核心概念——“共同体”（community）与“社会”。其实这里的共同体在英文中，也同时有“社区”的含义，当然，这里的“社区”并非我们现在所居住着的小区的概念，而是更大范畴上的具有共同空间与价值的生活结合体，小区也是它的一部分。滕尼斯把“共同体”或“社区”界定为在传统的自然感情一致的基础上紧密联系起来的，基于一个关系密切、相互信任、休戚与共、守望相助、患难相惜、有无相通的社会有机共同体，其成员由以共同的价值观念和传统习俗维系在一起的同质人口组成，富有人情味和强烈情感依赖的团体。

这种共同体，对于中国人来说，应该都不陌生的，传统中国的村落甚至是现在中国南方的乡镇，还大量地存在着类似的同姓、同宗族聚居的情形，这无疑是最好的共同体的一种表现形式。因此，在社会学家费孝通把 community 翻译成中文“社区”之后，让它恰好构成了一种“生活共同体的社区”内涵，或者说社区就可以视为一种“共同体”。

随着城市化的进行，中国传统社会的结构慢慢解体，大量的农村人口进入城市，村落式的共同体在城市里犹如一滴墨水滴入汪洋之中，消失殆尽，基于私密、理性、陌生人共存的城市生活方式成为主宰。另外，改革开放之前的集体生活形式也更快地解体了，“社区”取代“单位”成为人们社会生活和国家治理的基本单元，“单位人”被“社区人”取代，社区在人们社会生活中的地位越来越重要，也就是说，每一个生活在城市里的人，都是一个个具体的社区人了。

但城市社区也普遍存在着一种大家都觉得不好却无力改变的情况，即邻里之间极度缺少沟通，楼上楼下或许都不认识，陌生人社会延续到社区，社区共同体凝聚力与归属感趋于弱化。这种情况，已经让越来越多的人感到缺乏安全感与归属感，社区是每个人的重要处所，美好的生活，必然需要一个美好的社区作为最基本的起点。人们更希望社区能够有更多的公共空间，邻里之间能够有更多的交流，从陌生人变成真正的邻居，虽然比较难以恢复到“远亲不如近邻”这种中国传统的社区形态，但至少生活在其中的人，能够得到一种正常的交流，从生人到熟人，从疏远到亲密，形成社区公共精神，让社区成为真正意义上的共同体空间。

英国学者齐格蒙特·鲍曼曾说：“共同体是一个温馨的地方，一个温暖而又舒适的场所。它就像是一个家，在它的下面，可以遮风避雨……在共同体中，我们能够互相依靠对方。如果我们跌倒了，其他人会帮助我们重新站立起来。”在他看来，共同体之所以存在是因为它给茫然无助的人们提供了一种生存和生活的安全和保障，或“确定性”，让人们得以相互依赖，由此共同体获得了人们的信任与认同，而社区无疑是这种共同体最基本的载体。

中国目前的社区尽管问题重重，但从另外一个角度看，正是这样的业主自我权益意识的各种维权，才不断地提升了社区的自治能力，同时在构建一个不同于以往的基于信任、合作、沟通的社区共同体。而从大的社会建设与国家文明的发展层面来说，正如何道峰告诉记者的：“社区建设就是民主实践和公共责任的培育，如果现在不搞社区的民主建设，中国未来的城市化不知道要出多少问题。如果我们八亿人住在城里，未来几十年以后，有十几亿人住在城里，连我们身边的社区里面都没有民主，空谈什么国家民主，我觉得这是不可想象的。”

（资料来源：《南方都市报》，2013 年 12 月 8 日）

【案例 4】

业主的艰难自治之路

——深读新闻：派了社区专干还搞不成业委会

就在一些居委会为了与小区业主争利而与开发商结成利益同盟、阻挠业委会成立的时候，广州市番禺区在全国首创社区工作站，派出社区专干，尝试通过行政力量介入帮助小区成立业委会，化解小区矛盾。但是，事过半年，尚无一个小区因社区工作站的进驻而成立业委会，社区专干工作举步维艰。

社区专干的尴尬境地从一个客观的角度反映出业委会成立难的主要原因——开发商与物业管理公司的不支持和不配合。在当下的小区矛盾格局中，业委会成立以及小区矛盾的化解是否需要更强有力的政府力量的介入？业主自治是否还需要法律与制度上的跟进？

2006 年 11 月 2 日，在广州市番禺区一个大型楼盘里，进驻该社区刚 6 个月的社区工作站牵头，召开了由南村居委会陈书记和曾主任、广东某物业服务有限公司老总、该楼盘开发商、该楼盘物管中心负责人等及部分业主参加的协调会。“召开这次座谈是为了缓和开发商和属下物业公司与社区业主的矛盾。直接诱因是，该楼盘部分业主决定暂时不交管理费，还有就是得不到应有的服务。”一名社区专干介绍说，“不是我们不缴纳水电费，因为在很长时间里，物业公司把水电费与物管费捆绑收取。”业主投诉说：“你不交物业管理费，水电费他也不收。”

为了能比较妥善地解决这些问题，社区工作站决定开个座谈会，缓解矛盾，解决问题。

业委会为何成立不起来？

社区专干：开发商不给办公场所，不给经费，不提供业主资料

番禺某小区的社区工作站于 2006 年 4 月挂牌成立。“但是，长期以来，由于种种原因，这个楼盘累积了一些不安定因素，为使广大业主能生活在一个安定、舒适的和谐小区，我们希望能尽快成立业委会，充分发挥其监督物管、服务业主、减少物管与业主之间矛盾的作用。”社区专干介绍，“但目前成立业委会的工作停滞不前。”

“这个社区的首次业主大会筹备组于2005年6月组建成立，并报番禺区国土资源和房屋管理局备案。手续完全合法。”社区专干负责人说。

2006年4月，筹备组基本完成了首届业主大会的各项筹备工作，业主委员会成立到了选举阶段。但在这期间，小区发生了一起恶性事件，业委会筹备工作举步维艰，以至进入“冬眠”状态。“开发商收回了筹备组的办公室，把资料堆放到一边。我们曾和物业公司、开发商多次沟通，希望给业委会筹备组办公地点，还有相关经费，这也是《物业管理条例》的要求，但对方一直没答复。”曾主任说。

社区专干说：“但他们的领导说，时机不成熟，我们认为时机已经很成熟了。后来他干脆讲，只要我们开发完了，楼卖完了，你成不成立业委会，他们才不关心。”

“后来，我们希望物业提供全部业主资料，他们说这是秘密。不提供业主资料不仅给我们的日常工作造成困难，也给业委会成立造成困难。”该社区工作站认为，由于物业公司未能提供小区业主和发展商与投票权相关的资料，筹备组不能确认业主身份，无法确定业主在首次业主大会上的投票权数。从2006年5月开始，筹备组工作就停滞不前。

业主拖欠物管费，小区矛盾日益尖锐

社区专干：恳请政府介入成立业委会

社区专干说，就社区实际情况而言，发展商和物业公司是小区事实上的管理者，手头掌握着物业资料、业主缴纳的各种管理费和公共收益、物业管理权和保安队伍等，没有发展商和物业公司的支持与参与，要想召开业主大会十分困难。

物业公司、开发商坚持认为成立业委会时机不成熟，试图通过改善服务水平以缓解矛盾，但由于深层次的矛盾依然存在，居民心中的“结”难以解开，越来越多的居民以缓交物业管理费为手段与物业公司进行对抗。

700多户居民欠缴物管费

据物业公司经理日前透露，目前，小区已有700多户居民拖欠物业管理费，总费用约为200万元。物业公司多次派员工上门催缴，均未见成效，遂决定起诉部分业主，现已有少数业主收到律师函。

"小区居民与物业公司、开发商之间的矛盾越来越尖锐，双方的僵持局面已成为小区最大的不稳定因素。鉴于小区目前的状况，我们恳请政府各级领导重视，尽早介入，协调相关职能部门督促、指导、协助小区成立业委会。"

对于水电费和物管费的捆绑问题，据南村镇供电所反映，原因有两个：物管中心还未把业主资料移交给供电所；小区用电没有按照有关用电规范要求安装漏电保护开关，并未进行验收移交。

物管中心过激举措恶化矛盾

"这些实际问题，物管中心没有积极、主动地与业主们进行沟通，没有提升服务质量和管理水平，而是采取停电等过激举措来催缴管理费，从根本上剥夺了业主正常生活的权利，从而使业主与物管之间矛盾的进一步恶化。"工作站在一份报告中指出。

曾主任说："这个社区的根本问题在于开发商和物业公司的认识问题，他们在成立业委会的问题上很强硬、不配合，不是我们一个居委会或工作站能解决的。"

背景：番禺全国首创派37名社区专干帮助15个小区成立业委会

今年3月17日，广州市番禺区委、区政府联合下发了《广州市番禺区关于设立社区居委会工作站的方案》，对祈福新邨、华南碧桂园、华南新城、广州奥林匹克花园、雅居乐、富庭雅宛、广地花园、锦绣香江等在内的15个大型楼盘派驻社区专干，帮助小区成立业委会等。

按照番禺区政府的统一部署，从今年5月1日起，已经招聘培训的37名社区专干全部到位。这是番禺区加强大型商业住宅社区和谐建设的新探索，在全国尚无先例。

番禺区副区长龚红当时表示，对这一做法，番禺区也只是试点推行，希望在推行过程中逐渐完善这一社区管理模式。现在的社区工作站是社区居委会的隶属机构，随着楼盘居委会的建成，工作站将逐步退出历史舞台。

这一方案由来于在番禺区227个楼盘中，业委会成立比例不足三成；不少"封闭式"小区问题很多，却拒绝政府管理。

截至2005年底，番禺区的227个大小楼盘中，只有63个成立了业委会，占全区楼盘比例的28%左右。

近年来，番禺区政府有关职能部门接到的居民投诉、上访事件，很多都是因为楼盘内业主、物业公司、开发商之间关系紧张而引发的。

进驻半年尚无一小区成立业委会

社区工作站没有执法依据

半年过去了，在番禺区的这15个楼盘中，除了广州奥林匹克花园、祈福新邨等少数几个原已成立业委会的楼盘外，目前尚无楼盘因社区工作站的进驻，而使业委会的成立在短期内得以破冰；并且对原有的那些业委会的改选过程，也没有因为社区工作站的存在而变得更加顺畅。

番禺区房管局负责指导工作的黎科长说："工作站在协助指导业主自治、成立业委会上目前没有显效。"

他认为："业主的社区自治希望通过社区工作站的推动来完成，显然还不太可能。业主的自治是一个涉及面广的工作，包括业主的民主参与程度、候选人的素质和选举人的素质、法律法规的执行等，不是一个几个人的工作站所能完成的。

"工作站的成立，是希望在社区中，有一个能说公道话的人，这也是政府威信在社区的体现，特别是在成立业委会过程中和处理社区其他相关事务中。

"目前，就工作站而言，一是还没有完全走上正轨，在协助业委会成立的问题上，主要是没有执法的依据。二是其工作还在摸索探讨阶段，我们前一阶段还对工作站的人员进行了业务培训，主要是对相关法律法规的解答等。现在，社区其实就是多了几个人，帮助解释回答相关政策，做一些协调沟通的工作。"

（资料来源：金羊网，http：//www.ycwb.com/xkb/2006－12/06/content_1306751.htm，2006年12月6日）

【案例5】

社区里长出社会组织

图3-1　孩子们在学堂里练习书法

图3-2　孩子们在夏令营学堂参加各项兴趣小组

暑假来了，从各地“翩飞”来深圳与打工父母团聚的“小候鸟”们还好吗？去年本报曾报道，木棉岭社区工作站为来深圳务工子女组织夏令营，解决了孩子们面临的“二度留守”问题。然而，举社区之力兴办的假期小学堂也面临着经费、人手、专业程度不足之虞（详见2012年9月3日《南方日报·深圳观察》AII03版《小候鸟，大社区》）。一年已过去，“小候鸟”的“栖息地”是否变得更好？

本月15日，刚刚开营的木棉岭留守儿童暑期夏令营小课堂有了新面貌：基层政府的暑期社区服务由专业社工机构接手，通过项目运营的方式申请民政经费，辅以社工细致的课程设计。

家长们说，夏令营的课程更丰富了，寓教于乐的教学方式很受孩子欢迎。通过量身定做的课程，一些来自偏僻地区的孩子更好地了解了父母所在的城市以及如何在这里生活得更安全、更“有爱”。

接手暑期夏令营的社工机构负责人，正是四年来一直参与夏令营筹办的木棉岭居民、东晓辖区湖北洪湖流动党支部书记、深圳市人大代表胡桂梁。平时喜欢给大家张罗事情的他希望能朝更专业的方向发展——成立社区型社会组织。胡桂梁的“贵良社工服务中心”于去年底成立，而他本人也刚刚参加完社工考试。

“社会组织不是政府一厢情愿‘孵化’出来的，是从社区里‘长’出来的，政府要做的是给予野生社会组织必要的支持。”中山大学中国公益慈善研究院负责人来罗湖考察时曾这样说。

随着社会组织注册流程、资质的不断放开，加之政府的适时引导，一批植根于社区基层需求的社会组织在罗湖自发生长，社区型社会组织成为未来服务基层居民的主体之一。

工作交给社工，社区松了一口气

上周四，记者来到缓坡之上的外来工聚集地——木棉岭，走进狭窄的城中村，进入位于木棉岭社区工作站的留守儿童暑期学堂——目前深圳运营时间最长的留守儿童暑期学习班，兴办已有四届。

在义工和社工的辅导下，孩子们早在一周前就已经完成了假期作业。这天上午，他们刚听完曙光医院的医生讲的一节性教育总结课，在此之前，由社工设计的儿童防止性侵犯课程持续了将近一周；下午，他们又各自投入书法、写作、跳棋等兴趣小组之中，课堂里充满了欢声笑语。

今年的夏令营比往年更加热闹。去年，夏令营人数最多时有50多人，由于场地、师资和费用的限制，木棉岭社区工作站站长陈志平婉拒了很多家长的报名请求：“我们也想让更多孩子进来，可是场地和师资真的不够。今年小营员达到了87人，去年是压住不敢招，今年实在压不住。”

让陈志平有底气“扩招”的真正原因，是贵良社工服务中心的加入。今年，这家社工服务社承接了木棉岭留守儿童夏令营的项目，作为“洪湖流动党支部——的嫂互助会”的子项目，夏令营得到了来自罗湖区民政局创新资金的拨款。

过去三年里，这个暑期课堂“边走边试，摸着石头过河”，虽然得到了家长和孩子的肯定，但夏令营的作用更多只是让孩子们有个安全的地方可以玩耍和做功课。工作人员意识到暑期学堂必须借用社会资源，夏令营也曾与看守所、戒毒所、武警医院等机构合作，对小营员进行普法教育，但“孩子们忘性大，过几天就忘了，收效甚微”。

今年，贵良社工服务中心为夏令营带来了4名社工、2名社工专业的实习生，他们带来了一种全新的儿童教育方式，为孩子们设计了亲情、安全、环保和公益等主题的教育和互动课程。小营员蔡潮宇的爸爸、湖北籍“的哥”蔡师傅说，孩子参加了两届夏令营，感觉今年比去年更加正规，活动也更加丰富。“我们没有那么多时间陪伴孩子，这个夏令营减轻了家长的负担和压力，夏令营组织得越来越好，孩子能学到东西，我们也很放心。”

“把事情交给专业社工机构，我们轻松多了。”陈志平说，社工们还带来了更加细致的工作方式——专为夏令营拟订的一叠厚实的活动计划书，这是疲于各种社区事务的工作人员从未准备过的。计划书中详细列明了预算和活动安排，还有可行性分析、风险预估和预案，对风险的考虑等，甚至包括主讲人迟到怎么办、亲子沟通活动中有两个孩子参与怎么办等情况。在活动中期，社工们还要撰写阶段性总结，这令陈志平和他的同事们耳目一新。

社区热心人士拟走专业社工道路

贵良社工服务中心这块新招牌的背后，是一张社区里的老面孔——胡桂梁。木棉岭的“的哥”们称他为“老胡”，来深圳16年的他是木棉岭外来工的一员，平时非常热心，喜欢为来深圳的漂泊客张罗事情。他多年来担任东晓辖区湖北洪湖流动党支部书记，后又成为非深户的深圳市人大代表。去年底，贵良社工服务中心注册成立后，胡桂梁有了一个新身份——理事长。

“我一直在琢磨，如果辖区里有一个专业机构，居民服务会上一个台阶。”胡桂梁这样说起自己的初衷。据统计，木棉岭社区有1.6万人居住，90%以上是外来务工人员，且大多来自湖北、湖南地区，流动党支部成为他们的话事代表，作为洪湖流动党支部书记的胡桂梁也当仁不让地成为湖北老乡的话事人，一直在为“的哥”和他们亲属的权益而奔走。

胡桂梁接触到“社工”这个新词儿，是前几年上电大的时候，当时他还比较“懵”。直到赴浙江大学参加交流时，学员们组织了一场辩论赛，主题是“一年给社工这么多经费，到底能做什么事”。这场辩论让一门心思想为大家做好事的胡桂梁看到了一条有别于往常的路：社会服务、社区自治、社会组织，他相信这一定是深圳未来的方向。

胡桂梁曾将义工视为社区里最重要和关键的力量，却渐渐明白了社工的力量所在。“社工人才是专业的，规范管理和服务质量都有保障。另外，光凭热情的义务活动是缺乏可持续性的，义工今天来，明天有事就不来了，专职社工却不同，虽然也可以离开，但工作要交接，是持续性的。”胡桂梁说。

去年底，贵良社工服务中心在罗湖区民政局注册成立。胡桂梁称，从提出这个构想到付诸实施，罗湖区委组织部、区社工委、区民政局乃至东晓街道办事处给了许多帮助和建议，机构的实际注册时间仅为一周。

胡桂梁体会过在深圳打工的不易，尝过与儿子分离两地的思念；“我长这么大，你跟我相处过多久”，当儿子这样埋怨他时，那份苦楚和无奈令他至今难忘，他比别人更清楚，良好的家庭关系对“的哥”而言意味着什么。针对木棉岭流动人口缺少充分的社会支援这一现状，胡桂梁的社工机构设计了第一个项目——“湖北洪湖流动妇联——的嫂互助会”，并申请到了罗湖区民政局的创新专项基金。4 名专业社工成为这个机构的第一股力量。

对社工专业萌生兴趣的胡桂梁报名参加了社工考试，在复习的过程中，一些词语开始进入他的思考范围：个案、转介、隐私、专业、规范、工作交接……社工的全新视角让他开始审视过往，并坦言过去的做事方式有“好心办坏事”的可能，有时候光凭想象去做的好事其实有些“不伦不类”。他鼓励流动党支部的 30 多名义工参加社工考试，并承诺给考上的人报销报名费。

一名准备参加社工资格考试的义工这样概括学习的体会：“以前是凭想象做事，现在知道，自己解决不了的问题和个案，可以转介给其他的专业社会组织，例如对自闭症儿童的服务，专业的心理咨询师可以最大限度地避免对孩子造成更大伤害。”

在胡桂梁看来，自己从城中村“的哥”中走出来，更明白身边的“的哥”以及他们背后的家庭需要什么，相比外来的社工机构，在社区应运而生的社工机构“地头熟、人头熟，能很快进入情况，服务更具体”。他下一步的目标是“做得更加规范”，计划明年承接更多的社区服务项目。

“社会组织不靠孵化而靠扶持”

“社会组织不是政府一厢情愿‘孵化’出来的，是从社区里‘长’出来的，政府要做的是给予野生社会组织必要的支持。”今年 6 月，中山大学中国公益慈善研究院在与罗湖区妇联签署战略合作框架协议时，曾给出如上建议。

彼时，罗湖区孵化和扶持妇女社会组织的“懿 · BASE”基地成立。其展示了 20 个虽未注册但扎根社区提供切实服务的筹建对象，似在呼应上述说法。罗湖区妇联副主席彭丹瑜亦曾透露，妇联方面希望在社区寻找有服务愿景、服务目标的队伍，帮助他们将自发的需求衍生成项目、注册成社会组织。

越来越多的社会组织因居民需要而生发，在罗湖各个街道形成了各具特色的生态圈。女楼长联谊会、跨境学童家长互助小组等社会组织，分布于跨境学童家长服务、弱势群体心理辅导、婚恋服务、邻里互助及亲子养老等领域。针对女性就业扶助，各个街道衍生出了各自的服务项目，如翠竹的“阳光妈妈——女性成长空间”、东门的“晴朗天空”姐妹手工坊、东晓的“巾帼就业扶助中心”等。

这一趋势背后，是制度环境的数年酝酿。2010 年，深圳实行社区社会组织登记、备案双轨制，尚未达到登记条件的社区社会组织，可以先选择备案，等其达到相关条件后再进行登记。此举意在通过降低社区社会组织准入门槛，将其纳入培育服务和监管范围。2012 年，广东省对社会组织进一步“松绑”，规定八类社会组织可以直接向登记管理机关申请登记，审批时限亦从 60 日缩减为 20 日。

（资料来源：《南方日报》，http：//epaper. southcn. com/nfdaily/html/2013 - 07/29/content_7211478. htm，2013 年 7 月 29 日 A03 版）

【案例6】

社区社会组织的春天来了

——7 项文件 +5 000 万资金培育上城模式

社会组织综合改革，上城先行了一步

去年10月，上城区作为杭州市唯一试点单位，列为浙江省“社会组织建设与管理综合改革观察点”和“社会组织服务平台”。

这是一次难得的机遇。上城区把社会组织综合改革的落脚点放在了社区。

曾几何时，上城区在社区建设和基层社会服务管理中创造和积累了诸多好经验、好做法。“小康社会型”社区建设、居家养老服务、社区警务模式、“星级社区”及“和谐社区”测评体系、社区建设标准化工作……这一系列特色创新工作均走在了全省乃至全国前列。

今年以来，上城区在社区社会组织建设和管理方面大胆实践，频出创新之举：出台一系列含金量高的文件，对社会组织培育发展作了布局；大手笔投入5 000万元，用于公共服务购买、绩效评估、品牌建设等；“择优录用”打破以往购买社会服务的模式，并以公开评审和大众评审代替专家内部评审……上城区已走出了一条符合区情特色的社会组织培育发展新路子。

如今，走进上城区各个社区，会发现各类社会组织蓬勃兴起，形成了以生活互助、红色文化、睦邻文化、居家生活、乐活休闲为主题的社区社会组织公益服务网络，在社区建设以及为民服务方面发挥着正能量：养老、求学、找工作、看病、家政等百姓生活的方方面面，社会组织悉心呵护；丰富社区文化、维护社区安全、促进社区和谐，社区建设的诸多领域，社会组织作用凸显。

出台5 +2 文件，降低准入门槛

上城区抓住契机，于今年5月份制定出台了7个社区社会组织培育发展的文件，其中2个为纲领性文件，5个为实际操作性文件。文件分别对社会组织发展方向、加强培育和管理、优化社会组织登记备案机制、政府购买服务和绩效评估、社会组织公益创投工作等方面作了明确的规定。

“一个月内密集出台了7个文件，为我们描绘了美好图景。”在采访中，不少

社会组织工作人员欣喜地告诉记者。

在上城，成立一家社会组织，门槛很低。只要符合条件，社会组织不必跑业务主管单位，可直接向民政部门申请成立；前1～3年内，可以免费使用区、街道、社区提供的场地；可以减免3万元注册资金；根据所获荣誉的级别，还给予一定的奖励等，甚至可以通过参加“慈善一日捐”、“公益项目社会认购”等活动获得资助；出资人投入满5年后，还可能获得一定的合理回报……按照该区民政局有关负责人的说法，降低门槛，简化程序，突出宽进，重在培育，吸引社会组织落户上城。

湖滨街道的“湖滨街坊会所”、清波街道的“幸福·家”、小营街道的“红巷生活广场”、望江街道的“望江红港·睦邻驿站”、南星街道的“南星益家”品牌、紫阳街道的“彩霞公益社区服务中心”……一街一品，彰显街区特色；宋书记墨香飘逸工作室、沈寅弟金牌和事佬工作室、黄妈妈手工坊、许峰残疾人民间艺术工作室、“阿舅”与您说法工作室……百家能人，彰显社区本色。

如今，上城区已经发展培育了一大批“接地气”的社区社会组织，截至2013年3月底，上城区共有社区社会组织771家，其中登记注册23家，备案748家。它们在拓展社区服务、扩大社区就业、丰富社区文化、维护社区安全、促进社区和谐等领域的作用日益显现。

党的十八大关于“加快形成政社分开、权责明确、依法自治的现代社会组织体制”的战略部署，表明了党中央对新时期社会组织的认可、肯定和期待，是培育发展社会组织的重要信号。

上城区社会组织培育“以社孵社、以社促社、以社助社”，即以社会需求为导向培育社会组织；以社会力量的整合促进社会组织发展；以社会组织的发展助推基层社会管理创新为主线，推进社会组织建设，开创了基层社会服务管理新模式。

政府购买服务，百姓公开评审

上城区不断探索、引导社会组织有效参与公共服务的方式和途径，创新推出了“政府埋单，百姓评审”的模式。该做法打破了以往“大锅饭”的低效运行模式，有效提升了辖区社会组织服务水平，为杭州市首创。

前不久，清波街道公布了13个政府购买的社会组织服务项目，并正式面向杭州市范围内“招贤纳士”。凡在辖区内实施公益服务的社会组织，包括在民政部门登记的社会团体、民办非企业机构及各类社区居民组织，均有机会获得公益创投的资助。而购买这些服务项目的资金由街道、辖区企业、爱心人士共同出资，目前已有70万元的“幸福公益”社会发展基金。

相比以前专家内部评审的方式，这次则改用了公开评审和大众评审。例如，要评审养老项目，那么评审里就会有社区老人；要评审自闭症项目，评审里就会有自闭症儿童的家长。这样可以让居民选择自己想要的服务。

当然，在项目结束后的一个月内，也会进行政府购买服务项目的绩效评估。评估结果设为“优、良、合格、差”四个等级。得“差”的，不仅会扣减相应费用，追究违约责任，同时也会取消其次年的申请资格。

据了解，今年上城区计划投入5 000多万元用于社会组织相关的服务购买、绩效评估、公益创投、品牌建设等。同时每个街道也要拿出200万元，其中公益创投至少要占50万元。除了先行一步的清波街道，上城区的其他五个街道也会在今年全部开展公益创投。

这项工作，还纳入和谐社区考评体系。评委会对入围的公益创投项目给予一定的资助，各社区也会扶持一批有特长的居民和社区工作者组建个人工作室，从而推进社区居民自治能力的提升，撬动社会资金参与为民服务实事项目。

打造“三社”模式，搭建三级网络

“社会公益项目，我认领一个。”今年初，一场特殊的“爱心竞领”活动在望江街道举行。老伢儿食堂、下楼爱心扶手、妙手工坊服务社等50多个社区公益项目，由各类社会组织认领；在上城，惠及孤寡老人、被列入今年十大为民办实事的“烟感报警器”项目，由杭派服饰城出资，以“项目招标”的形式，由“7788服务社”承接，为辖区1 000户特殊家庭安装烟感报警器；小营街道公益大篷车进社区，组织30多家社区社会组织，轮流在各个社区为居民开展服务。

以社会需求为导向培育社会组织；以社会力量整合促进社会组织发展；以社会组织的发展助推基层社会管理创新——上城区培育发展社区社会组织，特别打造了“以社孵社、以社促社、以社助社”的发展模式。社会需求主要从征集民众意见中来，通过发放问卷、走访调查、网上征集、座谈研讨等形式，进行收集；社会力量包括党和政府的引导力，企事业单位和市场资源、社会组织的参与力等，共同扶持社会组织发展。而社会组织是社区建设的主体力量、社会公共管理的重要力量、基层社会管理创新的中坚力量，并通过激发社会组织功能，释放强大的“正能量”。

上城区还构建了“区级社会组织服务中心、6个街道社区社会组织服务中心、54个社区社会组织联合会”的区、街、社区三级网络，引导各类社区社会组织有序参与公益服务和社会管理。区、街、社区三级网络均配备专职人员进行管理。通过三级网络，为社区社会组织提供政策、资金、场地扶持，成为社区社会组织的孵化园、创意园和服务园。同时，上城区6个街道还分别与在杭州设有社会工作专业的高校建立了合作伙伴关系，开展社会组织工作理论与实务、社会组织从业者项目管理等业务技能方面的能力建设与培训。

（资料来源：《杭州日报》，http：//hzdaily. hangzhou. com. cn/hzrb/html/2013 -06/25/content_1521692. htm，2013年6月25日A4版）

第四章　治理共同体与新治理结构

治理共同体是以社区治理为核心理念的共同体意识和共同体培育路径方式。治理共同体表现为以创新社区治理型结构模式为目标，由政府与社区自治组织、非营利组织、企业组织、辖区单位以及社区居民等多元治理主体，共同管理社区公共事务、有效供给社区公共产品、推进社区持续发展的过程和状态，通过多元权力对社区治理的参与，在多元权力格局职责分明而又相互依赖的基础上实现新型社区的善治。治理共同体摆脱了政府“单极治理”的困局，实现了“社区联合治理”和“社会复合治理”。

第一节　社区治理的概念和特征

一、治理概念和治理理论

治理概念产生于西方国家，与统治相对，是指在一个既定的范围内运用权威维持秩序，满足公众的需要。治理理论认为政府并不是国家唯一的权力中心，各种机构（包括社会的、私人的）只要得到公众的认可，就可以成为社会权力的中心。因此，治理泛指国家、公共组织、私人机构及社会个人等各种活动主体间的关系。

治理理论包含的宝贵思想和理念是：

1. 自下而上的公民参与

治理鼓励公民以个体或集体的形式广泛地参与公共行政，从而使公共行政更能响应公众的呼声。公民与基层行政组织互动就是在公民组织自愿的原则下，通过公民的参与和监督使公共行政的服务和效率达到最佳。政府在制定政策时，必须在怎样才能从社团和个人那里寻求和接受意见等方面作出决定。政府要强调发展第三部门，即有别于公共部门的非营利组织，来解决当代社会的许多问题。同时，也要指导这些组织，使之符合公民社会的价值要求，并且有能力去解决社会问题。参与模式的出现强化了公民的作用，并试图以投票以外的方法来诱导民主参与。

2. 公民社会是治理的基础

治理表示国家与社会或者说政府与公民之间的良好合作，从全社会的范围看，治理离不开政府，但更离不开公民。从某个小范围的社群来看，治理可以没有政府统治，但不能没有公共管理。没有公民的积极参与和合作，至多只有善政，而不会有善治。所以，治理的基础与其说是在政府或国家，还不如说是在公民或公民社会。从这个意义上说，公民社会是治理的基础，没有一个健全和发达的公民社会，就不可能有真正的治理。因此，调整国家与社会的关系，建立一个繁荣、活跃的公民社会，是治理的本质要求。因而，在实践中，政府放松对社会的过度管制，向社会分权，赋权于社区和居民，允许公民组织自主发展和自我管理，鼓励公民积极参与地方和社区的公共事务，倡导培育和提升公民自主管理的能力，就成了治道变革的中心任务。

3. 自组织的多中心治理

治理是政府与社会力量通过面对面合作方式组成的网状管理系统。自组织治理网络是个人和机构、公家和私人治理其共同事务的诸多方式的总和，因此应当互动合作。在治理过程中，无论哪个组织，都不可能拥有知识和资源两个方面的充足能力来独自解决一切问题，它们必须通过与其他组织交换知识和资源达到目的。治理总是一个互动的过程。社会组织与政府组织共同承担起管理公共事务、提供公共服务的责任，这些组织的权利也将得到社会和公民的认可。公共行政之参与者的多元化，多元化主体之间的权力依赖和合作伙伴关系，最终必然形成一种社会自治的合作网络。

4. 社会合作网络体系的构建

既然政府不是治理依赖的唯一组织载体，那么，治理依靠的应当是以问题和管理事务性质为导向而构建起来的多种形态的社会合作网络体系。面对着国际、区域、国家、地方、社区等不同地域范围内的公共问题，国际组织、政府组织、市场组织、公民组织等治理主体围绕某些公共问题或公共事务，通过对话、协商、谈判、妥协等集体选择和集体行动，达成共同治理的目标，并形成资源共享、彼此依赖、互惠和相互合作的机制和组织结构，建立共同解决公共问题的纵向的、横向的或两者结合的社会合作网络。

5. 社会资本是治理的手段和目的

治理的基础是公民社会的形成，而充裕的社会资本储备是公民社会的结构性支撑。社会资本就是成员之间的社会联系或者网络关系、规范、相互信任。社会资本的功能就是降低交易成本、防止现代民主制度引发的过度的个人主义，以及提高人们结社的能力并以集体的力量抗衡专制主义的国家政权。所以，治理的主要目的之一就是培育社会资本。①

二、社区治理的概念和特征

社区治理是将治理理念引入社区管理体制和机制的创新实践中。所谓社区治理，是指在社区范围内，政府、社区组织、居民及辖区单位、企业、非营利组织等多元治理主体基于市场原则、公共利益和社区认同，协调合作，组成社区治理互动网络，有效供给社区公共物品，满足社区需求，共同管理社区公共事务，优化社区秩序的过程与机制。

社区治理强调社会组织和公众个人参与社区的管理过程，发展政府、企业、社会组织及公民各主体间的多元参与、合作、协作和伙伴关系，建立由政府主导，社会、企业、公众多元主体参与的现代城乡基层管理机制。它具有这样几个特征：

（1）主体多元化。社区存在多元主体，既可以是政府这样的社会公共机构，也可以是私人机构，还可以是公共机构和私人机构的合作，各种公私团体、组织和个人均可以参与管理，政府与社区之间形成积极而有成效的合作信任关系，达到社区公共利益的最大化。

（2）手段与方式多样化。其主要通过合作、协商、伙伴关系、确立认同和共同目标等方式管理公共事务和公共行为。其权力向度是多元的、相互的，管理过程是上下互动的，而不是单一的和自上而下的。

（3）公众参与性。各治理主体都是社区治理的参与者，具体表现为安排者、生产者、监督者等不同的角色分工，强调公众参与社区规划与实施、处理社区事务。

（4）横向网络互动结构。社区多元主体之间的运行为双向互动，社区社会组织在居民和政府之间发挥桥梁的作用，社区中行政力量、自治力量和社会力量构筑成横向的网状结构。

---

① 夏建中．治理理论的特点与社区治理研究［J］．黑龙江社会科学，2010（2）．

第二节　社区治理结构的不同模式

一、国外社区治理结构模式

目前，国外社区治理有三种模式：

1. 以新加坡为代表的“政府导向型模式”

新加坡政府国家住宅发展局负责对社区工作进行指导和管理，其主要职责包括：第一，社区公共服务设施的规划和建造；第二，对社区领袖和社区委员会的领导人进行培训；第三，发起社区活动，倡导特定的社会价值观；第四，对社区建设和活动予以财政支持。

新加坡社区建设中最小的区域性组织是居民委员会或邻里委员会（在公共组屋区称为居民委员会，而在私人居住区称为邻里委员会）。居委会通过形式多样的活动来促进社区认同、邻里和睦、种族和谐和宣传政府政策、反映民意等。这些活动包括组屋舞会、邻里守望、民防演练、家政课程、教育旅游、民众对话会、唱歌会、社区联欢会等。这些活动使居住在同一组屋区的人们彼此增进认识与了解，更好地理解和响应政府的政策措施。

基于社区建设的公共特征，新加坡强调发展政府主导下的“大众参与”，政府负责90%的社区基础设施建设费用和50%的日常运作费。居民委员会等机构在政府指导下自主活动，并及时向政府反馈民众意见。政府行政部门、社区管理机构、基层自治组织及社会团体之间职责分明、上下贯通，形成了科学、合理、灵活的社区建设模式。

新加坡注重培养一种为社会自愿贡献的“义工”精神，由国家义务工作中心推动，促进民众及社群的广泛参与，使义工活动成为社区服务的重要力量，减轻政府的压力。政府还引导社会团体、企业商家参与社区建设，建立社区服务网络，针对不同群体开展服务，为民众提供有效援助，形成了“我为人人，人人为我”的和谐氛围和积极、有爱的社会风气。

2. 以美国为代表的“自治型模式”

在这种模式中，政府行为与社区行为相对分离，政府的主要职能是通过制定各种法律法规协调社区利益主体之间的关系，并为社区成员的民主参与提供制度保障。

社区内的具体事务完全实行自主自治，依靠居民选举产生的社区自治组织来行使社区管理职能。美国的社区自治组织不仅享有社区发展规划与目标、社区公共事务、社区文化活动等方面的决策权与管理权，还享有对政府的社区行政管理以及专业机构的社区服务管理的建议权、监督权。社区委员会成员由居民民主选举产生，具有一定的任期，他们主要是利用业余时间义务为社区服务。

社区公共卫生和公共环境等物业方面的管理，由社区委员会聘用的专业社区管理公司负责。而大量的具体的社区服务内容和项目的开展，则由非政府、非营利的社区服务组织承担和实施。社区服务组织在美国第三部门中占有重要地位，享受美国政府的资助和税收等方面的优惠政策。全方位、多层次的社区服务体系，给美国居民的生活带来极大的方便和保障，同时在提供充分就业、缓解社会矛盾、保持社会稳定等方面发挥着重要作用。

3. 以日本和北欧国家为代表的“合作型模式”

合作型模式的特点是政府和社区相结合，政府的主要职能是规划、指导和经费支持，其他工作交给社区自治组织去实施。

日本的市政府设立的社会部全面负责社区工作，基层区政府设立的地援中心负责执行社区事务。

北欧强调政府和社区的结合，政府建立高效的社区公共服务体系和管理体制，社区组织一般是行业性和专业性的，以维护其成员的权益为主要职责，政府和社区互相结合形成了社区安定和谐的有序结构。

国外社区治理结构虽有不同模式，但总体来看，不同模式下的社区治理结构也存在一些共同特点，主要表现为：

（1）组织体系完善，政府与企业、社会组织合作密切。国外社区工作组织体系是由政府部门、社会组织、企业组织和自治组织组成的，他们分工合作、职责明确，在社区管理和服务中，形成了国家与社会良性互动、政府与社会组织密切合作的城市社区管理格局。政府各职能部门参与社区治理主要是行政性指导，地方政府的政策则需要取得区域内各种组织、团体的认可方能出台实施。政府各职能部门在社区工作体系中承担的主要职能是宏观控制与管理、制定相关政策与立法并通过规划来贯彻执行、提供财政支持并监督与检查社区各类社会组织的工作等。社区各类组织（包括居民）在社区管理中广泛参与。社区内的社会组织、驻区企业都广泛参与到社区管理和服务中来。社会组织是社区管理中的一支重要的社会力量，是政府在社区建设和社区服务上的重要合作伙伴和具体执行者。他们在政府的组织、协调下独立开展社区内的各种有偿、低偿或无偿服务，以自己的服务争取政府、社会各界和居民群众的支持。

（2）法律法规健全，社区管理依法律法规和制度运行。在社区治理中，法制建设与民主自治是两大特色，城市社区治理中通过制定各项法律法规来协调社区中单位组织、家庭以及个人在城市中发生的各种关系。社区行为不仅受法律法规的约束也受法律的保护。无论是政府、社会组织还是企业，参与社区管理都必须严格依照法律、法规和相关制度行事。以美国为例，美国联邦政府自 1960 年以来相继制定了几部关于城市社区发展的法律和法规，如《住宅和社区发展法》、《社区再投资法》、《国家和社区服务合作条例》等。除此之外，各个州、市政府和立法机构也制定了相应的法规和法律，这些法律法规成为各类组织参与社区管理的行为准则。

（3）以人为本的服务理念突出，社区设计、设施建设强调人性化。为了方便居民，社区设计根据地域来划分，形成网格化和扁平化的管理，使社区管理和服务做到全面、全方位。新加坡和日本都是根据地域来划分管理的。新加坡根据地域范围划分社区管理层次，每个区域建立社区发展理事会负责本社区工作，在社区发展理事会下，以选区为单位设立公民咨询委员会，其最基层的社区组织是居民委员会，全国社区的总机构是人民协会。日本社区管理采用地域中心，以地域中心作为行政管理机构。其是区政府根据人口密度和管理半径划分的，隶属于区政府地域中心部。

（4）资金渠道较广，政府购买和公益捐赠成为主渠道。在社区管理中，社区管理和服务的重要资金来源是政府购买。政府除了在宏观上为社区发展制定政策、对社区进行管理、指导监督社会组织工作，还通过政府购买的方式给予社区经费资助，对社区进行建设及改善。政府支出按照政府预算以及政府条例规定执行，且必须有明确的使用要求，有完善的评估、检查和监督措施。公益捐赠也是社区管理和服务的重要资金来源，社会组织参与社区管理，除有政府拨款以外，也享受公益捐赠方面的税收优惠政策。美国社会组织有 150 多万个，占美国各类组织的 6%，平均每 12 位就业人员中就有 1 人为社会组织工作。这些社会组织通过接受个人和企业捐赠及服务收费，能筹集大量社区建设资金，给居民生活带来了便利，在提供就业、缓解矛盾和维护稳定方面发挥了重要作用。社区总体规划、机构设置、基层设施、资金投向等强调以方便居民活动、满足居民需要为出发点，对社区内的老人、儿童和残疾人则进行重点扶持与帮助。此外，防灾机构和设施、公共场所指示、居民防灾演示和演习等方面也成了社区建设和服务的重要内容。

（5）专业要求较高，社区工作人员具备较高专业素质。国外从事专职社区工作的人员，无论是在行政管理组织中，还是在社会组织中，都要经过专业训练，一般要修完“社会工作学”课程，有的还需要经过严格的行业准入和执业资格认证。这些专职工作人员能熟练掌握从社区政策到组织、动员、宣传等技巧，能提供专业化的社区服务，在收入和待遇方面，政府工作人员与社会组织工作人员大体相同。

二、国内社区治理结构模式的创新实践

从2000年开始在中国全面推进的城市社区建设，到如今已经基本完成了当初设定的目标，即在5～10年的时间里，建立起以地域性为特征的新型社区，构建新的社区组织体系。目前，中国社区建设正在向构建城乡新型生活共同体这一新的目标转变，并建立与社会主义市场经济体制相适应的城乡新型社区管理体制和运行机制等，在“政府指导与社会共同参与相结合，充分发挥社区力量”方面，尚存在较大发展空间。目前，社区内存在着社区居委会、社区工作站、社区社会组织、辖区单位组织、企业和个人等多元化参与主体，如何坚持共同参与和充分发挥社区各方面的力量，可能是我们下一步也是我们在较长的时期内需要思考的重要问题。

从国内外的社区发展和社区建设的经验来看，实行社区治理应该是最好的选择。而且，一些城市的社区已经开始进行这方面的探索，这一选择也已成为社会各界的初步共识。关于社区治理，我国政府以前采取的是一种“全能型、全权型”的模式，管理的范围非常广泛，管理成本也较高，使得政府不堪重负。从发达国家社区自治的模式和做法中可以看到，在市场经济高度发展的情况下，大量“单位人”变成“社会人”、“社区人”，广大居民群众需求各具特点，只有充分发挥基层自治组织的作用，让居住在同一社区的居民参与到决策和管理中，形成多元化的社区治理体系，才有可能把社区建设成为管理有序、服务完善、文明祥和的新型社会生活共同体。我们要借鉴发达国家成熟的社区治理经验，积极探索符合本国、本地区的创新社区治理结构模式。

创新社区治理结构模式的意义体现在五个“有助于”：

一是有助于促进基层社会管理体制改革。随着社会管理改革的不断深化，

许多个人的生活和福利要求都需要社区来提供。同时，离退休人员、社会流动人口、非正规就业和失业人员，以及最低生活保障人员的社会化管理也需要依托于社区。社区是社会管理的龙头和枢纽，而创新是解决问题的关键点和手段。

二是有助于更好地提供基本公共服务。社区是社会公益事业和公共服务供给的基础平台之一。创新社区治理结构模式，就是为了充分利用辖区单位和企业、社区社会组织、志愿者、居民等资源，及早发现和满足居民琐碎的、小规模的、非制度化的需求，形成多主体公共服务供给模式，更加有效地提供公共服务。

三是有助于社会组织的培育和成长。创新社区治理结构模式，不仅可以全面表达不同群体的利益诉求，还可以丰富居民的生活内容，扩大居民选择公共服务的空间，与政府形成良性互动。

四是有助于扩大公民参与、促进社区自治。创新社区治理结构模式，就是打破政府大包大揽的一元主导模式，形成社区多元主体参与管理的格局，扩大公民参与，发挥社区居民自治组织的作用，推进基层民主建设。

五是有助于推进城乡一体化进程。创新社区治理结构模式，可以推动社区管理和社区治理城乡一体化，使农村社区居民的生活观念和生活方式也相应地“城市化”，加快推进农民“市民化”。

近年来，国内部分城市相继探索了中国特色的社区治理创新路径，并且积累了相关的经验，取得了较好的成效。

1. 杭州市下城区“66810”为民服务社区治理体系建设

杭州市下城区近年来创新推行的以“六必到、六必访、八必报、十条为民服务线”为基本内容，以“组织网格化、服务标准化、评估信息化”为主要特点的“66810”为民服务社区治理体系，得到了民政部的肯定，胡锦涛同志曾专程视察了下城区的王马社区。

下城区社区的组织架构主要以社区党组织、居委会、公共服务工作站“三位一体、交叉任职”为社区治理复合主体，通过社区居委会、楼宇居民自治会、单元居民自治小组三级居民自治网络实现社区自治和管理服务职能。“66810”是指对困难群众、独居老人等社区重点群体“六必访”的个性服务，对居民及其家庭突发事件“六必到”的帮扶服务，对公共设施损坏、环境卫生、安全隐患等社区动态信息“八必报”的预警服务，对社区居民“十条线”的专业服务。通过建立“前台受理、全程服务、后台追踪、全员考评”的绩效追踪机制，确保居民各方面的需求得到满足。

社区对辖区内每个居民户都建立了电子档案，服务系统对社区每天收集到的居民服务需求进行记录，社区工作人员都要把服务需求的处理情况输入系统，有专人对居民事务的处理情况进行回访，社区工作者的服务数量和质量与个人评优、奖励挂钩。

“66810”为民服务绩效追踪信息系统运用了现代信息技术，方便了社区居委会对居民需求的了解和分析，加强了对各类为民服务情况的追踪和考核，在操作层面上，为社区居委会更好地实现自治管理、为群众提供优质高效的服务提供了技术支撑。

2. 宁波市海曙区的社区居委会直选与“议行分设”体制创新

宁波市海曙区是全国率先实现社区居委会全部直接选举的城区。有选举权的居民都可以参与社区选举，社区居委会成员由全体选民“一人一票”选举产生。候选人提名权完全交给群众，不再由街道指定、推荐或协商。凡本人自愿报名、并有10名选民联名支持者，都可成为候选人。候选人前期可与居民见面，并允许到选民家“拉选票”。投票采用无记名投票、差额选举方式，使用半透明投票箱，设置封闭式划票间等当场计票，当场公布结果。

海曙区直选后，社区居委会组成人员以在职人员、老年退休人员及社区单位包括个体业主的代表为主。在社区的具体运行上组建了“选聘分离”的组织体系，即社区居委会由本社区成员组成，经居民差额直选产生。社区居委会下设办公室，工作人员由专职社区工作者组成，并由社区居委会聘用。居委会委员的工作是义务的，负责决定社区的重大事项，监督整个居委会的运作；社区日常事务包括居委会交办的自治性工作及政府在社区层面的相关公共管理和服务工作，由居委会招聘的职业社工来完成，由政府提供成本。这种模式又被称为社区的公司治理结构：居委会像公司的董事会，社工组成的居委会办公室像董事会聘用的经理层。

海曙区通过直接选举方式选举产生社区居委会，广大社区居民自己投票选出自己最中意的居委会组成人员，这既充分表达了民意，提高了居民对居委会的认同感和信任度，又增强了居委会干部做好社区工作的责任感和危机感。议行分设的运行模式还了居委会作为“居民自我管理、自我教育、自我服务的基层群众性自治组织”的本来面目，使居委会更多地考虑如何满足社区居民的需求，对社区居民负责。

3. 深圳市的“居站分设”、“一站多居”社区治理模式创新

2005年初，深圳市委、市政府在社区设立工作站，承接从居委会剥离出来

的行政管理和公共服务事务，居委会则回归其自治组织的本来面目和功能，实施“居站分设”。社区工作站作为政府在社区的服务平台，其主要职责是在社区开展治安、人口、计划生育、文化、法律、环境、科技、民政、就业、维稳综治和离退休人员管理等工作。居委会则回归群众性自治组织的职能，着重开展收集社情民意活动，反映群众诉求，代表和维护本社区居民的合法权益，组织居民开展自治和自助互助服务等工作。

经过一段时间的实践，每个居委会设立一个社区工作站的模式暴露出一些不足，需要进行调整。2007 年，深圳开始调整社区工作站和居委会范围，按照“以居民房产利益关联为纽带、物业小区与居委会范围基本一致”的原则，对部分规模较大的非封闭式管理社区分设居委会，但社区工作站不随居委会的分设而分设；规模较小的居委会不单独设立社区工作站，与相邻的社区共同设立社区工作站，从而形成“一站多居”体制，实现以较大的社区工作站整合社区资源，以较小的居委会方便居民的沟通和自治的目标。

第三节　如何构建治理共同体

社区治理属于地域性基层社会治理范畴。这首先表现为社区治理属于人们通常所说的“块块管理”，也就是对某一地域范围内的公共事务和公共行为实施综合治理，而与专门治理某一类事务的“条条管理”具有显著区别；其次表现为社区治理是整个社会治理的基础环节，属于社会治理的“前沿阵地”，它直接面对居民群众，具有零距离了解社情民意和群众需求的天然优势，能够做到在第一时间提供服务、解决问题。构建治理共同体，推进新型社区治理体系的现代化，重在着力推进以下几方面工作。

一、构建多元化治理主体，推进合作共治与社会复合治理

体制问题是制约社会管理和社区治理最为根本性的问题，因而各地社会管理和社区治理实践都企图寻求体制上的突破。综观各地近年来的创新实践，一个明显的趋势就是从行政力量的一元化管理或单一部门的碎片化治理转向多元主体的合作共治与复合治理。这是与西方理论所倡导的国家与社会的对立有所不同的。

我国过去社会管理和社区治理体制的一个根本性缺陷就是政府一家独大，市

场和社会的力量极为薄弱，甚至“缺席”，这导致社区治理的过度行政化。就社区治理来说，过度行政化，不仅影响了社区资源的配置效率，而且与社区居委会自治组织的法律定位背道而驰。所谓合作共治，主要是指在社区治理过程中，充分发挥政府、市场、社会三大部门各种组织的优势，使它们形成合力，共同管理社会和社区公共事务。这方面最为典型的例子是杭州市近年来开展的社会复合主体实践和在各地开展的社区去行政化实践。

构建多元化社会复合主体是杭州市提出的城市发展的整体战略。其基本做法就是在城市发展中，构建一个个由多个、多层、多界和多域行为主体联合或结合而成的复合型社会组织。具体说就是以推进社会性项目建设、知识创业、事业发展为目的，把社会效益与经营运作相统一，由党政界、知识界、行业界、媒体界等不同身份的人员共同参与、主动关联而形成的多层架构、网状联结、功能融合、优势互补的新型创业主体。从社会学的角度说，社会复合主体是指，在行动过程中，多个社会主体相互关联，其各自的主体性发生重叠或复合，使得这些原本不同的多个社会主体成为一个社会主体。培育社会复合主体是社会运行和社会组织结构的重大创新，是经济运行和社会创业机制的重大创新，是政府职能转变和社会治理的重大创新，是形成治理共同体建设的“杭州模式”。

社会复合主体也是新型平等关系与运行机制的重塑过程。与传统“大而全”的单位社区模式不同，住房的货币化和人口的流动化使得新型社区整体上呈现出“陌生人社会”形态，“零散化”的社会个体使得传统上“组织化调控”的成本大增甚至失灵，而城市基层社区如果治理不善，将会成为社会藏污纳垢之所，严重影响社会稳定。杭州市政府意识到城市社区的善治需要破解“陌生化”与“零散化”的双重困境，需要重塑关系结构，于是，社会复合主体便应运而生。

以杭州市上城区紫阳街道上羊市街社区和凤凰社区的社会复合主体为例（如图4-1）。为充分“吸纳”社区行为主体积极参与“众人之事”，凤凰社区每月确定一日为民主议政日，由社区召集居民代表、辖区企业代表、物业公司代表等所有的利益相关方参加会议，共同协商解决社区范围的问题，就相关利益诉求充分协商。为了方便白天忙于工作的居民参与公共事务治理，社区充分利用信息化的平台，开设社区论坛、社区博客、业主家园等虚拟空间，优化了居民参与社区治理的方式，这种虚拟的组织结构实质上是关系结构进一步完善的技术载体。政府在这一过程中既没有沿用传统的自上而下的严密官僚组织体系的治理方式，也没有出现撒手不管的“治理真空”局面，而是积极主动引导社区各行为主体平等参与社区事务治理，并提供相关指导、服务和必要的支持。这一新的关系结构经由信息技术等先进手段把分散的行为主体连接起来，通过对话、协商共同参与社区事务治理，在不同主体之间逐渐形成稳固的平等和信任的关系。由此，陌生人社区逐渐演变成为熟人社区，这为社区治理积累了良好的社会资本，最终“让社区运转起来了”。

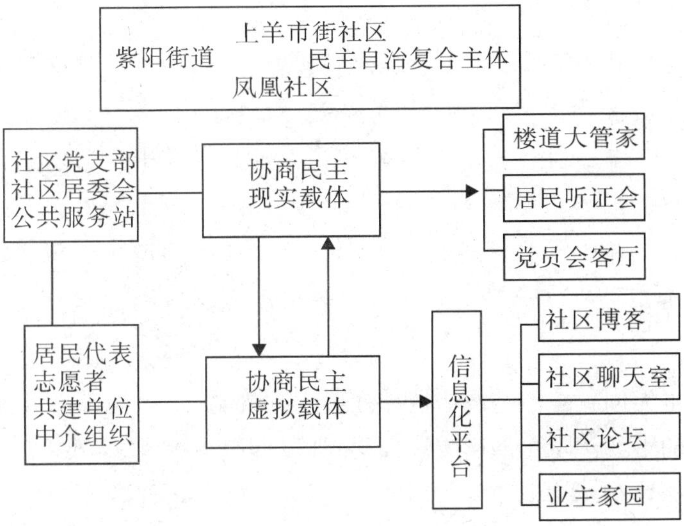

图 4-1　紫阳街道上羊市街社区、凤凰社区民主自治社会复合主体架构

围绕着社区去行政化，各地展开了丰富的实践探索，一个最基本的做法就是在社区设立服务平台（有社区工作站、社区服务中心、社区服务站、社区事务代办站、社区居民事务办理站等不同叫法），并在此基础上构建党组织、居委会、服务站、社区社会组织、社区居民、辖区单位等社区内各主体协调合作、各尽所能的复合治理体系，让它们共同提供社区公共服务、优化社区秩序，以最大限度地增进公共利益。如北京市按照“一分、三定、两目标”的总体思路，理顺了社区党组织、居委会、行政组织之间的关系，实现了“把自治的部分还给自治组织”和“把行政的部分还给行政组织”。杭州上城区倡导的社区治理中的“大党建”、“大服务”、“大治安”、“大信访”、“大调解”、“大稳定”、“大文化”等模式，以及“三位一体”的社区管理模式、“协和式自治民主”的社区自治思路、“三个联动”和“九力合一”的社区运作机制、“333 + X 社区大服务体系”等都非常清晰地体现了合作共治和社会复合治理的理念。

二、构建分类治理体系，推进社区治理手段与方式的多样化

我国社会管理和社区治理实践，在多元化主体合作共治和社会复合治理的总体原则之下，根据治理对象的类型差异进行分类治理是一个突出特征。构建分类治理体系，旨在重新界定治理主体之间的功能边界，调整治理主体之间的责权利关系，以建立和谐、可持续的社区运转新秩序。

社区治理客体（对象）主要是社区内的公共行为和公共事务。以杭州市为例，根据社区公共事务治理对象的类型差异，杭州市进一步创新和推进社区治理手段与方式的多样化。根据社区公共事务供应者与生产者的组合方式，杭州市目前的社区公共事务治理机制主要有行政机制、准市场机制、志愿机制和自治机制四种，其中，对社区行政事务和行政服务采用行政机制，对社区便民服务主要采用准市场机制，对社区公益服务采用志愿机制，对社区自治事务采用自治机制。

1. 对社区行政事务与行政服务采用行政机制

杭州市社区公共服务工作站作为承接社区行政事务和行政服务的基础平台，主要采用行政机制进行管理。从市级、区、各街道、社区自上而下抓好平台建设，推进社区公共服务工作站的规范化进行。市政府加强领导建设、加大投入、配备人员。2008—2010 年，杭州市财政部门每年拨付 1 000 万用于社区配套用房建设，每 400 户配备一名社区工作者，建党委的社区配 2 ~ 3 名专职党务工作者，目前全市各社区的专职社区工作者有 10 ~ 13 名。成立由区、镇主要领导挂帅的社区公共服务工作站建设领导小组，明确社区公共服务工作站建设的管理职责、主要职能和工作任务，同时不同职能部门将帮扶救助、劳动保障、卫生城管、计划生育及其他行政事务和行政服务统一纳入社区公共服务工作站的工作范围中，进行一站式受理。

2. 对社区便民服务采用准市场机制

社区便民服务中引入准市场机制，对政府而言在减轻财政负担的同时也提高了服务效率，对社区和居民而言可以更加自由地选择多元化的优质服务，因而是一个“共赢”的结果。准市场机制的具体应用主要表现为政府以合同承包、特许经营、补助补贴、凭单（券）制等形式向各类社会组织购买服务。例如杭州市上城区政府设立了 30 万扶持资金，采取事前委托或招标、事中监管、事后验收的方式，加大政府购买服务的力度。目前，杭州市上城区社会组织已呈现良好

的发展势头，已经登记的社区社会组织已达46家，备案的有580多家，且已涌现出一批先进典型，如湖滨街道的“帮一把”服务社，针对老旧社区的特点，积极开展准物业等服务，得到了群众的好评；望江街道的“在水一方互助会”，开办老年公寓，经营社区食堂，开展居家养老服务，取得了良好的社会效益和经济效益；上羊市街的“大管家”服务社、南星街道“大爱无疆”服务社、海月桥“亲亲宝贝俱乐部”等也在不断发展壮大。

3. 对社区公益服务采用志愿机制

公益服务在现代社会是一种普通的社会服务活动，社会大众在自动、自发和自觉的动机驱动下，协助他人克服生活困难，开展公益活动，创造美好的社区生活环境。杭州市围绕社区扶贫帮困，开展了“五进家门”助残、“情暖社区青春行”帮困、“金晖行动”敬老助老、为低保家庭送温暖、“爱心拍卖行”、“一助一”家庭志愿者结对等社区志愿服务活动。围绕繁荣社区文化，开展了“抗高温·送清凉”纳凉晚会、社区“大家乐”文艺演出、社区科普知识宣传等丰富多彩、健康有益的包含社区文化、体育、科普、娱乐志愿服务活动。围绕发展社区教育，开展了“爱心助成长”社区德育志愿行动、“青春健康”知识讲座、失足青少年帮教、“花之伞”义务家教、法律知识培训咨询等志愿服务。

4. 对社区自治事务采用自治机制

社区居民基于平等原则，在自我教育、自我管理、自我服务、自我监督的基础上，通过面对面的协商、讨论，合作供给公共产品。社区组织在党的领导下和政府职能部门的指导下，开展民主自治活动。政府主要从事宏观管理，提供良好的制度、政策、体制环境和财政支持，依法指导社区居民开展自治活动，不干预社区组织事务。而社区居委会的主要职责是了解居民需求和社区问题，确定解决问题的先后顺序，向政府组织传递居民需求；培育和指导社区民间组织；监督政府组织和其他社会组织。

还有体现在不同类型社区的分类治理上，政府或有关组织也要相应采取不同的治理手段与方式。由于历史和现实等方面的影响，我国社区的类型非常复杂，不同类型社区之间在人口结构、人际关系、资源结构、文化积淀等方面的差异很大，很难用一种放之四海而皆准的模块化方式来对所有的社区进行治理，更不用说把西方社区的治理模式简单移植过来。因此，分类治理成为我国社区治理的必然选择。从大的方面，可将我国社区分为城市社区、农村社区、城中村社区、城乡接合部社区四种类型。而城市社区又可分为传统式街坊社区（老居民区社区）、单一式单位社区（单位型社区）、演替式边缘社区（村居混杂社区）、商业社区、新型住宅小区社区等不同类型。农村社区又可分为一村一社区、一村多社区（自然村）等不同类型。当前，我国社区治理的一个重要任务就是要探索针对不同类型社区的不同治理方式。

厦门市在创新社区治理体制方面，坚持不同类型社区分类治理的方针，并取得了很好的成效。厦门市现有 178 个城市社区、155 个“村改居”社区、151 个农村社区。各类大体上占三分之一，它们在区域分布、设施条件、财力状况等方面差别较大，从而导致它们在服务水平、管理效能、人文品质等治理能力方面差别也很大。针对这些情况，厦门市对社区治理对象进行分门别类、因地制宜，采取“一村一策、一居一品（牌）”办法，按照村居建设标准，固强补弱，加长补齐，展示亮点，突出特色。在高档城市社区突出“完善、品牌”的治理方针；在老旧“三无”（无门岗、无门卫、无物业管理）城市小区，突出“改造、更新”的治理方针；在城乡接合部社区突出“完整、融合”的治理方针；在农村社区突出“传统、特色”的治理方针。思明区曾厝垵社区改造海边“村改居”渔村，打造“文艺渔村”特色；小学苑社区改造老旧街墙，加强小区物业管理，打造“亮丽小巷”文化长廊；海沧区兴旺社区打造“居民微自治”品牌；翔安区大嶝街道结合海岛渔村、战地观光园、对台小额商品市场等项目进行建设改造，突出“海、渔、战、台”特色，社区品质全面提升。

三、构建网络化治理体系，推进社区治理的网络化和网格化

在创新社会管理和社区治理过程中，不断探索和尝试管理和服务的新技术、新手段，打造与实体社区相对应的网络社区和虚拟社区，以及以数字化、感知化、互联化、智能化为特征的智慧城市和智慧社区建设，已经成为近年来各地新型社区建设的一道靓丽风景线。

2010 年 5 月，在举世瞩目的上海世博会大型主题论坛——“信息化与城市发展”上，宁波市自豪地向全世界亮出了一个社区信息综合网络平台——“互联社区”。它是利用互联网技术将各种资源整合在一起，以虚拟的形式为政府、社区、物业、居民打造了一个交流沟通与公共服务有机结合的特殊平台。

杭州市上城区在社区建设中，通过构建以“二化四网六平台”为主要内容的社区信息化体系，形成了实体维度的社区与虚拟维度的社区的有机统一。“二化”是指社区管理信息化和社区服务信息化；“四网”是指“e 家人”社区事务管理网、社区电脑服务网、社区电视服务网、社区电话服务网；“六平台”是指

社区事务管理平台、居民互动网络平台、公共服务信息平台、社会志愿服务平台、居家养老服务平台、为民服务联盟平台。“二化”是思想理念，“四网”是发展基石，“六平台”是推动条件，通过“二化四网六平台”，最终达到的就是任何人（Any one）在任何时候（Any time）和任何地点（Any where），通过任何方式（Any way）得到任何服务（Any service）的“5A”社区服务目标。应该说，这整个架构的设计是非常严密、自成一体的，不仅开发了新的网络系统，也将上城区已有的信息化资源都整合起来了；不仅实现了社区管理的信息化，提高了社区管理的效率，也实现了社区服务的信息化，大大提高了服务的质量；不仅体现了尖端的科学思维，也处处散发着人性的光辉。此后，上城区又不断把更为高端的信息化、数字化技术引入社会管理和社区治理之中。如推广“生命旅程”软件，这一软件以人生的整个历程为主线，按照少年、青年、壮年、老年四个生命年龄阶段和公共服务、自助互助服务、便民利民服务、服务信息需求四个类型，提供了一个人从出生到死亡所需的几乎所有办事程序。最近，他们还开展了构建全媒体信息家庭新生活工程，以电脑网络、电视网络、电话网、城市宽带网为依托，打造四网融合、“天地合一”（有线与无线合一）的全媒体信息家庭新生活。

四、构建城乡社区治理体系，推进社区治理的城乡一体化

在新型城镇化及城乡一体化的发展过程中，乡村将依然是居民居住和生活的重要社会空间，乡村的变迁与发展将主要体现为村庄的社会生活环境越来越接近于、越来越类似于城市和城镇社区的生活环境。要达到这一目标，乡村在社会管理上就需要朝着社区建设与管理的方向发展。也就是说，作为乡村治理的基本制度——村民自治要走向新型社区建设，就必须构建城乡社区治理体系，推进社区治理的城乡一体化。

在社会学意义上，传统的村落尽管也属于一种社区，也是一种社会生活共同体，但这一共同体主要是基于血缘和地缘而形成的，即由具有一定亲属关系的和长期居住、生活在共同场域的居民构成的社会共同体。传统乡村社区的存在和维系主要依靠熟悉的社会关系纽带、礼俗规范以及认同边界，因而容易在村庄内部形成自治格局，但同时也容易使社区封闭起来。现代意义的乡村社区建设则是在开放的社会推进新型社会生活共同体的建设，即在不同社会关系的个体及群体之间建构价值共识、社会规范和社会秩序。

无论是新农村建设还是新型城镇化，其共同目标都是促进发展，其中自然也包括促进乡村的发展。如果只有城市扩张和发展，而乡村却不断走向衰落和终结，那么这一发展过程很难说是协调的和良性的发展。加强农村新型社区建设将是解决乡村发展的持续性问题的重要途径之一，也是村民自治的大趋势。农村社会的可持续发展必须依靠相应的社会管理体制，在现代化和城镇化的大背景下，必须改革现行的农村社会管理体制，即把村民自治的乡村社会管理转向新型农村社区建设。推进新型农村社区建设，主要就是按照城乡社区治理一体化的原则来建设和管理乡村社会，即参照现代城市的社会管理体系和治理模式来管理和发展乡村社会。伴随着新型农村社区建设的推进，乡村作为一种新型社会生活共同体也就能持续地发展。

农村新型社区建设是新型城镇化背景下乡村自治的理想选择。通过农村新型社区建设，可以更好地改变人们固有的城乡差别观念，从而形成城乡融合与一体化的新理念，树立建设新农村的信心，重新构建乡村社会认同体系。农村新型社区建设的重点在于建立起新型的基层社会管理体系，通过新的社区治理模式，使乡村得以更好地建设与发展。由此打破传统村落边界的封闭以及旧体制的束缚，把乡村建设成为一个更加开放、更有活力的美丽的新型社会生活共同体。

以厦门市为例，统筹城乡社区发展，实现治理一体化，让全体人民共同享受特区改革开放成果，这也成为"美丽厦门"共同缔造、创新社区治理体制的根本目标。为此，厦门市在整体规划布局上，在城乡基础设施和社区建设、统筹推进城乡基本公共服务方面，打破岛内外之间、城乡之间和不同群体之间的界限和壁垒，推动均衡发展，坚持社区治理一体化方向。"美丽厦门"在共同缔造试点的过程中，厦门市在岛内、岛外分别确定了思明区、海沧区两个试点区，每个区又分别选择老小区社区、"村改居"社区、高档城市社区、城乡接合部外来人员集中的新社区、农村社区等 8 个不同类型的社区，加之指导、推进建设。目前，全市 155 个"村改居"社区中有 82 个建立了社区综合服务站，为居民提供服务，推行网格化建设，完善服务管理功能，并按照城市社区标准规范建设，推动向城市社区转型和过渡。全市 39 个"村改居"社区依法完成集体资产改制。湖里区蔡塘社区、集美区黄庄社区、海沧区霞阳社区等通过居民大会表决、民主协商等自治形式，从集体资产中拨付资金，建设"社区综合服务站"、"外口公寓"、"外来务工人员子弟学校"等公共服务社区，全市合计达到 3.2 亿元，其中仅集美区黄庄社区建设"外口公寓"投入资金就达 1.2 亿元。海沧区、集美区把城乡环卫绿化、劳动保障、就业就学等公共服务经费全部列入全区的公共财政负担范围，实现公共财政投入全覆盖。翔安区从统筹城乡基础教育均等化方面着手，建立了全区学校“班班通”等公共信息平台。海沧区、集美区、翔安区实现了社区办公场所、社区信息平台、社区工作者报酬、待遇标准等与岛内思明区、湖里区的“接轨”。通过这些措施，形成了以城带乡、以乡促城、优势互补、双向受益的城乡社区建设和治理一体化的新格局。

第四节　典型案例

【案例1】

上海市松江区岳阳街道打造社区管理共同体

5月21日9点，上海市松江区岳阳街道。街道办主任孙建国坐在电脑前，专注地浏览着政务网络平台。“今天是派单机制应用于网络平台的第一天，”孙建国对《法制日报》记者说，“各部门只需填写社区存在的市容问题，然后上传到网络平台，我们马上就会收到，然后分派解决。”截至当天下午4点，网络平台共收到反映问题29件。

派单机制是岳阳街道推进社区管理共同体建设中的一项举措。始于2011年3月的社区管理共同体模式，是岳阳街道探索社区管理的一次创新尝试。“它就好像是构建社区管理的统一战线，只要是岳阳街道的事，公安、工商、城管、安监、环保等行政执法部门都要责无旁贷地去协力解决，同时，它还可以凝聚社区居民力量，建立社区共治平台。”街道党工委书记吴继华介绍说。

根治社区私搭乱建难题

白洋小区靠近沪杭高速公路，有些居民便利用公路与小区之间的空地私搭棚户，种菜养禽，使得原本宁静整洁的小区环境日渐脏乱，有的居民为方便出入甚至擅自破坏小区围墙，给居民居住带来了安全隐患。几年来，虽然小区居委会多次采取整治行动，但收效甚微。

2012年春节过后，在共同体领导小组的统一部署下，区绿化和市容、派出所等多部门通力协作，联合对小区内私自搭建、违法种养等现象展开专项整治行动，清除乱种植作物3.5万平方米、违章搭建450平方米，根治了这一社区的顽症。如今这片区域绿树成荫，沟渠环绕，鸟语花香。小区居民陈阿姨在接受记者采访时说："几个部门一起联合整治，效果确实不一样，我们打心底里高兴。"

居民自治激发参与热情

中山中路黑鱼弄附近，曾是岳阳街道辖区有名的"脏、乱、差"地段。2011年6月，有17户商铺在租期届满之时，违法强占房屋不肯搬离，街道管理部门多次要求他们撤离均无效。这些商户大多是无证经营，更有甚者在店内私自拉水、电设施，加剧了安全隐患，破坏了整洁的市容环境。

2011年11月，街道老城改造办公室协调区工商局、派出所、城管队等部门，先后5次联合商议，拿出了一套操作性很强的整治方案：先向这17家商户发放通知书，要求他们在一周内主动搬离，随后工商、公安、城管、信访4个部门联合采取行动，对商铺实施"砌墙封门"，果断拆除部分违章建筑。在具体的清退过程中，各部门坚持人性化操作，尽量降低商户损失。最后，17家商铺全部在规定期限内自行搬离。

值得一提的是，居民骨干在前期做的大量宣传沟通工作，发挥了不可忽视的作用。"居民自治、区域共治、联合整治"是社区管理共同体机制的核心理念，它激发了社会组织和社区居民参与社区管理的热情。居民潘大伯多次前往顽固商户处疏通劝导。"我们普通老百姓现在也能做点儿实事了，以前喊的居民'自治'都是口号，这次亲身参与了街道的治理，感觉自己真正是社区一分子。"潘大伯表示。

条块分割转向共同治理

中山中路、人民路、乐都路等几个繁华街区，乱贴小广告的现象曾经随处可见，常常是市容管理部门刚清理完，违法人员又开始"捣乱"。自去年3月以来，在共同体领导小组的安排下，多个职能部门均参与到巡查清理的工作中来，严格落实具体责任，分时段排查，走出了"有的人没事管，有的事没人管"的怪圈。自去年以来，岳阳街道连续举行地区环境卫生"大检查，大评比，大整治"活动与"联合整治千人行动"，破解了以往街道没有执法权、各个职能部门又"各管各"的难题。现在的岳阳街道，已经很难再见到小广告了，取而代之的是干净整洁的路面环境。

谈及社区管理共同体建设，吴继华说："社区管理共同体将社区管理体制从

‘条块分割’向‘共同治理’转变，使问题的发现机制更加科学完善、问题的上报制度更加流畅透明，各个部门间既互相监督又互相配合。”

数据显示，截至今年4月底，共同体领导小组办公室共发现问题386个，解决问题312个，共涉及11个相关部门，问题处置率达到了80%。

（资料来源：《法制日报》，http：//finance. ifeng. com/roll/20120523/6502859. shtml，2012年5月23日）

【案例2】

与“互联社区”共舞的日子

——宁波“互联社区”亮相世博主题论坛

你知道www. cnncy. cn吗？

再过10天，在举世瞩目的上海世博会首场大型主题论坛——“信息化与城市发展”上，宁波将自豪地向全世界“晒”出这个社区信息综合网络平台——“互联社区”。

何为“互联社区”？它既不是基层政府的电子工作平台，也不同于我们所熟知的社区居民论坛。

它是利用互联网技术将各种资源整合在一起，以虚拟的形式为政府、社区、物业、居民打造的一个交流沟通与公共服务有机“混搭”的特殊平台。

这个网上平台强调社区里政府与居民的沟通、共享、共建和共治，并强调在此基础上把矛盾和纠纷化解在最基层，为居民提供最为直接、便利、实用的公共服务。

形象地说，通过这个平台，政府可以将自己的服务直接送达每一个居民的家中；而居民呢，也有了一个让自己的意见直接递交到政府工作人员案头的通道。

这几年，全国各地都在着手进行社区信息化的建设工作，而宁波人的“互联社区”又一次走在了前列。2006年12月，这个别具一格的“互联社区”网络平台在江北区文教街道北岸琴森社区独家试点。2007年下半年，文教街道开始在7

个社区推广。2008 年 4 月，江北区在全区范围内大力倡导建立“互联社区”。

截至目前，全市范围内开通“互联社区”的小区已有 80 多个，社区 50 多个，分布在江北、江东、鄞州以及北仑等。

社区信息化的宁波模式瞩目全国

2008 年 6 月，国务院信息化推进小组、中国社会科学研究院中国社区信息化研究中心、中国标准化研究院的专家学者在文教街道考察“互联社区”后指出，这个模式是全国现有社区信息化模式中最完善、最全面的，它最贴近社区信息化这一概念，可以成为社区信息化行业的国家标准。

同年，国家工业和信息化部将“宁波互联社区”列为 2008 年全国信息技术应用“增倍计划”项目之一。

赶在世博会宁波论坛召开之前，让我们先到“首吃螃蟹”的江北区文教街道去转转，了解一下“互联社区”何以拥有如此多的鲜花和掌声？

文教街道负责人说：“一个好的社区信息平台，一定要具备明确的发展方向和行之有效的循环机制，一定要具备强烈的服务意识，一定要有社区居民做坚实的后盾！”

这句话高度概括了“互联社区”诞生、发展、成长的主要因素。

一张特别的“办公桌”

一个社区里起码有好几千居民。怎么了解他们的所想和所难？

文教街道有位干部曾尝试着把自己的调研蹲点工作放到“互联社区”。没想到，短短一个星期内，调研帖的点击量几乎达到 3 000 次，人气超高。

一个署名为“逆风扬帆”的居民留言：您好！我是北岸琴森的居民，我们小区是新小区，没有早餐点，不知领导能否解决下？

这位干部当即回复：逆风扬帆，您好！关于北岸琴森小区周边吃早饭难、便民设施少的问题，我从别的途径也有所了解，主要是目前小区周边部分店面房还没有投入使用，北岸财富中心商铺还没有销售，等这些商业设施投入使用后情况应该会有所改善。另外，这也和小区目前入住率不高、人流量少有关系，如果规模化的需求形成以后，这些业态自然会形成。我们会进一步和贸易局联系沟通，看看是否能够通过增设放心早餐点的方法给予解决，但也要看有没有人愿意经营。

一边回答，他一边忙不迭地开展了联络工作。经过一段时间的跟踪落实，最后在市贸易局的主持协调下，北岸琴森的门口出现了绿色流动早餐点。

在宁波，各种形式的网站不少，但“互联社区”以其独有的魅力吸引着社区干部。

近年来，随着政府职能的转变、管理重心的下移，社区干部们需要承担的工作越来越多，压力越来越大。他们一边要协助政府或街道做好行政工作，一边要调解民众纠纷，协助维护社会治安，切实为社区居民服务。

在这种情况下，对信息化的需求便成了社区干部们的一种必然选择。

“过去搞社区活动，我们得一幢一幢，有时甚至是挨家挨户地张贴通知，现在只要登录‘互联社区’，然后在‘社区公告’上发个帖，或者通过‘互联社区’中的短信群发平台，即可通知到每位居民家中了。”一位社区干部笑着对记者说，“你想想，这将省去我多少时间啊。”

“互联社区”上开辟了一个“曝光台”，对此社区居委会主任有着特别深的感受。他们形象地说，这就好像给社区工作安上了“监控摄像头”，这些摄像头就是每一个居民的眼睛，无处不在：哪里有垃圾了？哪里在赌博？哪里的健身器损坏了？居民们的及时“举报”，让他们工作起来都特别顺手。

在“互联社区”，文教街道的社区干部们收获了一个快捷的电子化社区管理平台。在这里，他们不仅可以更高效地开展社区的党群、文化、教育、就业等工作，还能根据居民的个性要求，提供一对一服务。有的社区甚至还就某项工作，在“互联社区”开展起民意测验或民主测评活动。

“‘互联社区’是我们的一张特别的‘办公桌’。这张‘办公桌’让一切变得简单了。”文教街道负责人有这样两个至深感叹：一是有效地减轻了工作人员的压力，让他们有时间和精力为居民提供更多的服务；二是让社区管理与社区服务变得更加主动，更加有针对性，更加到位。

一本实在的“生活指南”

“互联社区”很简朴，可仔细浏览，你会感觉它非常实用。

这里有“居务公开”和“社区公告”。居民们可以在此了解到身边社区工作者的分工、社区活动室的开放时间、出租房告知、物业收费情况以及小区里即将开展的各种活动。

这里有“政策法规”和“党建之窗”。居民们可以在此了解最新的政府措施和自己社区党支部的活动情况。

这里有“曝光台”和“互动之窗”。居民们可以把自己的所见、所闻、所想、所要，和社区的人大代表、政协委员，以及社区干部们个别沟通。

这里更有“就业指南”和“便民服务”。居民们可以在此了解创业贷款政策、卓越岗位信息、“菜篮子”价格、列车班次，还可以查询社保个人账户、个人公积金账户、出行公交线路、交通扣分等情况，甚至连小区周边有什么好吃的，都可以在此“淘一淘”。

很多居民把这个网上平台誉为“一本实在的生活指南”。

为了让这本“指南”“活”起来，街道以及各社区居委会、物业、业主委员会等，可着实下了一番功夫。

文教街道专门成立了街道“互联社区”网络平台建设工作领导小组，由街道、社区和提供技术支持的搜号公司三方组成，具体负责工作的协调推广，并请来了各级民政部门的有关专家进行专门指导。

街道指定专人负责日常工作的开展，并制定了《及时更新》、《有问必答》、《答必满意》等相关工作制度，还联合了与居民生活关系密切的各相关职能部门，如就业、救助、治安、社会保险、医疗卫生等部门，在“互联社区”“安家落户”。

作为技术支持方，搜号公司不定期地到社区解答相关技术上的疑问；经费上，在贯彻节约办事原则的基础上，先期由街道财政提供必需的经费支持，运作成功后尽可能实现自负盈亏，以保障好网络的有效运行。

而各社区呢，则都制定了详细的互联社区工作制度。如网站的日常管理由信息专管人员管理，主要承担内容更新、页面维护、后台管理工作；社区各线工作人员负责信息的收集、整理、上报，及时更新网站动态内容等。

有的社区作出了更为具体的规定，如北岸琴森要求“专管人员每天利用上班前的十分钟和下班前的一个小时，对居民提出的问题进行解答，不能解答的摘抄下来，讨论或者落实之后进行回复，做到一周内必有答案”；“‘互联社区’上的公告、资讯等模块要做到前三天出通知、当天出资讯、网站内容天天新”。

社区工作人员还不定期地围绕小区周边搜集信息，哪里新开了一家蛋糕店，哪里又多了一个早餐点，他们也及时更新到“互联社区”上。

这份“实用”还体现在居民反映问题的“管用”！

北岸琴森的“无所谓”说：“20 幢西面的信箱处经常有很多垃圾，卫生很差，希望多多打扫。”很快，社区工作人员就回复说垃圾将于今晚运走。

“一位居民反映的问题没有及时、很好地回应，失去的可能就是数十个居民的信任。因此，一定要具备强烈的服务意识。”北岸琴森社区主任方红珠的这一番话，或许代表了文教街道七个社区主任共同的心声。

无怪乎在翠东小区的平台上，有居民曾作出这样的感慨："我们提出的每一个问题，社区工作人员总是积极给予帮助和解决，这让我们不由自主地对这个网络有了一种依赖感。"

一个热闹的"快乐大转盘"

家住北岸琴森的"亲亲"是个乒乓球爱好者，为了和有共同爱好的邻居一起分享运动的快乐，她在小区的"互联社区"上广发"英雄帖"：你是乒乓球爱好者吗？我们不妨来个北岸琴森小区乒乓球比赛吧。友谊第一，比赛第二，交流为主。

帖子一出，许多有共同爱好的邻居立即组队，并高举"旗杆"，报名参赛。

类似的"结伴行动"在"互联社区"上很流行。一起购物、一起出游、一起健身等，让很多居民养成了每天到"互联社区"转转的习惯，即使不发帖或出差了，也不忘上网看看家事、到邻居那儿"串个门儿"。

一位居民发了一条标题为"发几张我家的 PP，欢迎来讨论哦"的帖子。发帖者挂上了很多自己家中装修后的照片。这个温馨的小帖赢得了很多的支持和建议。这个帖子的浏览次数在近两个月里竟有 6 000 多。

在北岸琴森"互联社区"的"社区论坛"上，现已有近万篇这样的居民交流帖。

采访中，记者听居民们说得最多的一句话就是："'互联社区'不仅让我们与政府、社区、物业对话更直接，享受到的服务更多，而且还让我们有了通往邻家的一座桥。"

"居民是'互联社区'的坚实后盾。"大闸社区的平台专管员小曹笑着说，"我们社区里有位朱师傅，70 多岁了，自从迷上了'互联社区'，他就经常往居委会跑，还报名参加了电脑培训。消息传开后，很多老人都来了。去年第一期电脑培训班开班时，就有 30 多个学生，最大的都 80 多岁了。"

在"互联社区"大闸社区的平台上，还有一个很火的栏目叫《社区故事》。它的建立源于居民们希望能寻找一个将身边好人好事讲述出来的渠道。栏目开出后，由居民们自己叙述，还自己投票。

我的社区我做主。不少居民还充分利用"互联社区"，做起了自己社区的"当家人"。

北岸琴森"互联社区"开出了一个"曝光台"。于是，许多社区志愿者都拿起相机，记录小区里不卫生、不文明的现象，如丢弃在草坪上的废旧家具、随手扔在地上的半个苹果、堵在小区门口的车、“放错了位置”的生活垃圾……这些“不文明”被一一曝光后，不仅小区的环境美化了，而且“互联社区”的人气更高了。

相关新闻　幸福在北岸琴森

吴小姐说自己刚搬进北岸琴森时，完全摸不着头脑：“该到哪里买菜？附近有什么好吃的？去哪里办健身卡……小区这么大，自己不可能每个角落都走遍。”吴小姐很苦恼，虽说这些都是小事，却也必不可少。

实在没有办法，她就给社区居委会打了电话咨询，居委会工作人员给了她一个“互联社区”的网址。“回家一登录，当真是惊喜连连啊。互联社区里什么都有，非常详细，完全就是一本电子版的‘生活指南’嘛。”

在北岸琴森，有类似惊喜的人还有很多。

“妻子怀孕了，听说要做生殖健康服务证，具体怎么办？”“我退休了，党员关系如何转接？”“独生子女奖励费到哪里去领？”

生活中不明白的问题，都可以上“互联社区”去问一问，社区工作人员会及时给予回复。

“居民的生活无非衣、食、住、用、行，为了方便居民，我们在‘互联社区’里建立了《便民服务》栏目，本着‘开一家登记一家’的原则，我们将小区周边的便民店铺分类发到网上，既有文字介绍，也有图片展示。”北岸琴森社区主任方红珠说。除了这些，社区工作人员也会及时将停水停电通知、小区活动信息、生活中常碰到的政策性问题等及时发布到“互联社区”，让居民足不出户，也能做个“百事通”。

“互联社区”给北岸琴森居民带来的幸福远不仅如此。

北岸琴森的住户都知道，每个月第一周的星期一晚上，是固定的业主委员会接待日。说起这个接待日的由来，还有个小故事呢。

北岸琴森在规划设计的时候，采取的是室内阳台设计，这给居民们晾晒衣物带来了很大的不便。“家有小宝宝，衣服总是晒不干，一天又一天累积，可该怎么办？”一个业主的呼声立刻引来大家的共鸣。

热烈的讨论引起了社区居委会的注意，他们也参与到了讨论当中，和社区居民一起商量解决的办法。几经协商，最后由居委会牵头，大家按照统一的标准安装了户外晾衣架。

居委会和业主委员会从中受到启发，将服务从网络上延伸到现实中来，设立了专门的接待日，协调讨论“互联社区”里提出的一些问题和建议。

关于“互联社区”的幸福故事，几乎每个北岸琴森人的心里都装有一个。

坐镇论坛版主位置的“珞珞妈”对此也是深有感触。“北岸琴森小区一家一户一梯，平时都很少碰面，多亏有这样一个平台，楼上楼下的邻居都认识啦。去宁海吃海鲜、逛沙滩、唱歌等，活动多着呢!”让“珞珞妈”印象深刻的是，有一次她和老公赶火车，等了好久愣是没打到出租车。“这时候刚好楼下的邻居开车出来，很热心地把我们送到了火车站。要没‘互联社区’这个平台，估计大家好久都不会认识。”

自从有了“互联社区”的“监督”，物业服务水平也是不断提高。除了居民们反映的电灯坏了、垃圾胡乱堆放、下水道堵塞等常见的问题得到及时解决外，人们的主动服务意识也是不断加强。

自从章先生在“互联社区”上提出最近小区内小偷比较多的问题后，每天下班，他都会看见有保安在地下车库巡查。

马小姐的朋友来家里做客，电动车放在楼下忘了锁。吃完饭下楼一看，发现车子不见了。抱着试试看的心态，她带着朋友找到了保安室，一看，车子还真停在那里。“保安说看车子没锁，怕丢了，就给我们拖走了。有这样的保安，怎么会不放心呢。我第二天就在‘互联社区’里大加感谢。”

在“互联社区”上，曾有一个关于幸福的讨论。一位居民的话或许道出了许多北岸琴森人的心声：有好邻居是一种幸福！有“互联社区”更是一种幸福！

（资料来源：《宁波日报》，http：//daily. cnnb. com. cn/nbrb/html/2010 - 05/05/content_189271. htm，2010 年 5 月 5 日）

【案例3】

社会治理　如何迈向“城乡一体化”

图4－2　松江区社会治理网格分布示意图

随着城镇化的快速推进，市郊农村和城镇之间的居住转移、人口转移等现象发展加速，外在和内在的边界越来越模糊，所面临的各种社会问题也越来越趋同，比如群租、治安、违法建筑、人口多元化、环境脏乱差等。为了更好地解决这些难题，松江区率先探索起了城乡一体化的社会治理新机制，打破了农村和城镇的边界，以及部门之间的管理壁垒，辅以信息化的智慧手段，努力为城乡居民打造更加有序、更加安全的幸福家园。

1 322个网格构成一张大网

身为松江区方松街道江虹居委会党总支书记的金雪芬，最近又多了个新头衔——网格长。与居委会干部管辖整个21.6万平方米的小区不同，网格长的管辖范围更小，只有2.8万平方米，任务也更明确，就是发现网格里的各种问题。随着松江区社会治理联动指挥中心的开始正式运作，全区将有1 322名像金雪芬一样的网格长会走马上任，拉起一张覆盖605平方公里的全地域、无盲点的管理服务网络。

刚到居委会放下包，金雪芬就急匆匆出了门。接下来的1个小时里，她要在负责的网格里巡查一遍。一番看看、听听后，金雪芬发现6号楼里的一户租客正在搬家，楼道里堆放着一些建筑垃圾。回到办公室，她立即把这些情况都登记到本子上，并联系物业处理垃圾。

发现问题时，能处理的就处理，不能处理的就上报。身为网格长，网格里的基础信息采集、隐患排查、民生服务保障工作，金雪芬都不放过。而能否及时发现问题并及时上报，是1 322名网格长的第一要务，也是松江区创新社会治理工作体系中的第一个环节——全地域、无盲点的问题发现机制。

“松江605平方公里是张大网，16个街镇和园区是中网，304个村、居委会是小网，小网里再划分成1 322个网格。”翻出一本厚厚的图册，松江区社会治理办公室主任王建良向记者解释着这张社会治理大网的体系。

将原先以村、居委会为基础的架构，重新细化成1 322个网格。王建良说，这是用机制的创新，来弥补原先体制上的不足。在这张大网中，区、街镇、村居三级分别对应各自的网格，并包干负责。区领导按照联系点包干16个中网，街镇园区负责人按照联系人包干304个小网，村、居委会对口联系1 322个网格。

网格设置遵循一个标准，即村委会和居委会两种模式，两者分别以自然村落和居民小区为主进行划分，同时兼顾地理区位状态、人口分布、工作难易程度等客观因素。不仅如此，每个网格都有四至范围，网格之间有机衔接，但不留缝隙。“这样我们就形成了全区一张纵向到底、横向到边的全覆盖大网。”王建良说。

“我们一个居委会，在21.6万平方米范围里，有1 725户居民，124户商业门店，还有流动人口1 100多人。”金雪芬说，“整个居委会工作人员也就10个人，还要应对很多条线上的事，以前根本忙不过来。”

而今，江虹居委会被重新划分成5个网格，每个网格都选定一名网格长。这让金雪芬看到了“减压”的希望。以网格为基础，网格长是这种管理模式的核心。目前，1 322名网格长采取专兼职相结合的模式，农村地区以专职为主，城市化地区的网格长一般由居委会或社区服务站工作人员兼任。

围绕着一名网格长的，则是“$1+X+Y$”的网格化管理队伍。“X”一般是社区自治力量，包括网格里的协管辅助力量、网格监督员，以及村主任、居民小组长、楼组长、退休老干部、志愿者等。在方松街道的36个小网、182个网格中，就梳理出了860人的队伍，协助网格长参与基于发现问题的社区巡逻工作。

“Y”是指承担社会管理服务职责的区职能部门和街镇相关科室人员，每个网格与若干名“Y”相捆绑。金雪芬网格中的“Y”，就包括了工商、食药监、城管、公安、房管和规土等7个职能部门的人员，她认为这些“Y”就像是为居民区工作注入的新鲜血液，在她发现问题时，第一时间就可直接与对口的“Y”沟通协调处置事宜。

下一步，网格长的手机上还能安装上统一开发的APP应用，社区内发现的问题可以通过无线方式直接拍照上报，真正实现业务流和数据流的统一。

打破56个部门间的管理壁垒

永丰街道一套动迁安置房，业主擅自搭起烟囱，改造成承办红白喜事宴会的“会所”，出租给居民。7年来，此“会所”虽屡遭联名投诉，却由于相关法律规定的各种掣肘，即使工商、食药监、环保等部门有心整治，也无力执法。困扰了多年的老问题，最终在多部门的联动执法下，得以妥善处置。

在松江区重新构筑的发现、指挥、处置、保障“四位一体”的社会治理体系中，今后面对类似的管理难题，各职能部门不再是“单兵作战”，而是通过沟通协调机制和联合处置机制，在统一指挥下，由多部门联手处置。

一个“会所”难倒几个“大盖帽”，这在王建良看来，并非个案。相反，现代社区管理事务涉及面广且复杂，不少问题已超出了一个部门能够单独处置的能力范围。

作为上海率先建成的郊区新城，松江人口呈现爆发式增长，目前，实有人口已接近200万。这种城市的快速膨胀也是社会治理面临的各种挑战。以警力每万人配比为例，松江区在各区县中倒数第二；城管、交通执法、食品监管等行政执法力量的配比，也与实有人口和管理事务严重不对称。

执法力量不足，是体制造成的；执法力量的分散，则可以通过完善机制加以解决。为破解行政体制中的部门化、碎片化、被动化的难题，《松江区关于创新社会治理工作的意见》明确提出：健全问题发现、沟通协调和联合处置三个机制，构建发现、指挥、处置、保障“四位一体”的社会治理体系。

在这个体系中，串起各部门的是一个区社会治理联动指挥中心。这个中心整合了现有的城市网格化监督指挥中心、大联动指挥中心、12345市民热线中心、防汛指挥中心等。未来，110指挥中心、119指挥中心等，也将在条件成熟后一并纳入。各街镇园区在原大联动指挥分中心的基础上成立社会治理联动分中心，负责辖区范围内社会治理工作的指挥协调。

届时，全区605平方公里区域范围发现的任何问题，将通过网格巡查、视频监控、热线电话、互联网络、移动终端、媒体舆情、信访接待等渠道，汇集到指挥中心。再由这个24小时勤务运作的指挥中心，统一调度各部门联动处置，从而解决了因条块分割、部门职能分割等导致的推诿扯皮、职责不清等问题。

洞泾镇一居委会辖区内，有四户居民出租场地供外来人员收购废品。经工商部门认定，属无证无照收购。但接连多次口头、书面限期搬离的警告，都被当事人“当作耳边风”。无奈之下，洞泾镇大联动综合执法队伍协同公安、城管、工商、环卫等部门进行联合处置，才解决了这个困扰周边居民多时的“臭气源”。

联动综合执法，让“只有事权没有执法权”的街镇园区受益匪浅，群租、黑车、违章搭建、非法行医、无证餐饮、占道设摊等社会治理中的“老大难”问题，也取得突破性进展。

在群租整治中，各街镇发挥联动配合、协同作战的优势，截至今年 5 月 20 日，松江区、镇大联动办公室牵头整治群租 1 184 户，拆除群租房 3 649 间、清退群租人员 766 名，收缴液化钢瓶 175 个。其中，车墩镇大联动办公室拆除群租面积 1. 9 万平方米，岳阳街道拆除 7 200 平方米。一个困扰石湖荡镇多年的养鸡场（2. 2 万平方米的违章建筑）也在多部门的合力下，于 3 小时内全部拆除。

松江区社会治理办公室副主任朱伟杰告诉记者，在队伍保障上，松江还将着力形成条线联动处置、街镇综合执法、社会化志愿救援服务三支队伍，同时加强与驻松部队和民兵预备役队伍的协同。其中，条线联动处置队伍分为三级联动等级，网罗了全区 56 家单位。

汇集形成社会治理的大数据

在松江区社会治理联动指挥中心大厅里，一幅由 30 块 55 寸液晶屏组成的大屏幕上，全区各个角落的实时图像监控、统计数据，24 小时不停歇地滚动、跳跃着。城市运行动态在一幅屏幕上一览无余，为创新社会治理搭建起了一个全时空的信息化支撑平台。这些汇集起来的大数据，也将让社会治理更加智能化、可视化、立体化。

一场暴雨后，内河水位涨了多少，哪个低洼点又积水了；血库的库存还够不够用，医院里的病床使用情况怎么样；重点商业街区的客流量情况如何；上下班高峰的交通是否拥堵，每天用气、用水、用电量情况又怎么样……这些原先分散在各个部门的信息，有了这个城市运行动态平台后，从指挥中心的大屏幕上便能了如指掌。

用信息化手段让城市管理更加智能化。目前，除了公安、卫生等部门的视频监控系统已纳入联动指挥中心外，食药监部门的快餐盒饭生产企业监控系统、建设部门的建筑工地监管系统等，也已接入。记者在大屏幕上看到，一家快餐盒饭生产企业车间里工人们的一举一动，尽收眼底。

将分散在各条线部门的视频监控系统集成在一个屏幕上，不仅解决了资源不共享的问题，相关条线部门也因此减轻了不少负担。指挥中心负责人坦言，虽说过去各部门都已经安装了这些先进的视频监控系统，但由于人力有限，很难实现专人 24 小时值守监看，“大多时候只能用作事后监督的手段”。而将各条线部门的视频监控集中纳入指挥中心后，将有工作人员每天 24 小时轮番监控，让视频监控真正发挥出效应来。

视频监控发现某路段发生交通事故，指挥中心点击进入该网格，多个屏幕立马同时显示出该路段的数据信息和实时画面。网格名称、面积、人口数、配备的 $X+Y$ 人数，乃至精准定位到的附近民警、车辆的移动情况，都一目了然。不仅注重人防，更体现技防，如今这种视频图像监控已在松江全区覆盖，九亭镇在视频监控实施以后，“两抢”、盗窃案件下降了 50%。

信息系统与 GIS、图像监控技术的进一步融合，让指挥决策技术体系变得可视化、立体化。除了视频监控外，气象、交通、经济运行等动态数据，也在大屏幕上一一显示，描绘出一幅形象的松江城市运行图。

基于这些汇集的海量数据，今年平台还将开发相应的信息预警系统。比如针对眼下的汛期，一旦遇上台风、暴雨等恶劣天气，系统就可以利用历史积水数据统计表，结合实时的图像视频监控，精准定位出城区的积水点，然后通过统一指挥，进行及时处置。

除了这些高科技手段的信息主动采集，以及依靠 1 322 个网格内的问题发现队伍外，社会公众参与社会治理也必不可少。在联动指挥中心监控区域的后方，一边是网格平台区，另一边则是热线服务区。在这里，12 个条线的热线、通信对讲系统、移动数据采集终端、12345 系统、城市网格化信息系统和大联动信息系统等已初步实现融合，成为响应社会公众呼声的大平台。

“我们还将开通‘茸城微治理’的微信公众号平台。”松江区社会治理办公室副主任朱伟杰进一步告诉记者，中心还将开发统一的社会举报投诉信息平台，实现社会参与和社会监督的一体化和智能化，同时也能将热线数据沉淀下来，服务于城市运行的管理。

（资料来源：《解放日报》，http：//news. 163. com/14/0803/03/A2MMUNEJ00 – 014AEE. html，2014 年 8 月 3 日）

第五章　服务共同体与新服务体系

服务共同体是以构建完善的社区新服务体系为核心理念的共同体意识和共同体培育路径方式。构建服务共同体是形成新型社区共同体意识的催化剂。以构建社区新服务体系为目标，通过服务共同体的构建，为居民谋利益、办好事、办实事，把居民的个体利益需求与社区共同体的利益需求连接起来，把社区建设与解决社区居民实际问题结合起来，是提升社区居民满意度和幸福感的有效途径。

第一节　社区新服务体系的内涵

2000年底，《中共中央办公厅和国务院办公厅关于转发〈民政部关于在全国推进城市社区建设的意见〉》中指出："社区服务主要是开展面向老年人、儿童、残疾人、社会贫困户、优抚对象的社会救助和福利服务，面向社会居民的便民利民服务，面向社区单位的社会化服务，面向下岗职工的再就业服务和社会保障社会化服务。"

社区服务是指在社区内，由于居民生活需要、市场机制解决不了，由政府提供，社会组织或社区承办、配合的一项公共服务。在现阶段，社区服务的主要内容包括社区老年人服务、退休职工管理服务、残疾人服务、文体服务、卫生服务、计生服务、教育培训服务、治安服务和环境服务等。

构建服务完善的社区新服务体系，既是社会文明进步的标志，又是提升居民日常生活便捷度和幸福感的重要保证。首先，可以加强居民和社区之间的联络。通过设立服务热线、搭建网络平台等形式，及时反映和解决居民的现实问题，加强社区在居民心中的地位和作用。其次，积极发挥社区工作者的催化、协调、鼓励和纽带作用，营造全社会关心社区建设的舆论氛围。再次，大力发展社区中介组织，包括营利（物业管理公司、家政服务公司）和非营利（志愿者组织、各类社团和服务站等）组织，以承接政府或单位转移过来的社会管理服务职能，把社区打造成连接政府和居民的纽带，维系社会稳定的安全阀。最后，建立多渠道的社区服务投入机制，鼓励私营、民营成分进入社区服务领域，形成市场有偿服务与社区互助服务、社会福利服务相结合的社区服务网络，实现社区服务的社会化、产业化和网络化，使社区服务深入人心，构筑起城乡社区公共生活的完整空间。

目前，广义的社区服务体系包括社会为社区提供的公共服务、社区自给福利性服务、政府购买社区和社会组织服务及社区商业服务。其中，社会化的私人服务（家政服务、心理治疗、身心保健等满足私人需求的便民利民服务）及市场提供的商业服务涉及的是社区的私人事务，而社会为社区提供的公共服务及社区自给福利性服务涉及的是社区的公共事务。

1. 社区公共服务

社区公共服务指社区内外公共组织为社区提供的公共服务，当下尤指政府以直接的公共管理方式提供的管理服务和社区组织以公共利益为目标、依托社区公共资源提供的服务，如供水、供气、供电等公用服务，绿化、环卫、环保、园林和公共广告等公共设施，社区就业、社会保障、社区卫生和计划生育、社区文化、社区教育、社区体育、社区流动人口管理和社区安全等专业服务。

2. 社区自给服务

社区自给服务指由社区自治组织和非营利组织提供的无偿或低偿社区福利性、公益性服务，如物业管理、教育培训、图书阅览、老年人服务、残疾人服务、少儿服务及志愿者服务、邻里互助等，是传统的、狭义上的具有社会福利性的社区服务。

3. 政府购买社区服务

政府购买社区服务，是政府购买服务在社区层面上的体现，与政府直接进行社区服务相对应，是将原来由政府（或居委会）直接负责的为社区居民提供服务的事项交给有资质的社会组织来完成，并根据社会组织提供服务的数量和质量，按一定的标准进行评估后支付费用的社区服务方式。政府购买社区服务实质上是社区服务的新形式，是社区新服务体系的一部分。

第二节　社区服务的先进经验及启示

一、国外社区服务发展

1. 新加坡社区服务：指导与自治相结合

其社区服务体系的特点是政府依法指导与社区自治相结合，政府对社区的干预较为具体、直接和明显，通过对社区组织的物质支持和行为指导，把握社区活动的方向，给予社区自治组织充分的发展空间，引导社会团体、企业商家参与社区建设，建立社区服务网络，针对不同群众提供有效援助，形成了积极有爱的社区风气。在社区服务方面，新加坡政府积极培养社会自愿贡献者（又叫义工）。通过义工这种自愿为社区服务贡献的精神，促进社区居民广泛参与，减轻了政府的压力，节约了社区建设、管理的成本。

2. 美国社区服务：社会化社区服务组织

尽管美国政府每年有大量的财政支出用于福利，并以每年 15% 的比例增加支出，但仍难以解决日益增长的社会福利需求，所以美国出现了很多基金会、慈善机构，为社区建设注入大量资金。据统计，美国非营利组织有 150 多万个，占美国各类组织的 6%，平均每 12 个就业人员中就有 1 人受雇于非营利组织。每年通过募捐、接受个人和企业捐赠、基金会和政府资助以及服务收费，筹集的资金多达万亿美元。这些社区服务组织给美国居民的生活带来了极大的便利，在提供就业岗位、缓解社会矛盾和维护社会稳定方面发挥了重要作用，同时也享受到政府的资助和税收方面的优惠政策。

3. 加拿大社区服务：以居民需求为导向

其社区服务的特点是从居民需求入手，从社会问题出发，调动社区组织的积极性，发挥政府主导作用。加拿大社区服务体系建设极具特色，主要围绕当前经济和社会发展问题展开。加拿大人把维持和提高社区生活质量作为社区建设的主要内容，他们认为邻里关系、社区娱乐设施等一切有助于提高居民生活质量的服务才是民众所需要的。建立充满生机的社区，重要的是建立关系而不是正式的政府体制。

二、国内社区服务发展

1. 和谐社区的深圳“南山模式”

深圳市南山区在加强和创新社会管理、建设和谐社区方面走在了全国前列，被理论界誉为“南山模式”。它的最大特点：首先，实施社区党建“三个全覆盖”（社区党组织全覆盖，社区党员管理和服务全覆盖，党员在和谐社区建设中作用发挥全覆盖），充分利用党的组织优势和执政优势，把和谐社区建设与党的区域化组织建设和党员的先进性发挥统一起来；其次，设立“人大代表联络工作站”、“和谐企业工作室”和“爱心驿站”，解决各种利益矛盾；再次，根据社区的资源优势和实际需要，实行“一社一策”、“一社一亮点”，打造多元化、个性化的“特色文化社区”；最后，通过居民参与、企业和政府环保部门的有机结合，把环境治理问题与和谐社区建设统一起来，解决城市化面临的环保与发展的矛盾。

2. 志愿者服务的武汉“百步亭”做法

首先，体制创新使社区管理充满活力。打破传统的“区—街道—社区”行政体制，直接隶属于武汉市江岸区委区政府领导，并成立社区党委和社区管委会。社区的硬件及配套设施由房地产开发公司建设；居民公共服务由经营社区的服务公司、社区志愿者和政府职能部门共同承担。其次，志愿者成为社区和谐稳定的润滑剂。依托社区党组织和居民自治组织，形成了志愿服务中心、工作站、小组三级志愿服务网络。再次，多彩的社区文化塑造文明社区品牌。用志愿者文化、饮食文化、花灯文化、亭园建筑文化、节日文化和家园艺术生活，拆掉了邻里之间的那堵“墙”，营造出守望相助的大家园式文明氛围。

3. 资源整合的杭州“三化并行”理念

从2008年起，杭州市就将原有的帮扶救助站和劳动保障站合并，并整合其他一些职能部门的工作职责，整体性地改革社区管理体制，建立社区公共服务站。通过社区公共服务站，政府的公共服务职能下移，为全体社区居民提供就业、社会保障、救助、卫生和计划生育、文教体、流动人口管理、安全、法律等综合性的服务。依托社会组织服务中心，推行服务多元化、资源整合化、运作社会化“三化并行”的发展理念，逐步培育了一批基本能满足社区居民生活需求的社区社会组织，使社区社会组织成为承接公共服务职能、完善社区服务的重要新生力量。

4. 由民间组织运作承载的香港社区服务

香港的社区服务也称社会福利服务，特区政府不直接操办，主要由民间组织承载，经过多年的发展已形成成熟规范的运作机制。目前，香港有346个民间组织专门从事社区服务和社会福利服务。如成立于1877年的保良局，拥有以社区日间照顾为主的安老服务；以因家庭暴力而受虐待的妇女、儿童为帮助对象的妇女庇护服务；以扶助残疾人自我照顾和辅助就业为内容的康复服务；以保育与幼教相结合为特色的幼儿服务四大体系，近年来在社区建立了“援手网络中心”，让社区居民能在第一时间寻求支援、帮助。香港社区服务的资金来源分为政府资助、各类基金和公益金、捐款、收费及其他等。据2001年至2002年有关资料显示，用于社区服务（亦称社会福利服务）的经费超过100亿港元（不含社会保障经费)。特区政府对非政府机构（民间组织）的资助方式，一是用于营运成本的津贴；二是用于某些基建项目的整笔拨款；三是用于购买安老院舍名额（床位）的雇用服务拨款。

三、社区服务发展的经验与启示

1. 创新社区服务新体制

首先，要使政府服务与管理职能更加明确，使社区建设得到政府的大力支持，并专注于提供普惠化的公共服务，如新加坡就很好地做到了这一点；其次，强化社会化服务，注重实现与市场化服务机制的互补，将差异化、个性化的服务需求交给市场，力求使得全体社区居民在家门口就可获得更加快捷、便利、完整的社会服务；再次，要充分发挥社区自治的作用，充分调动社区居民参与社区服务的积极性，使他们在社区服务建设中发挥不可替代的作用，从而推动社区服务长效发展。

2. 充分发挥社区党组织的优势，形成社区服务的“双向互动”机制

“双向互动”机制应着重强调三个方面的内容：一是以社区党组织为核心，将辖区内各类相关利益主体，如业委会、物业管理企业等组织，通过社区党建的方式纳入管理服务范围；二是鼓励社会成立各种社区社会组织，共同参与社会的管理；三是创新维护居民权益的机制，如南山区率先在辖区内的桃源街道办事处试行把信访、调解和司法服务三合一，充分发挥人民调解在处理社会矛盾方面的作用，维护了居民权益。

3. 以居民需求为导向，为其提供多元化、个性化、专业化和精细化的社区服务

社区社会组织在公共产品和公共服务提供上最突出的优势在于能及时发现居民需求信息并对其迅速作出回应，这种以需求为导向的服务供给机制改变了以往政府自上而下向社区投入资源的决策方式。同时，社区社会组织能够提供更为多元化、个性化、专业化和精细化的社区服务，这些服务与居民的日常生活息息相关，而政府大而同一的，规模化、制度化的公共服务供给机制却无法有效提供。

4. 建立健全社区志愿者服务机制，实现各方“共赢”

高效公共服务体系的一个重要支撑就是发展社区社会组织，整合社区公益资源，完善社区志愿者队伍，使志愿者服务体现在公共服务的方方面面。实践证明，将一些本应由政府承担的公共服务交给志愿者来完成的做法，不仅使政府节

省了大量的资金，延伸了政府公共服务的范围，同时也增强了志愿者的社会责任感和成就感，可以说达到了政府、志愿者和被服务者“三赢”的效果。[①]

第三节 构建服务共同体和新服务体系的路径选择

从国际社区服务发展的经验和我国社区服务的实践来看，社区建设必须依托于完善的社区服务体系。英国政府曾经在一份白皮书中指出：“社区服务中心是正常环境下正常社区生活的一项基本福利设施。”它通常具有相对完善的设施条件，集社会福利、成人教育、职业培训、老年保健、儿童看护、娱乐休闲和信息交流等功能于一身，面向社区开展各种服务。同时，英国的社区服务中心又与政府机构、志愿组织和慈善机构一道，构成了完善的社区服务网络，通过为这些组织提供活动场所和设施，支持和协调更加广泛的社区服务。

按照构建服务共同体和新服务体系的总体思路，以界定政府、社区、群众三者之间的关系为基础，坚持以新型社区作为政府管理社会和基层服务群众的平台，以群众自治共建的家园为发展导向，以构建新型社区完善的服务体系为重点，积极探索创新城乡社区公共服务的体制机制，大力提高社区的服务水平与品质品位，打造拥有共同的价值取向和文化认同的城乡新型生活服务共同体。

一、构建社区新服务体系

主体多元化是建立集政府公共服务、市场性服务和非营利社会组织的志愿服务于一体的新服务体系。职能专业化是指在服务分类过程中，社区服务职能要逐步实现专业化发展，政府的社区管理需要大量的专业人才，专业化的社会组织也需要专业人才来管理和经营。参与大众化是指专业化的管理并不排斥社区居民的广泛参与，一方面社区专业化管理的对象是社区所有居民，另一方面社区专业化管理也需要社区居民的监督，其主旨是使社区管理方提高公共服务质量。

在社区新服务体系框架中，政府及其职能部门的功能是引导、保障和评估；社区的主要职责是提供公共性服务、公益性服务和开展居民自治服务；社区其他各类组织的功能主要体现于商业服务。三者是相互协调、相互补充和共同发展的

---

① 鹿城区文明办．构建“幸福社区”新型服务体系研究——以温州市鹿城区新社区建设为例［R］．鹿城文明网，2013.

关系。这一多元主体框架，实现了各参与主体的责任区分、功能叠加、内容交叉和人员复合，构建了“上下联动、区域联动、社会联动”的社区服务机制，实现了从“被动式服务”向“主动式服务”、从“单向约束”向“双向互动”的转变，社区公共责任得以共担、共享。

二、建立健全政府公共服务的机制

建立健全政府公共服务的保障供给机制、市场性服务的竞争激励机制、非营利组织的购买服务和自愿服务等机制，需要以社区党组织为领导核心，社区居委会、业主委员会、物业管理企业共同协商社区事务，开展“四位一体”的特色服务机制；明确社区党组织的主导地位，健全完善“四位一体”中各成员组织的工作制度，联席会议的议事原则、议事范围、决策及执行程序、监督办法等；制定社区居民提案议案制度、业主委员会工作制度、物业管理企业服务标准等；社区各组织按照相关制度和规则各司其职，分工明确；共同利用社区资源，共同开展社区服务，共同创建幸福社区。

1. 搭建社会组织孵化培育平台机制

加大政府职能转移管理力度，将“能放、可以放”的社区公共服务项目转包给社会组织，实现社区公共服务社会化、专业化、项目化和市场化运作；设立社会组织扶持专项资金，重点扶持一批公益慈善、居家养老、福利服务、医疗卫生和科教文体等社会组织参与社区建设，吸引民间资本和社会力量参与社区服务；设立社区社会组织指导委员会，指导、协调、监督、促进参与社区建设的社会组织的工作。

2. 引进社区公共服务外包机制

将社区养老助残、慈善帮困、法律援助和医卫文体等与民生密切相关的公共服务进行项目外包，由社会组织“接力”进行项目化运作；建立自治组织与物业服务企业良性互动，鼓励各社区引入资质好、管理能力强、诚信度高的社区物业公司，提升社区管理水平；出台政府购买服务的相关政策，出台政府转移职能目录和购买服务目录，建立社会组织承担政府职能的链接、监督和评估机制，确保政府外包的社区公共服务项目的运行质量。

3. 建立社工加义工的社区志愿服务机制

培育发展社工组织和社区专业队伍，加大专业社会工作岗位开发力度，以政府购买服务、公开招聘等引进形式和税收减免、政策支持等激励方式，有计划、有步骤地培养大批高素质、高水平、专业化的青年社会工作人才参与社区建设；开展“社工＋义工”服务，逐步形成“社工引领义工、义工协助社工”的社区工作服务新模式；加大对社工队伍和义工队伍的指导、监管力度，建立专项资金扶持机制和人员保障机制。

4. 强化社区服务供给的保障机制

一是加强组织领导。加强统筹协调和规划，有效整合政府各职能部门在社区的服务职能和服务资源，积极推进“一站式”服务机制，有条件的地方可尝试实行“大科制”改革，将“一站式”社区服务大厅作为单设机构列为街道办事处内设机构。二是根据最新的工作内容、工作要求，制定保障工作经费和人员经费的文件，切实保障社区工作人员的工资和福利待遇。三是建立培训与考试机制，提升社区工作人员的整体素质。四是实施职务选拔机制，打通“能上”的渠道，激励高校毕业生等人才进入社区，享有与大学生村官同等的待遇。

三、建立社区服务评价体系的“居民需求导向”

建立健全以居民需求为导向的社区服务评价体系，保障社区服务机制的健康有序运行。社区服务评价内容应充分体现和反映民生性，与民生相关的评估指标应占全部指标的2/3 左右。强调“公众（居民）满意”等评价标准，发挥“以下评上”的管理效果，实现“目标导向服务、结果控制管理”的社区服务管理创新，实现从重政府满意到重居民满意、从完成上级行政任务到解决民生实事的转变。

强化驻区单位的社区建设责任，探索建立驻区单位的社区建设责任评价体系，推动共驻共建、资源共享。要把驻区单位履行社区建设责任的情况纳入和谐社区示范单位创建内容，有关部门在评先表优时要主动听取社区居民委员会对驻区单位的意见，并采取多元参与评估机制。评选过程采取居民群众的“满意度评估”、相关部门及同行的“合适度评估”和专家学者的“优质度评估”三个层次。在社区服务评价过程中，多元主体对社区公共服务、居民满意度、民生实施项目、社会组织发展和民情联系等方面的工作进行综合评价，通过自我评估、问卷调查、居民评议、部门考核、第三方测评和专家评审等方式，开展社区创建和工作评先评优。

四、推动社区服务业的转型升级

政府与社区、非营利组织、企业建立密切合作、相互补充的伙伴关系，政府引导、支持由社区和非营利组织主办，企业通过市场提供多样化服务，是国际上社区发展成熟的组织模式和重要经验。从国际发展经验来看，我们应加快社区服务网络建设，建立完善的社区新服务体系，实现社区服务功能由单一型向综合型、粗放型向集约型、被动应付型向主动创造型转变，由无偿性、互助性服务向作为第三产业的社区服务业延伸发展，从而使社区服务业真正成为拓展全面性社区建设的生产点和拉动力，成为安排就业的重要渠道。建立社区服务业多元化投融资体制，推进社区服务业的社会化、产业化、网络化和实体化进程。将社区服务业作为一项产业推向市场，实行市场化运作，减轻政府负担。

为有效地推动社区服务业的转型升级，政府应当牵头制定社区公共服务目录、社区服务标准体系管理办法，制定完善家政服务、物业服务、就业培训、医疗服务和居家养老等相关服务的行业管理办法、服务规范标准和从业人员资质标准，完善社区物业服务体系，建立健全物业服务工作和市场监管体系；要适应社区居民的个性化和多样化需求，引进现代服务业的金融支撑和信息化、专业化、标准化和连锁化的运作方式，推动社区服务业的转型升级；要改变以往那种主要依赖政府财政支持提升社区服务的方式，积极探索和创新社区服务转型升级的新模式和新路径。

近年来，福建省社区便利服务连锁业协会提出通过成立大学生社区服务公司，实现新型社区服务业转型升级，就是一个有益的尝试。大学生社区服务公司的创意有如下特点：①在社区引入大学生创业机制，通过政府与企业相结合的方式，既让其承担社区公共服务部分职责，又让其对接社区居民便利服务需求；②借助社区便利服务连锁业协会搭建社区服务信息呼叫中心，构建社区居民服务需求便捷的诉求方式和反馈路径；③运用大学生学习能力强的优势，培训大学生，使之成为社区居民服务的好管家，承接居民各种需要知识支撑的服务项目；④依靠团省委和社区便利服务连锁业协会的影响力，对能够满足社区居民的服务项目和供应商进行统一招标，保证社区居民能够得到优质、便捷的服务。这是在人才、手段、标准、种类和品质等方面推动社区服务业的转型升级的积极探索。

第四节 典型案例

【案例1】

打造民生“服务圈”

——群众的需求就是我们服务的方向

子女上班去了，社区里留在家里的老人需要照料；紫荆社区的吴大姐失业了，需要找工作；陈先生家楼上住户的卫生间漏水弄潮了家具，需要有人来协调……居民需求的方方面面，街道、社区的民生服务如何才能想群众之所想、急群众之所急？

深圳市莲花街道完善社区服务的做法说来也简单：以群众需求为导向，不断创新民生服务模式，切实解决好事关群众切身利益的民生问题。

去年底运营的莲花街道景田社区老人日间照料中心，被媒体称为“五星级”日间照料中心，不仅可以提供老年人活动、午休午餐、看护照料等服务，还准备了感官治疗、紧急呼叫、心理疏导和陪同就医等贴心服务。

最受老人欢迎的是一间名为“耆英电台”的功能室，在这里老人可以录制自己唱的歌曲、演奏的曲目甚至是口述历史，留下老人一份份的回忆。运营至今，照料中心的“会员制”老人已经达到上千人。

在家庭养老、照顾功能日益削弱的情况下，解决好社区老年人日益增长的日常生活和精神文化需求，成了近年来莲花街道工作人员思考颇多的问题之一。

成立日间照料中心是探索社区居家养老模式的新尝试，如何选择场地、谁投资建、建成后怎么管理等问题都有待在实践中找答案。

莲花街道自2012年起先后建成梅岭和景田两个老年人日间照料中心。梅岭社区探索的是“公建民营”的建设管理模式，景田社区探索的是“合建民营”的建设管理模式。下一步，莲花街道还将成立莲花北日间照料中心，探索“民建民营”的建设管理模式，同时新建的狮岭社区日间照料中心，将探索“公建公营”的建设管理模式。

作为一个街道，同时探索老年人日间照料中心四种不同的建设管理模式，不少人觉得太费周折，但莲花街道认为这么做值得。张悦华说："民生服务无小事，哪种模式最适合我们社区实际，能给老年人提供最好的服务，需要实践来告诉我们。"

在莲花街道，诸如养老服务这样以群众需求为导向，主动作为、敢于创新的事情还很多。

围绕筑梦乐业、便民利民等十大街区的打造，莲花街道致力于构建"服务零距离"社区。2013 年 6 月，莲花街道挂牌成立了中银创业孵化基地，为社区居民提供专业化的就业创业服务，至今已促进 1 300 余人实现就业。同时建立"就业超市"，为辖区下岗失业人员、新生劳动力、在职职工提供"点菜式"就业服务，从而形成从提供岗位到支持创业的就业服务链条，辖区群众在"家门口"就可免费享受"一条龙"就业创业服务。在打造便民利民街区方面，莲花街道率先进行"社保窗口"融入基层公共服务平台试点，设立"莲花交通服务站"，实现法律援助社区"一站式"受理等，着力打造"10 分钟便捷生活服务圈"。

经过多年努力，一个"民有所呼，我有所应"的民生"服务圈"逐步形成。在这个"服务圈"里，莲花街道的居民们不出社区就可以享受到就业、养老、医疗等最基本的社区服务和保障。

（资料来源：《深圳特区报》，http：//www. sznews. com/zhuanti/content/2014 – 06/17/content 9667984 2. htm）

【案例 2】

北京医疗卫生服务共同体覆盖 323 万市民

不少市民有过这样的经历：为看病大清早爬起来排队挂号；为选好大夫到处求人……昨天，记者在北京大学人民医院医疗卫生服务共同体（以下简称共同体）看到，这些难题都迎刃而解了。

何谓共同体？据介绍，这个是市科委为缓解医疗卫生资源配置"倒三角"现象而设立的重大科技项目，由西城区政府和北京大学人民医院共同承担，西城区展览路医院、展览路社区卫生服务中心、德胜社区卫生服务中心等 7 个社区卫生服务中心共同参与建设。到目前为止，共同体已扩展到西城区48个社区卫生服务站、昌平区2所一级医院和1所二级医院、北京广播电视大学等30家企事业单位以及北京红十字会999紧急救援中心。有323万北京市民受益于这个共同体。

1. 共同体让医疗资源配置合理

据人民医院统计显示，在共同体建立之前，每天挂号的患者中超过1/3是轻症病人。这些病人的病症到社区医院采用常规性的治疗措施就能解决。据人民医院信息中心主任刘帆介绍，在正常运转的医疗服务体系中，应该是80%以上的就医患者在基层医疗机构解决医疗问题，大医院的优势医疗资源应该用来集中解决剩下的20%疑难重症病患问题。然而，我们的现状却是大量轻症患者涌到大医院，基层医疗机构却少人问津。

基于此，人民医院在市科委的支持下建立了共同体。通过这个共同体，大医院和社区医疗机构之间可实现双向转诊、预约检查、预约医生、检验信息报告和处方共享以及视频会诊等功能。

刘帆告诉记者："通过这个共同体，将过去各医疗机构孤立的信息一下子串联起来，当一位社区医生面对一个病人时，实际上是一个系统在面对病人，他可以自主判断，也可以调动共同体的资源。他可以求助于大医院帮助进行疾病诊断，也可以很畅通地将需要转诊进大医院的病人，顺利送进大医院。共同体建立以后，有八成患者初诊回到社区。"

2. 绿色通道让百姓看病便利

7月2日，家住德外社区的王阿姨突然觉得头晕得厉害，她首先想到了德外社区医疗服务中心。社区医生给她诊疗后，建议她到大医院做进一步检查，当时王阿姨的反应是马上去人民医院挂号。社区医生告诉她不用，因为社区医院就可以帮她预约人民医院神经内科的号。次日，患者去人民医院就诊、做头部CT检查、确诊，整个过程只用了两个多小时。同时，这位患者的检查结果也通过网络平台被传回社区。

"过去来人民医院看病，即使顺利也得大半天，这下像走了绿色通道一样。"这位患者喜出望外。

3. 依托共同体社区医院门诊量翻番

在人民医院有一个共同体协同管理中心，这里是社区医院和人民医院双方信息的聚集点，这使患者就诊信息的双向传递成为可能。通过这个信息平台，人民医院的医生会定期对社区医院的患者进行会诊，并指导社区医生制订合适的医疗服务方案。

刘帆介绍说，其实在门诊病人中，自己前来挂号就诊的不少都存在盲目性，有的甚至会选错科室。而经过社区医院诊断后再转诊过来的病人则不同，因为每次转诊都在电脑中有固定的流程，人民医院的医生可通过系统看到病人在社区用药的情况，同时，病人在人民医院看病的电子病历也能让社区医生看到。这样病人的治疗档案就可以在两个医院内都被完整地保留下来。

正因为有这样的转诊，社区医院的门诊量才有了大幅度提高。德外社区医疗服务中心负责人韩琤琤告诉记者，因为有了共同体，他们的门诊量呈现了翻番的变化，“原来居民都舍近求远，现在大部分都来我们这儿看了，实在看不了的，我们就会给他转诊到人民医院”。

通过这个共同体，社区医生也能及时充电。在共同体协同管理中心的视屏前，人民医院的医生经常会给基层医生做病理分析。德外社区医疗服务中心的一位医生告诉记者，不出医院门，不用交学费，就能聆听专家讲课并与之面对面进行交流，实在是太有用了！

4. 专业“管家”照看市民健康

据人民医院介绍，共同体还有一个延伸服务功能，那就是帮助病人建立一套完整的健康档案，这可以及时提醒病人复查等。据德外社区医疗服务中心负责人韩琤琤介绍，他们就为社区内的高血压患者制订了从药物到饮食、锻炼的一整套治疗方案，70%以上患者的血压都能得到有效控制，对于控制效果不理想的，他们会及时转往大医院进行治疗。

据了解，目前共同体已经建立起由人民医院疾病专家与社区全科医生共同组成的以高血压、冠心病等慢性病为中心的疾病管理团队。社区医生说，对于心脑血管这类慢性病的治疗，有一个“健康管家”很关键。

（资料来源：《北京晚报》，http://news.qq.com/a/20100822/000804.htm，2010年8月22日）

第六章　安全共同体与新安全观念

安全共同体是以安全社区为核心理念的共同体意识和共同体培育路径方式。安全共同体是构建地区安全和国家安全的基础。安全共同体表现为以构建新安全观念为目标，开展安全社区推广和建设，建立跨部门合作的组织机构和程序，联络社区内相关单位和个人共同参与事故与伤害预防和安全促进工作，持续改进地实现社区安全健康目标的一种过程和状态。

第一节　安全社区的内涵

一、安全的概念

安全是广大人民群众的根本利益和需求，是最大的公共产品与无形资产，是衡量执政党执政能力的基础性指标之一。

早在1943年出版的《人的激励理论》中，马斯洛就提出了人的需要的五个层次理论，即生理需要、安全需要、爱的需要、自尊的需要以及自我实现的需要。其中，安全是人的基本需求之一。如今，整个世界已经进入突发事件的高发期，无论是灾害、战争、事故，还是意外，都可能从天而降，对个人造成危险和伤害，因此，防患于未然，就成了我们追求幸福与平安的最有效方法。

从广义上讲，安全是预知人类活动的各个领域里所存在的固有的或潜在的危险，以及为消除这些危险所采取的各种方法、手段和行动的总称。[①] 这其中既包括外在威胁的消解，也包括内在隐患的消解。

世界卫生组织（WHO）等机构在《安全与安全促进》中指出，安全是人类基本的权利，是社区持续发展的前提和基础。安全是指威胁社区和个人健康舒适

---

① 毛海峰等．现代安全管理理论与实务［M］．北京：首都经济贸易大学出版社，2000. 8.

的危害因素和导致生理、心理或物质的伤害条件被控制的一种状态，是个人和社区实现各种愿望的基础。①

因此，安全被看作已知环境下不同元素之间建立的一种动态平衡，是人类同生活环境之间相互作用的结果。这里的环境并不单指自然环境，还包括社会环境，如政治、经济、文化、技术和组织等。安全是相对的，危险是绝对的。人处在某种程度的危险环境下可以保持警觉的状态，从而起到预防的作用。

二、安全社区的理念

安全社区是指建立跨部门合作的组织机构和程序，联络社区内相关单位和个人共同参与事故与伤害预防和安全促进工作，持续改进地实现安全目标的社区。

安全社区的雏形诞生于1975年。瑞典的Falk ping社区首先意识到意外伤害是公众健康的主要问题，要解决这一问题，必须依靠社区各部门及志愿团体的合作。基于这一意识，Falk ping社区制订了有针对性的伤害预防计划。计划包括宣传、教育、资讯、监管及环境改善等环节。该计划实施不到两年半即见成效。社区内交通意外伤害减少了28%，居家伤害减少了27%，工伤事故减少了28%，学龄前儿童意外伤害减少了45%，而相邻的未实施伤害预防计划的社区，上述伤害现象并未减少。并且，该社区（3 200人）因伤害入院的人数每1 000人减少了0.5人，相邻社区该项伤害每1 000人增加了1.7人。这一显著成效的取得坚定了Falk ping社区推广安全社区理念的信心。

1989年9月，在WHO第一届世界预防事故和伤害大会通过的《安全社区宣言》中，安全社区的理念第一次被公开提出。《安全社区宣言》指出：任何人都享有健康和安全之权利。从此，推广安全社区理念就成为WHO在推广健康和安全方面的一个重点工作，WHO还委托设在瑞典皇家医科大学的社区安全推广协进中心负责在全球范围内推广这一理念。

安全社区的理念强调针对所有类别的伤害的预防，包括所有年龄、环境和条件，尤其是高危人群和弱势群体以及高风险环境。强调社区内人人参与预防工作，即全员、全过程、全方位。

根据WHO关于安全社区的理念，一个安全社区首先是一个地方社区，这个地方社区至少应该具备两个条件：一是制订针对所有居民、环境和条件的积极的

① World Health Organization. *Safety and Safety Promotion*: *Conceptual and Operational Aspects*. 1998.

安全预防方案；二是拥有政府、卫生服务机构、志愿者组织、企业和个人共同参与的工作网络，网络中各个组织之间紧密联系，充分运用各自的资源为社区安全服务。根据这一概念，安全社区并非仅仅以社区的安全状况为评定指标，而是指一个社区是否建立了一套完善的程序和框架，使之有能力去完成安全目标。安全社区的推广对象为社区内所有人士，不分年龄、性别和职业，目的是凝聚社区内的各方力量，推动整个社区的安全与健康，让居民不论是在工作场所、日常生活中，还是在娱乐、运动场所及医院、学校，都能保证安全和健康，最大限度地降低职业伤害、日常生活中的伤害甚至暴力及自杀等各种意外。从世界各地安全社区的开展情况来看，一个安全社区可能是一个城市，也可能是某个城市所辖的某个行政区，还可能是一个小的居民区，社区规模小的只有 2 000 人，大的可达到 200 万人。

三、安全社区的特点

1. 整合

建立健全有力的组织体系和工作网络，联合社区内有关单位建立跨部门合作的机制，整合社区内各类组织的资源。群策群力是安全社区的保障条件。安全社区突破了以往“条块分割、互不统属”的传统社区管理运行模式，有效地整合了职能部门、商业机构、学校、医院和社会团体等各方面资源，形成了高效的工作网络。

2. 参与

公众参与是实现安全社区理念的根本保证。社区是人们参与社会生活的基本场所，是社区居民的生活基地。开展安全社区建设，必须充分调动全体成员广泛参与。通过各种活动和方式，建立政府和民间组织以及公众沟通的渠道，增强公众的参与意识，促进公众对政府决策的理解和支持，提高社区的凝聚力和辐射力，培养居民的安全意识与文明素养，充分调动全体成员参与到安全社区的创建工作中去。

3. 改进

不断降低伤害风险，提高安全程度，需要持续地策划和实施安全促进计划，以获得持续的安全绩效。

第二节　安全共同体与安全社区建设的意义

一、国家安全观的基础和基石

党的十八大报告首次提出“要倡导人类命运共同体意识”。从十八大召开至今，中国一直强调要统筹国际国内两个大局，整合对内对外事务。国家安全委员会从决定成立到正式落地，最大的决策背景是“大安全观”的建立，首次提出“总体国家安全观”。

在国家安全委员会第一次会议上，习近平指出：当前我国国家安全的内涵和外延比历史上任何时候都要丰富，时空领域比历史上任何时候都要宽广，内外因素比历史上任何时候都要复杂，必须坚持总体国家安全观，以人民安全为宗旨，以政治安全为根本，以经济安全为基础，以军事、文化、社会安全为保障，以促进国际安全为依托，走出一条中国特色国家安全道路。

习近平对“总体国家安全观”概念进行了总结：“既重视外部安全，又重视内部安全；既重视国土安全，又重视国民安全；既重视传统安全，又重视非传统安全；既重视发展问题，又重视安全问题；既重视自身安全，又重视共同安全。”

国家安全体系涵盖了11种“安全”内容。习近平指出，要构建集政治安全、国土安全、军事安全、经济安全、文化安全、社会安全、科技安全、信息安全、生态安全、资源安全和核安全等于一体的国家安全体系。

社区安全是“总体国家安全观”理念具体生动的实践。安全社区建设不仅关注社会秩序的安全，也关注人身安全和健康；不仅关注人生理的安全，也关注人心理的安全；不仅要保证人的安全，还要提高人的安全意识，规范人的安全行为，同时为居民和社区单位提供良好的生活、学习、工作环境。社区安全是贯彻落实“总体国家安全观”的基础。

二、有助于全面预防与控制伤害

安全和人类密切相关，是人类基本的需求，大部分人通过各种方式寻求安全。许多安全问题在多方面是相互联系的，而且面临共同的风险因素。例如，武器、毒品和酒精都和自杀、暴力及蓄意伤害有关。全面规划和统筹考虑这些风险和问题的干预计划对提高社区安全将更加有效。安全社区建设的宗旨是减少和预防伤害的发生，提高社区居民的生活质量和水平。安全社区建设集合社区各方力量，成立安全推广组织机构，关注弱势群体的生存环境和状况，制订相应的伤害预防计划，保障社区成员的安全与健康。国内外安全社区的研究和实践表明，一定时期内，安全社区建设可以使伤害事故发生率降低30%，个别可降低60%。

三、可以获得良好的安全经济效益

对安全社区伤害预防项目的成本效益分析表明，较少的经济投入可获得可观的效益。美国疾病控制中心（CDC）研究发现，对伤害预防的投入可以获得数倍或数十倍以上的效益。例如，用于烟雾报警器上，每投入1美元可获得69美元的收益；用于头盔上，每投入1美元可获得29美元的收益；用于儿童安全带上，每投入1美元可获得32美元的收益；用于毒品管理上，每投入1美元可获得7美元的收益。

四、有助于社区资源的整体和有效利用

安全社区具有内容的广泛性，涉及人们生活、工作乃至环境的各个方面，涵盖了生产、交通、社会治安、消防、工作场所、公共场所、学校、残疾人、老年人、儿童、家居和体育运动等诸多领域或群体。一个安全社区具有必要的组织机构，明确的目标和职责，切合实际的预防项目，积极的自我评估制度和自我检查、自我纠正、自我完善、自我改进机制。

社区的安全问题，不是单靠某一个部门、某一个人就能够解决的，而是需要有一个具有多项功能和一定职权的组织进行协调。安全社区的组织建设正是基于这样的模式，建立一个跨功能、跨部门的合作组织，负责社区内的一切安全事务。安全社区是通过建立“社会抓安全、社会参与安全建设”的大安全格局，通过社区整体、综合的管理功能，促进事故预案、预警机制及紧急救援体系的建设，提高社区全体人员的安全素质，凝聚社区内各机构、各方面的力量，减少事故，降低人员伤害。

五、有助于社区成员达成对新安全观念的共同理解

人们对安全的概念容易产生模糊认识。有些人认为，安全仅仅指对犯罪和暴力的预防；另外一些人认为，安全是指一种避免危险的超出客观的状态，或者指基本需求的满足（食物、住所、衣服等）。这些理解都不包括伤害预防。事实上，人们对新安全观念缺乏共同的理解，或者说对安全概念的理解很难涵盖它所有的范围（如生理、社会、心理等），因此社区的整体安全水平难以得到提升。安全社区建设有助于社区成员达到对新安全观念的共同理解，取得价值共识。

第三节　安全社区在世界和中国的发展

目前，世界上很多国家和地区都在积极开展安全社区推广活动。[①]

一、美国安全社区建设

（一）美国的安全社区活动

安全的概念不仅仅体现在生产工作中，而且渗透于家庭、社区、公共场所以及道路交通各方面。人类正在获取越来越多的保护自身安全的技术措施和能力，用以保护他们的家庭、社区和生产工作场所。如，美国安全委员会把2003年6月定为安全生产月。安全月的首日，由美国安全委员会的主席艾伦·C.麦克米伦做关于“新安全文化”的演讲，其中多数计划与社区安全相关。美国安全委员会欢迎社会各界关注并积极参与“2003安全月”的活动。在6月的30天内，他们把安全月划分为四个阶段，并向全国各界提供每一阶段活动的题目、内容和信息，以帮助他们做好安全月的准备工作。通过开展此项活动，唤起和增强人们搞好安全工作的意识，使人们清楚安全工作就在每个人的身边。

① 金磊．国内外安全社区建设与发展［EB/OL］．http：//www. mmzy. org. cn.

（二）美国社区安全减灾工作体系和思路

社区是组成现代城市的基本社会群众组织，一个城市在遭受灾害侵袭时，社区居民不只是灾害的直接受体，同时也是抗击灾害的主体。1999 年 7 月，在日内瓦召开的第二次世界减灾大会通过的宣言强调：要关注大城市及都市的防灾减灾工作，尤其要将社区视为减灾的基本单元。美国的社区减灾工作体系包括减灾规划、应急反应计划、组织队伍和居民防灾教育等几个内容。在减灾规划层面上，全面包括了社区的土地规划、建筑管理、灾害预警、急救医疗和危机指挥体系等方面；在应急反应计划层面上，概述了部门职责、组织保障、负责机构和实施原则等方面；在组织队伍层面和个人层面上，特别注重加强公民的安全素质教育和防灾准备。

1. 减灾规划

美国联邦紧急事务管理局（FEMA）除了制订全国防灾计划外，还制订了社区版的“可持续减灾计划”（Sustainable Hazards Mitigation Plan），其内容包括：

（1）土地利用规划——例如对社区所在位置的潜在自然灾害（如山崩、洪水、泥石流、海岸冲蚀）及科技灾害状况的了解；居民房屋建筑选址的安全性检查；用于避难场地的绿地是否预留等等。

（2）示警系统设置——包括灾害预警、示警及在一般电讯中断后的紧急通报系统。

（3）建筑管理与监督——各社区成员都有权要求地方政府切实执行建筑管理，并进行监督检验。

（4）紧急救助及医疗系统——各社区都应备有重组的急难救助设备及人力动员计划，还要进行日常定期防灾演习，确认任务分组及相关物资与设备的完备性。

（5）危机管理指挥系统——以社区或村为单位，从地方的横向联系、地方驻军的动员到中央危机管理机构，都应赋予其不同程度的危机管理指挥动员职责，并有经常性的演练。

2. 应急反应计划

美国联邦紧急事务管理局在 2003 年 1 月发布的《联邦反应计划》（修订版）中专门提到了社区联系的内容。社区联系包括部门职责、组织保障、负责机构和实施原则等方面：

（1）部门职责——社区联系部门负责派送政府官员到灾区收集并发布灾害反应和恢复行动的信息，负责与社会和其他反应计划联系，收集并传送与联邦援助能力有关的信息。

（2）组织保障——从组织体系的保障上讲，社区联系部门是应急反应小组的组成部分，社区联系部门的协调官直接向联邦协调官汇报工作。根据灾害的大小和自然属性，社区联系部门的职能部门包括信息部门、一名行政/后勤联络员和训练联络员。信息部门负责联邦协调官、社区联系现场办公室和其他救灾现场办公室之间的及时交流；行政/后勤联络员为现场工作人员提供短期的后勤服务，协调社区联系中行政和工作人员的长期行动；训练联络员由灾害现场训练办公室协助，确认培训的需求和特殊灾害的定位及培训。

（3）负责机构——自从美国联邦紧急事务管理局并入国土安全部后，其负责机构也自然由美国联邦紧急事务管理局改为国土安全部，支援机构为司法部的社会联系服务处和国家服务公司。

（4）实施原则——对于预期的或实际发生的紧急事件，美国联邦紧急事务管理局的地方官员应该做的准备工作包括与受灾州联系，收集灾区的相关信息，更换所需的工作人员，向受灾现场或附近的地区调派社区联系部门的工作人员。为了与其他工作人员协调合作，社区联系协调官和州政府官员应在开始实施救灾工作时，遵循特殊灾害指导原则和目标制订社区联系计划。为达到社会联系计划的特殊目标，有时需要联邦和州官员共同执行社区联系职能，包括受训的联邦和州的工作人员及了解社区当地情况的雇用人员被组织、分配到灾区的各个地方。分配小组时，需要考虑受灾群众的文化、种族和宗教（包括语言）背景。社区联系部门与受灾州密切协调确定社区的领导（基层的、政治的、宗教的、教育的、企业的、种族的）和邻区的支援团体，以便快速地完成信息的发布，确定未被满足的需求，建立即时对话和信息交流渠道，促进联邦、州和地方的合作，加强灾害恢复工作中的相互支持。

3. 组织队伍

社区应急反应小组（Community Emergency Response Team，CERT）是美国重要的市民组织队伍，以社区为基础，引导市民发挥主动性，通过公共教育、培训和志愿者服务等形式，上要保卫国家安全，下要做好预防社区和家庭灾害的准备工作。CERT 的概念是 1985 年由洛杉矶市消防局提出并加以完善的。美国联邦紧急事务管理局于 1993 年开始在全国范围内推广培训工作。自此，已有 45 个州和 340 多个社区实施了 CERT 计划。当灾害发生时，CERT 的成员能给予灾害现场的第一反应者大力支持，向处于危急状态的市民提供即时援助，并且在灾害现场组织自发而来的志愿者。CERT 的成员还帮助处理非紧急状态的事件，以保障社区和居民的安全。

目前，不只社区和企业拥有 CERT 组织，其影响范围甚至扩大到了学校。比如，华盛顿州的 Marysville 中学成立了中学生应急反应小组（SERT），他们学习急救知识、心肺脑复苏（CPR）、地震灾害和应急反应等，以便及早做好准备来帮助红十字会在紧急事件发生时建立起总指挥部。另外，小组成员还帮助学生和教职工完成火灾与地震的模拟训练。

二、日本安全社区建设

1. 日本安全文化教育

日本于 1961 年颁布了《灾害对策基本法》，1995 年阪神大地震后再次作了修订，强调了安全预防的作用，从而使坚持多年的 9 月 1 日国家“防灾日”起到越来越大的作用。2004 年 9 月 1 日举办的“防灾日”演练，共动员了全国 8 个都县参加，体现了相互配合与综合减灾的特点。日本政界高官同普通公众一样参加了综合演练。防灾责任的明确化是法律要求的“防灾日”所必须坚持的做法。在这里，国家、都道府县、市街村、公共机关和公民五方面的责任十分明确、细化，如市街村（包括东京都 23 个行政区），作为最基层的地方公共团体，同样为了确保灾害中本区域居民的生命财产免受损失，尽可能地获得机关和其他地方公共团体的协助，都制订了适合本区域的防灾规划，并推动防灾规划中各项内容的实施。

2. 大都市防灾建设的三个理念

东京都防灾中心倡导大都市防灾建设要抓住三个理念，即自救的理念、互助的理念、政府行政的理念，且只有在自救、互助的基础上才有成功的政府减灾的公助。因为大量的事件证明，单靠政府行政上的救灾，发挥的作用是有限的。日本东京都在 2003 年 4 月设立了东京都危机管理总监，从而使 1991 年组建的东京都防灾中心及其应急体制更趋合理。他们强调，平时做好准备，紧急情况发生时才可有备无患。东京都防灾中心认为，要随时做好发生灾情的准备，但行政方面的救灾对策付诸实施需要 1 ~ 2 小时，而救灾、复兴工作进入正轨也需要 2 ~ 3 天，可否将灾害控制在最小范围内，完全取决于大家在这段时间内如何行动。为此，他们提出了极富创意且有预防作用的口号——“自己的安全要靠自己的力量保护，自己的城市要自己保卫！防灾救灾的主角是我们自己！”可以发现，如此完备的日本东京都防灾体制下的行政减灾，也主要突出了公众安全文化自救能力建设。

3. 实用明了的城市公共安全应急标志

截至1998年，东京都已经拥有避难场所及避难道路173处。在东京都的街区、中小学、地铁和公园内可看到许多明确的避难场所、消防信号、消火栓等标志。可贵的是，在有大量安全标志的场所（含道路），建设人员都十分细致地考虑到了与无障碍环境的协调。如，在电梯中不仅有遇地震、火灾的安全对策，还配有为失明残障人士准备的所有盲文说明，置身其中令人感受到一种文明的力量与关怀。

在日本，无论是住在现代化的东京、大阪，还是富有传统气息的京都或名古屋，更不论酒店的大小，无一例外都可以令人感受到一种安全感，因为酒店中都有详细的避难空间图示，走道处有十分明确的逃生辅助设备、消防设施、应急照明及没有任何遮挡物的与外楼梯相通的门。这些都是日本构建安全共同体和城市社区安全的“生命之门”。

三、中国安全社区建设

受国家安全生产监督管理总局委托，中国职业安全健康协会负责在国内推广世界卫生组织的安全社区理念。协会还作为中国安全社区支持中心，在中国推广安全社区工作。自2004年在北京、上海和山东等地试点创建以来，我国的安全社区建设已由一些大城市和东部沿海地区向中西部转移和发展。目前，全国启动和在建的国家安全社区已达1 194个，覆盖人口1亿多。

为检验安全社区的效果，中国职业安全健康协会曾抽取已命名的163个安全社区，对近两年的各类事故与伤害进行了调查统计。结果显示，两年中，生产事故、交通事故、火灾事故和社会治安死亡人数均下降35%以上，个别指标下降了50%以上，效果十分明显。

安全社区强调从传统的政府行政方式向政府主导、社会自我调节和居民自治管理的新模式转变，凡是公民、法人和其他组织通过自律能够解决的，以及行业和中介组织能够解决的问题，政府均不干预。

同时，安全社区重视社会协同和公众参与，按照国家安全生产监督管理总局指导意见的要求，安全社区必须拥有当地政府、工商企业、消防机构和医疗卫生服务机构、志愿者组织和社区共同参与的工作网络，各个组织之间紧密联系，充分运用各自的资源为社区安全服务。

（一）香港安全社区

中国香港于2000年3月21日与WHO签署盟约成为全球第六个安全社区支援中心，这些支援中心通过提供技术咨询、培训等协助社区成为WHO认可的安全社区。2003年3月在香港举行的第十二届安全社区年会上，香港屯门区和葵青区被WHO正式确立为“安全社区”，成为中国首次被确认的两个安全社区。

香港安全社区计划始于1999年，由香港职业安全健康局来推动。2000年3月21日，香港职业安全健康局与WHO签署盟约成为全球第六个安全社区支援中心。香港支援中心的一项重要任务是帮助社区建立安全社区促进项目的推广机构，并提供专业技术支援。

以香港葵青区为例，其安全社区促进项目推广机构包括督导委员会、工作委员会及个别工作小组。这里的督导委员会是一个非常设机构，负责安全社区推行计划的制订、协调、监督。工作委员会由区议会主席、一般政府官员、医院负责人、学者以及区消防处、警务处、私营机构有关人士组成，目的是在必要时能充分利用督导委员的各方资源，使社区计划得以顺利推行。安全社区工作委员会也是非常设机构，负责推行督导委员会制定的项目。根据督导委员会订立的方向，工作委员会负责协调各个工作小组，并共同策划举办活动。工作委员会每两个月召开一次会议，商讨工作小组推行的项目，检查工作进度及工作成效。工作委员会下设七个工作小组：①伤亡统计及社区诊断组。由一名对预防儿童受伤颇有经验的儿科医生担任召集人，负责搜集、分析伤亡数据，以便检查计划实施效果，也为制定有效的预防措施提供依据。②安全健康教育工作小组。由一名热爱青年教育工作兼葵青区议会议员的中学校长担任召集人，负责通过各种途径举办各种讲座、培训、宣传活动，在不同阶层、不同年龄的人群中推广健康及安全概念。③职业安全及健康推广工作组。由香港职业安全健康局总干事担任召集人，负责向各行业，尤其是医院、货物码头、石油及化工、建筑等高危行业推广安全工作案例。④职业安全及健康周工作小组。由区议会议员担任主席，通过展览、安全健康问答比赛等活动在职业安全周时宣传职业安全及健康知识。⑤道路安全工作小组。由一家电力公司的社区关系经理担任召集人，主要职责是推广交通安全知识，减少交通事故。⑥家居安全工作小组。由区议会议员担任召集人，负责提高市民对居家伤亡的警觉性，特别注意培训如何照顾儿童及老年人。⑦环境和卫生改善组。这些小组每 2 ~ 3 个月召开一次会议，检查项目进度及解决推广过程中出现的问题。

（二）青岛市安全社区

青岛市的“减灾进社区”活动已经初步形成了一个整体，创建了一种模式，工作内容十分丰富。在具体工作中落实了责任，采取了各种措施，并采用了行之有效的宣传方式。

1. 落实责任

社区减灾工作是一项综合性很强的工作，涉及多个职能部门，需各有关部门通力合作。为加强对社区减灾工作的组织领导，青岛市在社会救助工作协调委员会中成立了社区减灾活动工作办公室，具体负责社区减灾的日常指导和协调管理工作。在社区基本实现了“救护普及进社区”、“消防知识进社区”、“人防知识进课堂”和“防震知识进社区”等目标。

2. 加强服务

街道社区的减灾防灾工作，立足于社区现有的组织机构，突出了管理服务功能。各街道办事处要建立社区减灾活动领导小组等领导管理机构，负责社区的减灾防灾工作，要定期召开由社区居委会及驻区单位参加的社区安全会议，研究社区减灾工作，开展社区减灾防灾的基础建设和宣传教育活动，协调解决社区减灾宣传阵地建设、消防器材配备、居民楼道可燃杂物的清理整治、楼道的疏通等问题。通过组建社区救灾志愿者或义工队伍加强社区减灾工作。平时对他们进行灾难预防、医疗救护、简单搜救等专门培训，使之成为防灾减灾的主力军。在社区建立治安防灾的巡查队伍，专门为孤寡老人、残疾人等行动不便者进行用电、用火的安全检查，提供防灾服务，及时发现和消除灾害隐患。在社区空旷地带，如公园、小广场等地设置紧急避难场所。加强社区公共消防设施建设，在社区内配备灭火器，在居民楼道设置紧急情况下的逃生导向标志。

3. 注重宣传

青岛市在减灾宣传方面的活动很多，通过这些活动来营造一种社区减灾的文化氛围，让社区减灾融入人们的日常生活之中。在社区内设立公益广告牌、减灾防灾宣传栏，在居民楼道设置警示牌等，营造社区减灾的宣传氛围。利用现有的社区文化宣传机构和场所，开展社区减灾和安全教育活动，进行防灾自救的安全知识教育，使社区居民掌握应对灾害的基本知识，增强居民的减灾意识，从而做到居安思危；根据实际情况，因地制宜，开展内容丰富、形式多样、规模较大的宣传活动，制作和发放以火灾、地震、洪涝、中毒和危险化学品灾害等为主的宣传画、宣传册，做到内容简明扼要，通俗易懂，便于理解和普及。在社区、单位和学校中举办减灾逃生演练，使社区减灾活动家喻户晓、妇孺皆知。市人防办与教育部门合作将减灾知识编写成教材，在中小学开设专门的课程。市区还编写了《市民安全常识手册》和《外来务工人员安全常识手册》等材料，对市民进行培训。

（三）北京市安全社区

北京市以朝阳区望京社区为试点，加强社区安全基础设施建设，构建地区健康与安全促进的服务平台。主要着手进行了九个方面的基础设施建设：

（1）建设望京健康和安全促进中心暨职业安全健康协会安全型社区创建课题基地，包括建设交通安全推广中心、卫生医疗推广中心、文体健身推广中心、公共安全推广中心、工作场所安全推广中心、居家安全推广中心、和谐社区促进中心、地区监控中心、宣教中心、培训中心和网络中心等；

（2）建设望京健康和安全宣传教育资料音像、动画、画册和图板制作中心；

（3）建设望京安全型社区网站，搭建地区与外部进行健康与安全促进工作的交流和服务平台；

（4）建设北京市朝阳区（北片）青少年交通安全教育培训基地；

（5）建设覆盖全地区的治安、城管数字监控系统，构建城市公共安全保障体系；

（6）建立地区环境保护监测站，力争通过两至三年的努力，使地区环境质量好于全市平均水平；

（7）改善地区环境景观，推进围栏绿化，提高公共设施绿化水平，推广立体绿化和屋顶绿化，建设绿色城市、环保城市和健康城市；

（8）通过试点引导和典型带动，抓好幼儿园、学校、医院、餐馆、工地和社区单位的健康与安全示范点；

（9）建立望京社区人口资源健康与安全服务数据库，逐步完善记录治安伤害、居家伤害、儿童伤害、公共场所伤害、交通伤害、老年人伤害、体育运动伤害、学校伤害和涉水伤害发生频率、原因及入院情况的数据分析制度。

第四节　典型案例

【案例1】

创建国际安全社区，构筑平安五山街

广州市天河区五山街成立于1953年，辖区面积10.41平方公里，下辖13个社区，共有人口16.8万余人，常住人口13.1万余人（其中户籍人口8.7万余人，非户籍常住人口4.4万余人），外来人口3.7万余人。目前，辖区内有生产经营单位873家，机关事业单位49家。辖区内高校（华南理工大学、华南农业大学等11所）与科研院所（工业和信息化部电子五所、省农科院等9家）众多，街区环境优美，文化氛围浓郁，居民文化素质较高，社会管理基础较好，是广州市著名的教育文化街区。

五山街于2011年8月正式启动安全社区创建工作，按照《安全社区建设基本要求》（AQ/T 9001—2006）的指引，以“平安五山”和“人人都平等享有安全和健康的权利”为总目标，坚持“资源整合、全员参与、持续改进”的基本原则，以“大安全”理念为核心，积极推进安全社区建设，最大程度地预防和降低伤害，形成了共驻、共建、共享的良好氛围。

一、持续开展伤害监测，筑牢安全社区建设基础

近年来，随着五山街经济和社会的迅猛发展，辖区安全与发展的矛盾日益凸显，各种新情况、新问题层出不穷，辖区群众对社会管理服务的要求也越来越高。面对这样的形势，五山街通过不断深入学习，决定以创建安全社区为抓手，提高社会管理服务水平，改善民生福祉，提高居民的安全感和幸福满意度。

自安全社区创建工作开展以来，五山街成立跨界合作组织，整合各方资源，构建全覆盖的安全社区建设组织领导体系，组织开展了伤害监测，制定了《事故及伤害记录、统计分析和管理制度》，由医疗机构、职能部门、学校、企业等各伤害记录责任单位根据自身职能和工作情况，填写《五山街伤害监测报告卡》，进行医疗伤害监测、职能部门伤害监测、特殊群体伤害监测，对收集到的事故与

伤害数据进行汇总、分类、分析，形成伤害监测报告。根据伤害监测结果和群众安全需求，五山街重点开展了涉及学校安全、消防安全、交通安全、社会治安、老年人安全等十个方面的安全促进项目。

同时，街创安办持续进行伤害数据跟踪，每半年汇总一次伤害监测报告，分析各工作组报送的伤害情况，根据分析结果编写年度事故伤害监测报告和风险分析报告，制订安全社区建设的下一步计划，调整、更新工作目标和实施方案，持续改进创安的方式方法，提高工作效率，完善整改效果。

二、着力改善民生福祉，打造安全社区特色项目

（一）以人为本，倾力改善脆弱群体安全

1. 加强保护，确保幼儿安全

实施安全项目以来，五山街共投入500多万元，用于维修、更新、完善各类基础安全设施，包括更换适合幼儿特点的圆角桌、椅；将园内地面的易滑区域铺设防滑地板，对楼梯台阶、花箕边等易造成磕碰伤害的地方打磨包边；改造旧厕所并加设幼儿扶手；在园内安装视频监控探头，配备灭火器、应急灯，完善消防栓；在各幼儿园安排专职安全检查员，定期对设施设备进行检查、记录，及时采取有效措施，消除安全隐患。此外，注重加强幼儿安全教育，每周开展一至两次安全教育活动，让幼儿学习到社会、家庭、幼儿园等生活中的安全知识；每学期组织一至两次应急避难演练，提高幼儿简单的识灾避难能力。

2. 全面关怀，提高残疾人安全

实施安全项目以来，五山街主要采取了以下干预措施：一是成立街康园工疗站，为残疾人康复提供固定场所，通过各种活动，让精神和智力残疾人得到更好的看护和康复。二是加大残疾人辅具发放力度，推进居家无障碍改造。三是组织专业社工及志愿者定期上门探访，通过谈话、组织活动等形式对残疾人进行辅导，消除其心理和精神障碍。四是提高残疾人就业率，减轻其家庭负担，消除自卑心理，促进家庭和谐与安全。

3. 倾力关爱，保障老人幸福

五山街辖区内65岁以上的户籍老人7 641人，占户籍人口总数的8.71%。针对老人安全，五山街采取了以下措施，一是由社区卫生服务中心为65岁以上户籍老年人建立健康档案，每年为他们提供一次免费健康体检，并定期复查追

踪。二是大力开展义诊活动及健康宣传讲座，拓宽老年人健康知识面。三是开展老年人心理慰藉、保健康复和社区康乐等活动，丰富老年人的精神生活。四是倾力关爱失独老人。由工作人员定期走访，送上慰问品，并与他们真诚交流、安慰疏导，引导其走出心灵阴影；依托家庭综合服务中心，为失独老人搭建一个相互交流的平台，组织他们参与生日会和歌舞文体等社区活动，增加他们的生活乐趣。对以居家养老为主的失独高龄、空巢老人，专门制订了帮扶方案，重点开展服务。

2010年以来，辖区内针对老年人的非接触性诈骗警情日益突出，为此，派出所采取了以下措施：一是针对不同类型的诈骗手法，制作相应的宣传资料上门张贴、派发或面对面教育，并在人流密集的五山广场24小时不间断利用LED大屏幕进行滚动宣传。二是加强与银行部门的沟通协作，发动银行职员对到银行转账的老年人进行提醒询问，确认不存在诈骗嫌疑后方进行转账的操作。三是加大对非接触性诈骗案件的打击力度。充分利用跨区域网络协作平台，加强与外地公安机关的配合，抓捕犯罪嫌疑人。

（二）注重实际，大力促进校园安全建设

1. 积极干预，提升学生心理健康

近年来，在校大学生的心理压力越来越大，仅2010年，辖区内就发生了4起大学生自杀死亡事件，给受害者的家庭带来了沉重的灾难，同时也造成了不良的社会影响。

为此，五山街开展了大学生心理健康安全促进项目，通过开展心理健康普查、开设心理健康课、组织心理健康活动等措施，加强对大学生的心理健康干预。同时，还在高校成立了心理健康室，内设心理测试软件和心理治疗仪器，对存在心理困惑和心理障碍的学生进行持续性跟踪监测与治疗。在这方面，华南农业大学的朋辈心理辅导教育项目开展得有声有色。

2. 完善管理，保障校内交通安全

针对校内交通安全，五山街采取了以下措施：一是改造交通设施。对校内道路进行改造，实现校内人车分流；在主干道及学生出行密集区域设置减速带以保护行人；对存在交通隐患的道路进行改造，规划设置校内交通标志，更换老旧交通标志。二是建立校内测速和视频监控系统，实行车辆限速限行。校内车速不得超过20公里/时。华南理工大学、华南农业大学利用电子门岗对车流量进行智能监控，在车流量特别大的时段，采取分批放行的形式限制车辆进入校园或利用水

马进行临时的交通管制。三是完善车辆管理制度。制定《大学校园道路交通安全管理规定》等制度，严格执行，并组织大学生志愿者参与交通管理。

3. 持续整改，消除宿舍安全隐患

2011 年上半年开展隐患排查时，发现宿舍安全隐患 406 起，其中消防隐患 312 起。为此，五山街采取了以下措施：一是改造线路。每年暑假分批对楼龄 20 年以上的宿舍楼实施线路改造，华南理工大学每年投入 200 多万元，华南农业大学每年投入 100 多万元。二是完善设施。各高校宿舍楼内规范设置消防栓、灭火器、消防应急灯；在宿舍楼安装限电器和短路保护装置，重点部位加设监控探头。三是加强管理。宿舍内禁止使用功率超过 500W 的电器，禁止使用电热棒、电热水杯、电炉等用具。学校将插座、电灯、热水器等的使用情况作为日常内务检查的重点内容。

4. 加强指导，减少学生运动伤害

五山街辖区内高校共有运动场馆 73 个，2010 年共发生运动伤害 172 起。减少运动场所伤害一直是学校及社会关注的重点。五山街通过完善运动场所基础设施、增加安全提示标志、加强运动场管理、推广运动安全知识、推行运动前强制热身等措施，有效减少了学生的运动伤害。

（三）综合治理，切实改善居住环境安全

1. 群策群力，力保治安

为保障辖区内治安，五山街主要实施了路面“盗抢”打防安全促进项目和社区防盗安全促进项目。社区防盗安全促进项目的干预措施：一是组织物业公司参与治安防控。由派出所对物业公司保安进行培训，提高其业务水平。社区民警每月定期将小区警情通报给物业公司，重大警情随时通报。二是加大物防技防投入。为高校学生宿舍加装防盗网和视频监控，更换门窗和门锁，有条件的宿舍区实施围闭管理。同时，将各企事业单位、居民小区原有的防盗门更换为 IC 卡门禁系统，更换并加装监控探头。三是加强出租屋管理。发动出租屋主为出租屋安装门禁系统 712 套，提高出租屋的防范能力。四是加强社区群众防盗知识专项培训。

2. 整治隐患，保持道路畅通

为保障道路畅通，五山街主要采取了以下措施：一是加大交通违法整治力度，在早晚上下班、上下课高峰时段加大巡逻密度和频率，整治主要道路和校园

周边车辆乱停放等违法行为；由城管执法队重点整治岳洲路等主要道路两侧商户占道经营、装修施工场地长时间占道堆放物料等影响通行的违规行为。二是开展道路隐患排查，消除交通安全隐患。由交警和志愿者深入开展问卷和实地调查活动，掌握居民诉求，并分门别类组织落实，完善交通设施标志。三是普及交通安全知识，提高全民安全意识。每年组织开展一次公务车辆驾驶人员交通安全培训；每半年一次在社区宣传交通安全知识；每学年对入学新生进行交通安全知识教育。

3. 加强整改，避免火灾事故

为保障消防安全，五山街推行了“三小场所”消防安全和高层建筑消防安全促进项目。针对“三小场所”消防安全，五山街采取了以下干预措施：一是开展“三小场所”专项整治行动，杜绝“三合一”、“二合一”等现象。二是针对餐饮业的厨房消防安全开展用气用电专项整治行动。三是优化电气线路铺设，完善消防安全措施。四是按照“分片排查、分期培训”的工作思路，组织“三小场所”业主参加消防安全知识培训，增强业主的消防安全意识。

4. 强化管理，注重居家安全

为保障居家安全，五山街主要实施了燃气安全促进项目、出租屋安全促进项目、外籍人员安全促进项目。其中，外籍人员的安全管理措施有：一是建立四级管理模式。派出所建立了“所领导—专职外管民警—社区民警—社会力量”四级管理模式。二是高标准做好外管工作。要求及时准确掌握辖区内外籍人员的基本情况，及时发现其动态信息，并建立涉外案（事）件档案，做到境外人员住宿登记申报率达到95%；社区民警对常住境外人员做到“四知”（知姓名、知国籍或地区、知居留事由、知居住期限）。三是以服务促管理。对新入住的外国人在其办理临时住宿登记后，由民警实行送证上门服务；允许长期居住在辖区的一般外国人，在其入境后24小时内用电话预先登记，稍后补办正式手续；在外籍人员签证到期前十五个工作日，发送英文短信或致电提醒其及时办理签证延期。

5. 综合治理，提升环境安全

为保障环境安全，五山街推行了预防雨季次生灾害、老旧小区基础设施改造和环境整体改造等项目。在预防雨季次生灾害项目中，五山街对五处水浸点进行了彻底整改，采取了增加下水口、全面清淤、改造下水管道等措施；对山体滑坡地块进行了山体加固；对十余处危墙和危房进行了处理，有的拆除，有的加固，有的加派人员值守。

在老旧小区基础设施改造项目中，五山街重点对电子五所社区和岳洲社区的设施进行了改造，在电子五所社区主干道路边、花园楼梯安装了护栏，在各类安全路口设立了安全标志，更新并增加了消防器材，更换了下水道防蚊网及排水口和排水渠道的安全防护网。另外，在岳洲社区，对岳洲路、粤汉路一带实施了疏通水沟、完善排水管网、平整路面、园林绿化、整治标志牌、公厕改造等项目。

华南农业大学湿地公园改造是环境整体改造项目中的最大亮点。该区域原来是一片荒地，杂草丛生，道路不平，没有路灯，但同时是学生出入校园的重要通道，因此跌倒、磕碰伤害时有发生。经过多方努力，将之改造成一个集特色景观、生态休闲、科普教育于一体的开放式湿地公园。改造过程中，五山街特别注重安全理念，对地面进行了硬化平整，沿途装上路灯，在景观湖四周、休息场所等设置了安全防护设施。

三、“知、信、行”变化明显，安全社区建设卓有成效

三年来，五山街把安全社区建设作为一项重要民生工程，既关注创建成效，又注重创建过程，使居民在创建过程中享受创建成果。2010—2013 年，五山街居民“知、信、行”变化明显。

（一）社区内各类事故和伤害普遍下降

通过安全社区创建，五山街在充分开展各社区安全基本情况调查的基础上，结合实际，确立了十大类 23 个安全促进项目，针对项目中的具体事故与伤害，制定和落实相关预防计划和干预措施，使各类事故和伤害普遍下降。2010 年，辖区内发生交通事故 9 起，2013 年发生 6 起，同比下降 33. 3%。2010 年，辖区内发生火灾 12 起，2013 年发生 8 起，同比下降 33. 3%。2010 年，辖区内发生“双抢”案件 44 起，2013 年发生 11 起，同比下降 75%；2010 年发生路面盗窃案件 125 起，2013 年发生 75 起，同比下降 40%。2010 年，辖区内发生工作场所伤害 16 起，2013 年发生 5 起，同比下降 68. 75%。2010 年，辖区内发生燃气事故 15 起，2013 年发生 3 起，同比下降 80%。三年来，辖区内未发生重大生产、交通、火灾事故。

（二）居民对安全社区建设的满意度大幅提高

三年来，投资建设的社区各项基础设施进一步改善了居民生活环境。居民表示自安全社区建设工作开展以来，更增强了安全感。调查问卷显示，居民对安全

社区建设综合满意度达92%，安全社区建设工作知晓率达93%，全民安全意识得到了提高。一个人人享受安全、人人享受健康的安全社区环境逐步形成。

（三）居民不安全行为逐渐减少

三年来，通过宣传教育和措施干预，五山街居民群众的不安全行为逐年减少，高校运动场所伤害由2010年的172起减少至2013年的112起，同比下降34.9%；中小学生追逐磕碰行为由2010年的42例下降到2013年的23例，同比下降45.24%。

（四）持续投入，不断改进，完善安全社区建设长效机制

三年来，通过安全社区建设，五山街居民安全意识显著增强，事故、伤害逐年下降，居民群众的安全感和满意率明显提高。下一步，五山街将牢固树立“安全、健康、和谐”的工作理念，按照“理念引领、项目主导、以评促建”的工作思路，着重从四个方面进行持续改进，不断完善安全社区建设长效机制。

1. 深化认识，营造舆论氛围

创新方式，强化宣传，利用文化广场、宣传橱窗、黑板报等社区固定资源进行宣传，达成人人参与的共识；通过新闻媒体、举办培训班、悬挂横幅、设置公共场所安全标志等方式营造强大的舆论氛围。

2. 健全机制，夯实工作基础

进一步完善伤害监测、信息交流与反馈、事故报告、安全检查、中期评估等十余项工作制度，使创建工作不断规范化、科学化，形成“党工委领导、办事处负责、人人参与、整体规划、资源整合、动态评估、长效运作”的工作格局。

3. 项目引领，服务百姓生活

通过安全状况调查、危险源辨识和评价，结合伤害监测记录分析，制定和调整安全促进项目，为居民安全健康生活创造良好环境。例如以爱心工程为契机，增设扶手和梯灯，改善居住条件。

4. 整合资源，健全伤害监测体系

进一步整合辖区资源，依托医院、社区卫生服务中心、学校医务室和重点单位的医疗室以及交警、派出所、消防、安监、卫生等专业部门建立事故监测网络，社区定期主动收集信息。掌握儿童、老年人、残疾人、高危人群及弱势群体的健康、安全状况，聘请专业人员对数据进行分析，更有针对性地开展伤害预防工作。

（五）因地制宜，推进特色项目

争取区政府对安全社区建设的经费倾斜，结合辖区内学生人数众多、科研院校云集、空巢老人较多等特点，将重点针对学生、老年人等特殊群体深化相关安全促进项目，按年度进行对比分析，评估已开展项目干预效果，进一步明确危险源和隐患点，确定安全干预的重点，根据实际情况不断调整安全促进项目。同时，重点扶持和依法管理社会组织，充分发挥各类社会组织在安全社区建设中提供服务、反映诉求、规范行为的作用。

安全社区建设是一项惠泽民生的工程，更是一个持续推进的过程。五山街将进一步加强安全社区建设和社会管理创新的有机融合，维护和保障辖区内居民人人都平等享有安全与健康的权利，努力建设平安幸福和谐新五山。

五山街汇景社区创建国际安全社区，社区居民幸福快乐

（资料来源：广州市天河区五山街道办事处）

【案例 2】

多元合作，共享社区安全

如何更好地满足社区居民的安全需求，加强社区安全防范，是当前社区发展过程中不可回避的现实问题。建设人居社区，必须建立一套运行有序、行之有效、相互配合的安全防范体系，以满足社区居民的安全需求。桃源居社区建立的“五级共建、四级联防”社区安全防范体制，是社区安全工作的一个创新。这套安全防范体制体现了“多元化与分权”、“合作与共享”等基本理念，反映了安全社区建设的发展趋势。

1. 合理周密的安全防范思路

桃源居社区是一个新型社区，在规划建设过程中，它借鉴西方发达国家的先进社区治理经验，把“身体求健康、生活求平静、婚姻求美满、家庭求幸福、教育求安心、社区求稳定”作为社区治安工作的总体目标，依托社区民警、巡防员、物业保安员和业主，建立起政府（警察）公共服务、企业（物业保安）市场服务与社区义工（业主）服务相结合的社区安全防范体制。

在政府有关部门、开发商及物业管理公司的共同努力下，桃源居社区成为由深圳市宝安区公安分局、流塘派出所、社区警务室、居委会和物业管理公司共建的一个一级警务区。在这个一级警务区里，社区警务室建立起一个警区指挥中心，在主要道路、重点公共娱乐场所、小区出入口安装了 2 900 多个监控摄像头，被摄入的各种信息（消防、治安、交通等）都能及时被传回中心。指挥中心实行 24 小时值班监控，社区民警对整个社区内的动态做到了全面掌控、及时把握。社区的重点位置均设有治安岗亭，组建了巡防队、警卫连、义务巡逻队、小区保安四支群防群治队伍，由民警带领，在社区内定期进行巡逻，形成了“点、线、面”相结合的全方位立体防控体系。

在日常工作中，社区民警定期与社区居委会、消防、司法、交通管理以及物业管理公司召开协调会议，加强社区治安的综合治理，并通过社区专栏、法律知识竞赛等形式大力开展交通、消防、治安等法制宣传，不断增强居民的安全防范意识，提高居民各方面素质，以形成和谐、文明、融洽的社区人际环境。社区警务室加强对社区人员的管理，注意收集社区各类治安动态信息，建立起社区人、物、车、路的详细资料，并按类进行分档管理，做到情况明、底数清。社区内建立的信息查询中心，对社区内的每个小区、每栋楼、每个人都建立了电子档案，做到了“一看就明，一查就清，一呼百应，坏人进不来，作案跑不掉”。窃贼几次试图进入桃源居作案，结果不但未能得手，反而被擒。因此，在窃贼中流传着：“别去桃源居，一是不好进，就是进去了也出不来。”

为应付可能发生的社区重特大治安灾害事故，桃源居社区结合实际制订了应急事件处理预案，成立了以社区民警、巡防队员、小区保安和义务联防队员为主的应急分队，并开展经常性的演练活动，形成了有效的发生突发事件预警机制，以确保发生突发事件时社区的安全，维护社区的稳定与秩序。

2. 多元协作的安全防范机构

在桃源居社区，负责促进社区安全的是一个“多中心”的组织机构，这就是桃源居社区安全防范的“五级共建”体制。处在桃源居社区安全防范体制顶端的是深圳市宝安区公安分局，它代表政府负责对包括桃源居社区在内的全辖区提供必要的公共安全服务，直接领导社区警务工作，并委派民警承担社区警务的职责。

处于桃源居社区安全防范体制第二级，也是处于直接领导地位的是流塘派出所，它直接领导桃源居社区警务室，直接领导、指挥、安排和处理社区警务工作，为社区警务室提供其他支持。

处于桃源居社区安全防范体制第三级，也是关键地位的是桃源居社区警务室，它起着承上启下的枢纽作用。对上，它要服从宝安区公安分局、流塘派出所的领导和指挥，按照上级的总体安排部署，承担和执行有关工作职责和任务；对社区，警务室直接受理、处理桃源居社区的各类警务事务、人口管理、消防、交通、治安、纠纷、民事和刑事等治安案件和事务；同时，指导、培训社区物业保安、业主内保组织开展群防群治工作。社区警务室设有警长，此外消防民警 1 人、交通民警 1 人、治安民警 4 人、巡防民警 4 人。

世外桃源物业管理（深圳）有限公司桃源居管理处设有安全管理部，它作为企业的一个部门，通过市场手段为社区提供或生产一部分安全服务，同时作为社区警务室的辅助机构开展工作。它的主要职责是负责物业管理区域内的治安、消防、交通等防范工作，配合社区民警做好协管工作。安全管理部下分消防组、交通组、治安组、管家组、警卫组等。社区共有 200 多名物业保安，物业保安显然是社区安全服务的重要生产者，物业公司还主动承担了社区警务室的办公经费支出。

在桃源居社区安全防范体制中，还有一支准民间或民间性质的业主内保组织，也就是桃源居社区义工联防队，他们也同样提供或生产社区安全服务。这支义工联防队产生的直接原因是桃源居社区接连发生了几起入室盗窃未遂案，此后一些业主自发组织起来，协助保安在社区内执勤，这一举动得到了政府有关部门、物业管理部门的大力支持，也得到了广大业主的热烈响应。这表明，仅仅依靠政府和企业来提供安全服务是难以完全满足社区安全需求的，维护社区安全一定要注重发挥社区居民自身的积极性、主动性，努力增强业主自身参与的意识。这体现了当今世界社区安全管理发展的最新趋势：强调社区的全民预防，以避免和减少伤害的发生，从而满足社区居民的安全需求。这些义工首先与社区民警、物业保安一样，是社区安全服务的提供者或生产者；其次，与社区民警、物业保安不同的是，他们还是社区安全服务的消费者或受益者。这种双重身份使得社区居民的参与意愿得到激发，潜藏在广大社区居民中的志愿精神得到挖掘。义工联防队的产生得到了警务室、开发商和社区居委会的大力扶持，从最初的 20 多人迅速发展到现今的 100 多人，成员从花甲老人到青壮年。

上述“公安分局—派出所—社区警务室—物业保安—业主内保”共同组成了桃源居社区安全防范体制。值得注意的是，在这一体制中，社区警务室、派出所和公安分局属于政府有关部门，他们提供的是带有公共性质的安全服务；物业保安作为企业（物业公司），提供的是带有市场性质的安全服务；而业主内保提供的则是带有互助性质的志愿服务。“政府部门—企业—业主”共同组成了桃源居社区安全防范体制的重要节点，他们是桃源居社区安全防范体制的三个不同层次的“中心”，在社区安全防范中分别发挥着不同的作用，并互为补充。

3. 规范严密的安全防范制度

在桃源居的社区安全防范体制中，社区警务室的设立是十分关键的，它大体相当于新加坡的“邻里警岗”和美国的“社区警察机构”。社区警务室的设立体现了分权的原则。

社区警务室是上一级公安机构的分支机构，他们在上级公安机构的领导、指挥下，直接受理和处理社区内的各类警务事务、人口管理、消防、交通、治安、纠纷、民事、刑事等治安案件和事务。社区警务室的消防民警、交通民警、治安民警及社区巡防员都有着明确的岗位职责。民警在社区工作的情况必须接受社区居民的监督，按照有关规定，社区警务室必须定期向社区工作会议报告工作；年度考核必须听取社区工作会议的意见，有效地引导社区民警贴近社区居民。

桃源居社区物业管理处安全管理部下设有消防组、交通组、治安组、管家组和警卫组，每个组均设有主管、班长、门岗管理员、巡逻安全管理员（协管员）和停车场安全管理员（交通管理员）。他们各自均有明确细致的岗位职责。物业保安是桃源居社区安全防范的一支重要力量，发挥着重要作用。桃源居坚持“制度先行”，通过制度规范来保证物业保安的正常运转。

社区居委会设内保主任 1 名，然后按照居住分区，分设各区内保组长，各有内保成员若干人。为充分发挥业主内保队伍的作用，桃源居制定了《社区内保管理规范》，对内保岗位职责、巡逻范围、工作规程、管理制度、执勤制度、考勤制度和奖励制度等进行了详细的规定。这支业主内保队伍，每天戴着“红袖章”，穿着印有“义警”字样的白色队服，精神抖擞地在治安的最前线巡逻。

4. 运行有序的安全防范对接

为了保证整个社区安全防范体制的正常运转，桃源居不仅详细地规定了社区民警、社区巡防员、物业管理安全管理员和小区内保的岗位职责，而且建立了“四级联防”的两个对接。这两个对接一是软件对接，即人防的对接，人防的对接也就是组织机构的对接，包括社区消防民警与物业管理处安全管理部消防组主管、管理员的对接，社区交通民警与物业管理处安全管理部交通组主管、管理员的对接，社区治安民警与物业管理处安全管理部治安组主管、治安协管员和小区内保的对接。二是技防的对接，包括信息系统对接、报警系统对接和监控系统对接。具体来说，首先是信息系统对接，物业管理处对社区住户实施 ERP 系统软件管理，建立“社区住户资料信息库”。该信息库分为业主基本情况登记资料、出租户基本情况登记资料、住户基本情况登记资料等社区居住人员的所有信息。物业管理处的“社区住户资料信息库”与社区警务室的“信息中心”联网，达到住户信息资源共享。其次是报警系统对接，物业管理处对社区消防报警中心进行系统整改，使之能够与社区警务室的“报警中心”联网，做到小区消防安全报警与社区警务室消防“报警中心”联动，同时预警。再次是监控系统对接，物业管理处将社区电梯监控系统、公共环境监控系统、车库监控系统和小区所有出入口监控系统统一联网合并到社区警务室，同时监控社区安全状态。

（资料来源：桃源居社区家园网，http：//www. tyjsqw. com/html/sqjs/sqah）

第七章　文化共同体与新文化理念

文化共同体是以社区文化为核心理念的共同体意识和共同体培育路径方式。文化共同体表现为在社区文化核心理念的约束和引导下，持有共同的文化记忆、接受大致相同的文化理念、拥有共同的文化精神生活的相对稳定的社会群体。它包括三个要素：共同的文化记忆、共同的文化理念以及共同的文化精神。构建文化共同体，通过在社区居民中树立新文化理念，建立共同的社会价值观和共同的理想追求，为新型社区发展提供巨大的思想源泉和精神动力。构建文化共同体可以有效协调多元文化之间的关系，增强社区认同感和归属感；可以塑造社区形象，提升社区品位；可以强化社会认同，消弭社会矛盾。

第一节　文化共同体和社区文化的精神价值

一、文化的内涵

我们常常听人说："没文化，真可怕！""文化"到底是什么呢？

山西万荣的李家大院，八十年前就曾发生过这样一个故事：赴法国留学考察的李家大公子，一日带着他漂亮的异国妻子回到家乡。在那个封闭的封建年代，这在农村是一件特大新闻，前来围观的百姓们将偌大的一个李家大院围了个水泄不通。李公子的老父亲笑微微地早已在大门口等候儿子、儿媳的归来。等李公子将老父亲介绍给妻子的时候，这个万众瞩目的法国新娘子就上前热情地拥抱了一下自己的公公。突然，只听"啪"的一声，公公羞怒地给了儿媳一耳光。瞬间，东方文化竟以重重的一耳光迎接了西方文化。东西方文化的差异在两个东西方人身上，发生了惊天动地的尴尬碰撞。这就是文化差异和文化冲突。

那么，文化到底是什么，这当然可以从辞典及很多书籍中寻找到有关文化的定义。然而，我们很快就会惊讶地发现，文化的定义多得让人眼花缭乱，茫然得令人叹息。

有关文化的定义，从英国大学者泰勒（1832—1917）起，就已出现了 200 多个。每一个定义都很长，即使耐着性子把这些定义都看完，也还是会因搞不清什么才是文化的定义而懊恼。这就充分说明了文化内涵的广义性与无边界的泛化性，似乎文化从来就没有确切的定义。然而，没有定义的定义就不能称为定义，正如同没有国界的国家就不能称为国家一样。为此，美国的文化人类学家洛威尔（1856—1942）曾无奈地对文化的定义发出慨叹：

在这个世界上，没有别的东西比文化更难捉摸。我们不能分析它，因为它的成分无穷无尽；我们不能叙述它，因为它没有固定的形状。我们想用文字来定义它，就像要把空气抓在手里；除了不在手里，它无处不在。

文化竟是如此令人捉摸不透，这就令人犯难了。然而我们也不必为此摇头叹息。既然向文化的无限大处瞭望不可行，那就不妨从它的一道小缝隙来观察。文化学者余秋雨先生 2007 年在香港凤凰卫视的《秋雨时分》栏目中，公布了自己拟定的一个在他看来可能是全世界最简短的定义：

文化，是一种包含精神价值和生活方式的生态共同体。它通过积累和引导，创建集体人格。

在这个文化定义里面，包含着“精神价值”、“生活方式”、“生态共同体”这样三个要素，与“创建集体人格”这样一个结论。至此，我们就对文化的内涵有了个基本的透视。

二、文化的终极目标

瑞士心理学家荣格（1875—1961）早在一百五十年前，就明确表明文化的最终目标：“一切文化都沉淀为人格。”中国自 19 世纪以来受尽外国列强欺侮，中国人一直在寻找自己落后的根源，而深刻地寻找一定会触及“国民性”问题。很多杰出的文化人都在这方面作过痛苦的探寻，并得出过独到的结论。在中国，最早自觉地将文化视为集体人格的是鲁迅先生。他在《阿 Q 正传》、《孔乙己》、《药》等文中，把中国人的集体人格称为“国民性”。这便是鲁迅先生的睿智。

美国的一位成功企业家给文化最终目标的定义则是："文化的最终目标，是在人间普及爱和善良。"而歌德的一句话则道破了文化的玄妙天机："人类凭着聪明，划出了一条条界线，最后用爱，把它们全部推倒。"

文化的最终目标就是——爱！爱，就是人类最大的"大文化"。这种爱的大文化，就是人们从幼儿园就听到的词语：爱和善良。爱和善良，使原本极其复杂的文化定义问题，变得如此简明，如此透彻。

中国文化在本性上是讲"大道"的。"大道之行也，天下为公。"这个大道，就与善和爱有关。儒家说"止于至善"，道家说"上善若水"。这里所说的"至善"、"上善"，很接近我们现在所说的"大爱"。墨子主张"兼爱"。在百家争鸣的时代，儒家和墨家是"显学"，也就是说，"至善"和"兼爱"的文化理念是当时中华文化的重心所在。一直到近代，孙中山先生还坚持和弘扬这种中国传统的思想与文化理念。中国传统文化的这些思想，无不把爱和善良尊为最高德行，奉为最高原则的修养。法国大文豪雨果就高声宣布了自己心中关于文化终极目标的实质：善良是精神世界的太阳。中国当代著名作家梁晓声认为，文化可以用四句话表达：植根于内心的修养；无须提醒的自觉；以约束为前提的自由；为别人着想的善良。

概而言之，文化是一种包含着精神价值和生活方式的精神共同体，文化的终极目标是对爱和善良的文化认同与文化归属。

三、社区文化的内涵

我们通常所说的社区文化，是指社区共同体在长期生产和生活实践中逐渐形成和发展起来的传统、信仰、价值观、生活方式、行为模式、风俗习惯、群体心理和意识等一系列精神现象的总和。它是社区共同体得以形成和维系的精神纽带，也是社区文化认同的基点。社区文化建设就是凝聚社区价值共识，积累社区文化认同，打造共有精神家园，构建精神共同体的过程。

城市社会学的重要代表人物沃斯（Wirth L.）认为，城市的本质是差异性，城市是由社会差异的个人组成的较大规模、较大密度和永久性的聚落。但又如卡斯特（Manuel Castells）所说，从内心渴望来看，人们总是会拒绝个体化和社会原子化的过程，而更愿意在那些不断产生归属感、最终产生文化认同的共同体中聚集到一起。在文化差异中寻求文化认同和文化归属，这便是社区文化建设的目标。

社区作为生活共同体，实际上包括一“硬”一“软”两个方面，即利益共同体和精神共同体。所谓利益共同体，是指社区作为人们物质生活的共同区域这一层面；所谓精神共同体，是指社区作为人们精神生活的共同体为人们提供归属感、价值感这一层面。这两个层面既有正向的相互促进、协调发展的可能，也有负向的失衡的可能。如果把握得好，利益共同体形成的过程中就伴随着精神共同性的增加，且为人们频繁互动、相互信任提供了物质基础，精神共同性的增加又反过来促进利益共同体的形成，形成二者相互建构、彼此形塑的良性互动局面；如果把握不好，利益共同体的形成只能是冷冰冰的物质联系的建立，甚至富足的物质生活会增加社区居民的分化、矛盾，减少居民间彼此的需要，加速社区的原子化进程，使大家成为在精神上、情感上互不相关的邻里伙伴关系。从某种程度上讲，社区建设的实质就是重建在现代化、城市化过程中被侵蚀了的亲密感、归属感等精神共同体，以维系现代社会中人与人之间的情感联系，促进团结。

四、社区文化的精神价值

邻里意识、互助精神、共同价值构成了社区文化的内在精神价值。

1. 邻里意识增加社区认同感

邻里不仅意味着空间距离邻近，更是社区成员心理上的彼此贴近。我们不是在孤独地享受幸福，而是在和邻居一起创造幸福生活。

现代都市生活中，我们往往没有这种邻里意识，人与人之间缺乏内在的联系，缺乏内心的沟通，虽然鸡犬相闻，却老死不相往来。这种冷漠、静止的和谐不是构建社会主义和谐社会首善之区所提倡的，我们所构建的和谐，应是人与人之间自由交往、相互信任、充满生机与活力的和谐。政府、街道、社区要大力增强邻里意识，创造更多的条件，使人们生活的社区，从陌生人的社会变成熟人的社会，使社区成员由一个个孤独者变为互相为伴，让我们的城市从冰冷的水泥丛林回归到温暖的“共同体”。

邻里意识如何激发？我们可以从以下三个方面着手：

第一，开展社区睦邻行动，即通过组织文艺演出、举办宴会舞会、给老人祝寿、办集体婚礼等，使睦邻行动成为社区的润滑剂、邻里意识的催生剂，让集会、仪式等载体成为大家抒发共同情感的平台。

第二，构建完善的社区公共服务体系。社区缺乏认同最关键的原因是社区公共服务能力弱。社区成员的许多基本生活需求都要在家庭之外的领域获得满足。

因此，社区不能给其成员提供交流沟通的平台，社区成员缺乏参与社区活动的内在动机，社区又怎么能实现守望相助、同气相求？我们要通过社区服务、社区教育、社区环境的不断完善，给社区成员创造一个公共空间，让社区成员在这个公共空间里就共同关心的事、共同的生活体验进行交流，进而使彼此更亲切、更融洽。公共服务体系的完善，具有双重价值，我们不能仅仅从物质形态上来观察它，更要看到它在精神层面的深刻意义。

第三，政府和社区民间组织创造沟通机制。政府和社区民间组织要做好社区资源整合利用方面的配套工作。机制、平台不仅能够有效整合区域优质资源为我所用，而且我们也能更有针对性、更方便地为他人服务。这种平台的创建有利于居民从社区资源中摄取所需元素，与人方便，自己方便，共建共享，互利发展。只有最大限度地发挥社会资源的价值，社区成员才能实现共赢。

2. *互助精神助推社会互动*

社区里流行一句话：“我为人人幸福，人人为我幸福。”这可以说是对互助精神最朴素、最生动的描述。互助精神表达着认同、表达着关爱、表达着善良。现实生活中，许多人照顾自己的父母、照看自己的儿女时都是非常细致、充满感情的，但是到了公共领域、公共空间，很少人能把这种家庭的美德放大，把家庭的伦理加以复制，社会因为爱和善良的缺失而变得冷漠。

互助意识、互助精神要通过社区的互助行动来推进。很多社区都有互助卡、邻里卡，便于社区居民把自己的身份、能力亮出来：“我是医生，家里有病人可以呼叫我”、“我是老师，有难管的孩子我能支着儿”、“我是司机，有急事别忘了我”……居民树立互助精神，社区潜在的巨大社会资源就会显现，让生活更方便，让生命更有意义。

“互助”既是人与人之间的互助，也是社区单位和单位之间的互助。社区的影院、健身房、餐馆、音乐厅和美术室都应该成为社区成员的好去处，有的是无偿服务，有的是低偿或有偿服务，这些资源应为大家所共享。

3. *共同价值增强社区归属感*

什么是共同价值？共同价值（Shared Values）是指社区组织成员或群体成员分享着同一价值观念。共同价值是社区文化的核心和基石，是社区文化的灵魂所在，是维系社区生存发展的精神支柱。共同价值对社区组织成员具有导向、凝聚、约束和激励的作用。通俗一点讲，共同价值是指社区居民追求的共同的精神财富，是对社区的某些事物、共同关心的事情，对我们的前途、命运的一些共同的认知、共同的判断、共同的选择。

共同价值是增强社区凝聚力、形成社区文化、提高社区认同感的精神基础。从一定意义上说，社区文化建设的最高境界是共同价值的形成，这个共同价值对社区内部成员有凝聚力，对外部有形象力。外部成员可以根据社区居民的心理特征、行为习惯、趣味追求来判断这个社区是不是一个和谐包容的社区，是不是一个团结向上的社区。而共同价值，是在前两个关键词——邻里意识和互助精神的基础上建立起来的。提高社区成员的文化素养，加强社区制度建设，通过社区的历史人文资源来唤起社区成员的共同记忆等都会对共同价值的树立起到帮助作用。

第二节　构建文化共同体：社区文化建设的目标与困境

一、社区冷漠症

城市社会阶层极化和城市空间极化，造成城市社会空间的异质性大、流动性大，以至于在城市社会化提高的同时，也难免出现城市“小社会”的封闭，形成“社区冷漠症”。近二十年来，中国的居住环境和居住条件大为改善，与此同时也出现了“老死不相往来”的城市冷漠病，也可称为社区冷漠症。社区人与人之间日渐隔离、封闭，一墙之隔却彼此不相往来，出入形如陌生人。

中国长期以来处于熟人社会中，不管是自给自足的传统社会，还是“单位办社会”的计划经济时期，人们处于一个个相对封闭的共同体中，“抬头不见低头见”，必须得注意自己的言行举止，整个社会也因此形成了一种淳朴的民风。提起“民风淳朴”，许多人都会不由自主地联想到这样一些景象：田间劳作的农民，山间采茶的农妇，镇上摆摊赶集的农商，人们尊老敬贤、不尚讼斗、夜不闭户、路不拾遗。忆往昔岁月，安然恬静的生活，简单祥和的人际关系，足以令人心旷神怡，心向往之。这就是著名社会学家费孝通先生笔下的“熟人社会”。

我国在进入市场经济后，人们自由迁徙，社会流动频繁，大多数的社会交往发生在素昧平生的陌生人之间，人们的身份制逐渐瓦解，整个社会从“熟人社会”转向“陌生人社会”。这意味着人员流动的增强、经济规模的扩大、法律制度的逐渐完善和公共服务的社会化程度提高，这是经济发展后一个必然、客观的社会阶段，也是社会进步的一种表现。陌生人社会避免了人情和“关系”引起的社会不公，人与人之间通过规则和制度，建立起彼此间的信任关系。然而，在陌生人社会中，基于陌生人之间的不信任，道德“他律”作用的减弱，“事不关己高高挂起”已成为一些人的处事方式，“看客心态”成为当前社会普遍存在的精神顽疾，整个社会也显得越来越冷漠。

中外许多社会学家都注意到了由于城市社会阶层极化和城市空间极化带来人际关系上的孤独化、疏离化、表面化等“社区冷漠症”现象。在“陌生人社会”，如果能够找到一条文化路径，让更多有共同价值共识和共同理想追求的人们聚合起来，就能让更多人构建共同社会生活。其中，一个良好的药方是开展社区文化建设，构建一种表现为相互依存关系的精神共同体，培育文化共同体，用文化共同体把社区居民联系起来，在社区文化建设中增强文化认同感。熟人社会讲究两个认同：血缘认同、地缘认同。陌生人社会也讲究两个认同：行为方式的认同、价值判断的认同，这是文化的认同感和文化的归属感。

二、社区文化建设的目标和困境

随着现代化和城市化进程的加速，越来越多的城市新型社区已经发展成为陌生人社区。在长期以来的发展历程中我们认识到，社会分化和阶层分化不能再持续加剧，陌生人的世界不能再继续隔离，人际关系也不能再日益生疏，我们越来越需要推动新型的社会整合，构建良好的社会关系，形成新型的和谐人际关系。社区文化建设的意义就在于构建一种表现为相互依存关系的精神共同体，增强文化认同感和文化归属感，从而根治现代城市社区冷漠症，重建在现代化和城市化过程中被侵蚀了的亲密感、归属感等共同体精神，以维系现代社会中人与人之间的情感联系，促进团结。

区域社会群体的共同价值观是一个区域社会的大多数成员所认可的，是在区域内占主导地位、起引领作用的价值共识。当今中国处在一个社会结构和社会阶层多极化的时代，同时也是一个价值观念开放、多元化的时代，各种社会思潮纷繁复杂，人们的价值观念高度分化。同样一个社会事实，从不同的角度来看，会有截然相反的观点和评价。不同的社会思潮从不同角度反映了当代中国社会的深刻变迁，表现了在新形势下人们思想价值观念错综复杂的深刻变化，但也给社区文化建设提出了这样一个难题：如何引领多样多变的社会思潮，最大限度地凝聚共同价值共识和共同理想追求，形成基本的社区文化认同。这是社区文化建设的困境和难题，也是社区文化建设最为根本的目标和任务。

第三节 文化共同体与社区文化建设的路径选择

社区文化建设与文化共同体的存在和发展密不可分，文化维系力是社区自组织能力的重要表征。随着现代化和城市化的不断推进，城市社区原有的精神价值和文化特质逐渐淡化和褪色，社区共同体的文化维系力弱化甚至消失，这是当今社区文化建设必须正视和面对的现实困境。我们可以考虑从构建社区文化建设的多元化主体、注重社区文化活动的多样性和个性化导向、注重社区文化内涵与文化品牌的打造以及社区重塑等几个方面进行路径选择。

一、构建社区文化建设的多元化主体

政府组织、企业组织和社会组织这三大社会部门构成了社区文化建设的多元化主体。我国社区文化建设的文化主体正逐步由单一化向多元化转变，政府已不再是唯一文化主体。新型社区中的权力不再只是传统管理体制下的单一的垂直依附性的权力关系，政府与市场、社会之间的关系正逐步成为一种水平式的互动关系。新型社区建设中文化主体的关系呈现出多元化相互依存的格局，政府、市场与社会各自有着自己的优势和缺陷，任何一方都无法在社区文化建设中单独进行有效治理，只有三者互补合作，在社区文化建设中职责适度、配权合理、分工合作，才能形成总体优势，发挥文化共同体的整合创新功能。

首先，发挥政府和职能部门对社区文化建设的引领作用，构建职责明确、合作共赢的社区文化建设工作机制。建立和完善社区文化组织机构，形成科学合理、灵活高效、组织得力与多方参与的社区文化管理体制和工作机制，制定社区文化建设的整体规划、规章制度、评估标准和奖励办法。充分发挥社区党组织和居民自治组织的作用，深入宣传，调动居民的参与热情，加强社区文化队伍建设，包括文化艺术团队组织和文化志愿者队伍。

其次，发挥社会组织和企业组织对社区文化建设的重要参与作用。在社区中，最主要的参与力量来自于社区社会组织，社区社会组织是社区居民参与社区文化建设的最主要载体，社区社会组织以其弹性、多元、科层较少的独特优势，在社区文化建设中发挥着重要的参与作用。社区社会组织代表了社区相关群体的利益和愿望，与社区居民关系最为密切，具有有效的信息整合和反馈系统。一方

面，社区社会组织可以通过举办各种活动，及时把社区民众对文化建设的需求，以及对政府的建议集中起来，反馈给政府，这样既可以为政府的社区文化决策提供参考，又对政府的社区行为构成一定的外部制约。另一方面，社区社会组织可以把政府的文化政策意图和对相关社区问题的处理情况有效地传达给社区居民，促进社区居民对政府文化政策的理解与支持。社区社会组织在这一利益表达和利益协调过程中，促进了社区居民与基层政府的合作，拓宽了社区居民参与社区文化建设的渠道，增强了社区居民的文化建设主体意识和参与意识，促进了社会整合，有利于扩大基层民主，培育参与性的社区公民文化。同时，社区社会组织直接参与社区文化建设，在很大程度上满足了多元化的社区需求，适应了社会主义市场经济的发展，使更多的专业文化工作者通过民间渠道进入社区，减轻了政府和职能部门的行政负担，提高了社区文化工作的专业化程度。

再次，建设社区文化建设的文化资源整合、共建共享的社会参与机制。社会参与机制是在社区自身文化设施和人员高效利用的前提下，广泛发动、充分利用社区文化资源，包括企业组织文化资源和社会组织文化资源，参与到社区文化的共同体建设中。社区文化资源主要包括人、财、物三种资源。人力资源是第一资源，应在以下三个层次上挖掘人力资源：专家和专业人员、文艺骨干、文化志愿者。财力上，通过多渠道筹措资金。政府根据统筹规划给予必要的支持，设立社区文化建设发展基金，通过开展有品牌和有影响力的文化活动，申请社区专项补助资金，鼓励社会赞助，形成社区文化建设的“多元化投资主体”。物力上，居民所属单位和物业管理部门是社区文化建设中需要协调的重要单位。充分利用社区内机关、学校、企事业单位和家庭的文化资源，补充政府投入的不足，避免文化资源的重复建设及资源浪费，有条件的还可尝试“跨社区”的社区文化资源的合理配置与利用。

二、注重社区文化活动的多样性和个性化导向

首先，社区文化活动的多样性和个性化主要体现在活动内容和活动方式上。在内容上，多民族的构成和当今时代的多元文化，促成了社区文化内容的多姿多彩以及在文化的发展与融合中社区群众精神文化需求的多样化。在举办社区文化活动时，应兼顾艺术文化、民俗文化、收藏文化和体育文化等。坚持以人为本，着眼于为居民提供多层次、多样化的精神文化服务。提升品位，探索形式新颖的多样性和个性化的文化活动方式。社区文化活动涉及多种文化艺术门类，可以探

索文化艺术讲座、培训、展览、比赛、游艺和健身，以及读书会、茶话会、联欢会、消夏纳凉文艺晚会和社区文化艺术节等多种方式。

其次，开拓社区文化活动的多元化路径。政府文化部门和单位主要采取“走下去”和“请进来”两种方式参与社区文化建设。“走下去”是指文化工作者进社区进行工作指导、文艺辅导、慰问演出等，“请进来”是以面向社区开展各种艺术门类的文艺赛事、文艺培训为主要手段。此外，社区居委会、业主委员会、社区民间组织、驻区单位、社区家庭以及各类新闻媒体都可以成为举办社区文化活动的主体。海南省三亚市河西区的一个社区群众文化娱乐中心利用城市公园举办“文化大舞台”，以茶座的形式每天在露天举办歌曲演唱比赛。河南省邓州市独具特色的文化茶馆以家庭为依托，以喝茶听曲、娱乐休闲为主要形式，政府支持，群众积极参与。天津市家庭文化艺术节，北京市“社区文化群英会”系列活动以及北京市西城区“百场文化艺术活动进社区”、朝阳区“社区一家亲”活动等，都可以说是各地开拓社区文化活动多元化路径的成功尝试。

三、注重社区文化内涵与文化品牌的打造

社区文化有着静态和动态双重含义。静态地看，社区文化是一种状态和结果；动态地看，社区文化则是一个内涵和意义不断丰富的历史过程。一个健康的社区必然具有一定的文化传承性和公众参与性，由此也具有一种生命的特征，它是活态的、流动的、变化的，有着自己的特色和个性，有着自己的内涵和外延，有着自己的精神和灵魂。民国初年，文学家陈之凡先生在《剑桥导引》中感叹道：“许多许多的历史才能形成一点传统，许多许多的传统才能形成一点文化。”一个社区的历史传统是社区共同的文化记忆和宝贵资源，也是文化共同体建设的一个精神基点。在社区文化建设中应该处理好二者的关系，积极挖掘社区的历史文化传统，形成既有历史文化底蕴又具有时代精神的社区文化形象和文化品牌，使其成为提升社区品位、凝聚社区精神、促进社区认同和社区归属的有效载体。

根据区域历史和文化特色，挖掘和培育有特色的社区文化，实现个性化和品牌化发展，这是社区文化建设的一个重要路径。传统与现代、民族与国际、本土与外来文化的交流融合，使新型社区的文化特色和文化品牌形成，而人们文化需求的不断更新，也使社区中不断涌现出新的文化形式和文化内容。北京市东城区开展的特色社区文化细胞工程在这方面进行了积极探索，并作为文化品牌被推广到重庆市渝中区。

四、通过社区重塑，提炼和培育社区文化共同体精神

社区重塑不是简单的社区“改造”，不是仅限于社区硬件的改造和形态的重塑，同时它更注重社区软件的重塑和功能的提升，使生活于不同区域、类型和层次社区的居民，在文化交流、社区互动交往中均能享受社区重塑之后的和谐、温馨，均能感受社区的美好生活。社区重塑就是要面对社会分化和变迁因素对社区共同体的破坏，增强社会团结意识，重建社会团结的文化，重建人们之间的相互信任关系和相互接纳包容意识，加强社区居民之间的凝聚力和向心力，真正把社区建设成人们互相关怀的新型生活共同体。

人际关系的重塑是社区重塑最重要的一个环节。社区是城市中人们活动最频繁、最具影响力的“舞台”，它包括了人与人在居住生活中的私有空间的保持以及在公共空间中的沟通交往，这两方面缺一不可。但在当前的现实情况中时常出现越是高档社区，居民交往越是隔绝和冷漠的状况；在冷漠的交往空间中，社区逐渐成为一具缺乏生命力的空壳。面对社区关系“陌生化”，现代社区精神和精神氛围难以形成的现象，不少地方在社区文化建设中，已开始通过举办“社区邻居节”等方式来打造睦邻文化，这是重建公共交往空间的有效探索。

通过构建文化表征物，提炼和培育社区文化共同体精神，是社区重塑的另一个重要环节。对于一个群体来说，凝聚文化共同体精神，提炼能够表达价值共识的文化表征物对于群体的认同感和归属感的形成至关重要。因为它能将群体的情感寄托到一个具有象征意义的“表征物”上。这就如一个部落总有一个“圣物”，一个国家总有国旗、国徽、国歌一样，一个社区也应有自己的文化表征物。这里面实际上包涵着一种文化认同和文化归属的精神机制。对于社区认同和社区归属来说，文化表征物同样很重要。我们看到，几乎所有文化建设搞得好的社区都有自己的社徽、社旗、社歌，而且都能够在这上面体现出本区域的特色，提炼出本区域的文化共同体精神和价值。

第四节　典型案例

【案例1】

善美的星空：榜样+机制重塑社区价值观

7月11日，南海区启动“善美的星空”2014感动南海道德人物评选活动，通过选社区人、讲身边事的形式，用榜样的力量带动居民积极投身社区治理，促进社区道德文化建设。在2012年首届评选活动中，超过20万居民参与投票，影响广泛。

南海注重基层社区道德文化建设，2011年提出的“关爱、孝德、树本、至善”基层社区核心价值观，是南海区在产业与城市发展新阶段，打造以文化引领城市、产业、民生全局发展新路的探索，并注重丰富居民精神生活，促进本地居民与外来人融合。

今年是佛山城乡社区建设提升年，南海借助“创文”的力量，通过各镇街、各部门密切协作，提升了社区硬件和服务水平。南海区文明办副主任吴慧仪表示，要努力培育社区精神，增强居民对社区价值观的认同感，使之成为和谐社区建设的黏合剂，共建美好家园。

1. “外来工”邱美娇，志愿服务伴其扎根城市

2001年，“外来工”邱美娇只求在南海找一份能养活自己的工作，她的人生轨迹却因一个电话而改变。“86307700，这个号码我记得特别清楚。”邱美娇说，她就是拨通印在报纸角落的热线，加入了南海义工组织。

一开始，她在义工组织做手工活，叠的幸运星等物品是义工团队走访福利院、戒毒所时派送的礼物。2005年，邱美娇负责指导新成立的桂城义工分队。

彼时邱美娇和队友正为敬老院准备中秋演出忙碌。她必须设法解决给老人们派发礼品的问题。“我决定从自己老板那拉赞助。”邱美娇准备了一套说辞，通过说服老板提供一些柜台赠品，也能树立企业公益形象。“老板爽快答应了，后来还支持我在公司成立义工队伍。”邱美娇庆幸自己在工作与义工之间找到了平衡。

2008年，邱美娇成为公司工会主席，并继续掌管义工队，不时带着同事进

社区从事服务，如通过“二人三足”游戏吸引小区住户参与，受到居委会、居民欢迎。“小区很多人做义工，说明邻里关系和谐。”这个带着邱美娇个人色彩的评判，却道出另一个事实。

邱美娇最近忙着筹建在桂城平洲新开分店的义工分队。“已经有不少人致电要求加入，而且是跨区加入。”邱美娇表示，当地政府面向外来工推行积分政策，如积分落户、积分入学等。参加志愿活动也可获积分，此举调动了民间积极性。

邱美娇不但自己做义工，还带着家人做义工，身边朋友也加入了义工行列。让她欣慰的是，儿子正是在做义工的过程中，学会了感恩与关爱。

2012 年，邱美娇等 8 人被评为南海首届“善美之星”。具体奖项设置为“关爱之星”、“孝德之星”、“树本之星”和“至善之星”等。每个奖项 5 人，其中 3 人获得提名奖。

2. 实施社会服务创益，继续培育社会组织，发动居民参与

若 2005 年那场敬老院中秋演出放在当下，邱美娇用不着硬着头皮去拉赞助。邱美娇可申请由桂城街道团委提供的专项基金，用于中秋演出。南海区桂城街道宣传文体办公室常务副主任邝颖新提到的资助，得益于桂城街道实施的“关爱桂城”建设工程。

在外来人口多，“陌生人社会”属性典型的桂城，通过“关爱桂城”建设工程，希望借此改变桂城的“陌生”属性，让本地居民和外来人融合在一起。邝颖新说，桂城几乎所有部门都参与到“关爱桂城”建设工程中来，更开辟了社会组织、企业和群众参与的载体与渠道。

2011 年，南海即探索出一套“基金、基地、机构、机制”模式，称为社会服务创益。各街镇社会创益中心将提供符合群众胃口的社会服务，并承担“社会组织培育、社会政策观测、社会服务研发”等功能。加上多个遍布南海城乡社区的各类公共服务、社会服务载体，不但从各个侧面把政府社会福利、社会政策输送到社区群众之中，更将社会需求收集、整理，并发动群众研发项目、解决问题，进而推动社会政策改善平台的建立。然而，南海基层社区建设仍需继续培育社会组织，发动社区居民参与。

首先用榜样的力量带动。近年来，南海各街道开展了各具特色的道德模范评选活动，如“关爱桂城”授勋人物、“大沥记忆”感动人物、狮山“树本印记”人物、“孝爱人物”、丹灶“有为翘楚”、“乐善九江”道德模范人物、“里水好人”和西樵“至善大使”等评选活动，以及各行业系统道德人物评选，精彩纷呈。吴慧仪说，无论是区一级的“善美的星空”评选，还是镇街的道德人物评

选活动，都通过可触摸的道德教育实践活动，使评选活动有故事、有人物，道德教育不空泛，群众更易于接受，乐于参与。

事实上，南海区采取切实措施，支持培育社区社会组织的发展。南海 2011 年出台规定，通过资金扶持、项目奖励、能力建设支持等方式鼓励居民建立社区社会组织。南海区民政和外事侨务局负责人表示，全区涌现了居民互助型组织（如邻里中心）、慈善组织（如社区慈善会）、议事型社会组织（如社区参理事会）等600 多个，居民参与社区事务的途径越来越多，激发了他们关爱社会、服务社会的积极性。

3. 各部门、镇街探索机制，确保社区道德文化建设持续开展

“善美的星空”感动南海道德人物评选活动，是南海社区道德文化建设的一种激励方式。通过这种选社区人、讲身边事的形式，用榜样的力量带动居民积极投身社区治理。在 2012 年首届评选活动中，就有超过 20 万居民参与投票，影响广泛。

2011 年，南海区提出“关爱、孝德、树本、至善”的基层社区核心价值观，希望以文体设施及活动的城乡均衡发展，丰富社区居民精神生活，并借此探索以文化引领城市、产业、民生全局发展的新路。

南海区各镇街相关部门不断探索并完善机制，确保社区道德文化建设持续开展。吴慧仪表示，除评选活动，南海近年还开展了众多群众活动，以推动社区道德文化建设。她举例说，开展“邻里守望”社区志愿服务，在社区形成互帮、互助、互爱的氛围；在未成年人中开展“我的中国梦”和感恩教育等主题活动等，推动社区道德文化建设。

“以社区服务中心为载体，通过做实社区、培育社工、培植社会组织‘三社联动’，提高社区居民幸福感。”南海区民政和外事侨务局负责人表示，社区服务离不开社团、企业、社工、志愿者的共同参与，南海目前有 278 个社区服务中心，面向居民开展行政服务、社会管理及生活综合服务。

南海区社会工作委员会的做法则是，通过建设社会政策观测体系，依托“社案”推动社会参与。这个创新举措始于狮山镇狮城社区 2013 年的一份关于依托物业公司在城市社区开展流动人口和出租屋管理的“社案”。这份材料以群众的眼光、自治的眼光，为政府提供施政新思路。

以“社案”的收集为抓手，将群众的公共服务和社会服务需求、解决方案有效传达给党委政府决策中枢；再以“社案”的办理、考核为抓手，有效倒逼政府决策并提供切实的公共服务，从而实现“群众点菜、政府买单”的政社

互动。

今年是佛山城乡社区建设提升年，南海借助“创文”的力量，配合“美家”行动计划的开展，各镇街、各部门密切协作，有效提升社区硬件和服务水平。

吴慧仪说，南海的社区硬件建设、制度化建设相对完善，加强居民素质教育仍需探索，“我们要努力培育社区精神，增强居民对社区价值观认同感，使之成为和谐社区建设的黏合剂，共建美好家园”。

4. 志愿服务成硬性考核指标，党员成为社区服务的“榜样力量”

南海区启动“善美的星空”2014感动南海道德人物评选活动，以选社区人、讲身边事的形式，寻找榜样，使其带动身边居民积极参与社区建设。南海区文明办副主任吴慧仪说，评选对象不分职业、不管来自何地，只要有共同追求，体现南海道德风貌，皆可成为道德榜样，“我们要努力培育社区精神，增强居民对社区价值观认同感，使‘八字’社区价值观成为和谐社区建设的黏合剂，推动‘家·南海’建设”。

吴慧仪提到的“家·南海”工程于2012年启动，南海区希望通过党委、政府、社会、社区多方融通，形成建设南海的合力，为居住、生活、工作在南海的人营造归属感。有媒体报道称，在此过程中，各级党组织需发挥统筹带动作用，基层党组织的强化创新，是“家·南海”格局的核心。

南海区社会工作委员会负责人表示，在南海区基层社会治理模式中，“以社区党组织为核心，社区服务中心为载体，社区自治组织为主体，社区经济组织为支撑，社区群团组织为纽带，社会其他组织为伙伴，社区公民广泛参与”。如何凸显社区党组织的核心地位，基层党员的责任重大。南海区民政和外事侨务局负责人甚至表示，党员志愿服务应在调动民间力量参与社区公共服务问题上发挥显著作用。

以桂城为例，桂城实行全城义工，这是“关爱桂城”建设工程的重要构建，邝颖新平时负责“关爱桂城”和街道社工中心相关工作，周末则变身“蚂蚁城市”志愿服务团队一员，为街头流浪者提供帮助。自2011年以来，桂城街道在党员志愿服务活动的基础上推进“党员社工”工作，逐步形成“党员社工+党员志愿者”的基层党建模式，成为“关爱桂城”建设工程的重要力量。

南海随即在全区搭建党员志愿服务队平台。南海近年来建立党员志愿服务队918支，登记在册的党员志愿者人数占党员总数近半，累计服务群众64万多人次，有效推动了服务型基层党组织的建设。与此同时，参与志愿服务情况将作为吸纳预备党员、党员转正、党员评先评优和年度评优的重要依据，将志愿服务时数满 50 小时作为吸纳预备党员和党员转正的硬性指标。

资料显示，“党员社工 + 党员志愿者”模式，打破了传统党建模式，让党员多角度、专业化参与社会管理和社会服务工作，逐渐成为党员“第二支部生活”，并在社会管理和社会服务中充分体现党员的战斗力。

（资料来源：广佛都市网，http：//www. citygf. com/hdzt/2014zt/2014gdnh/02/201407/t20140721_5251017. html）

【案例 2】

构建和谐社区　克服冷漠“都市病”

星期天早上八点，9 岁的赵宇晨就和妈妈一起来到社区居委会，为残疾人包饺子。作为一名志愿者，小宇晨是她所在社区一个门栋的“小小门栋长”。

竞聘上岗的宇晨说，她平时负责检查楼栋卫生，遇见有人不讲卫生、践踏草地等现象，就会主动上前劝说，看见地上有烟头和果皮纸屑，也会主动拾起。在武汉百步亭社区，活跃着 9 000 多名像宇晨这样的志愿者，占整个社区居民的十分之一。

社区已成为中国城市肌体的重要“细胞”。据统计，中国约有 5 亿人居住在城市社区里，其中包括单位职工、企业离退休职工、城市贫困人群、下岗失业人员以及大量涌入城市的农民工等。目前，中国正致力于将建设和谐社区作为构建和谐社会的基础工程，武汉百步亭、沈阳莱茵河畔等一批社区则是其中涌现出的和谐社区的典范。

在百步亭社区，香樟滴翠、丹桂飘香，一幢幢房屋错落有致。在宽敞的中心绿化广场上，人们惬意休闲、娱乐，这里被居民誉为“绿色社区、安全港湾、温馨家园”。这里有志愿者们参与日夜巡逻，义务为邻居服务，如帮助测量血压，照看家里无人看管的小孩或儿女不在身边的老人等。社区还设有 200 万元的慈善基金，专门帮助下岗职工和家庭困难人员。在连续举办了 6 年的春节“千家宴”上，各家各户做出 2 000 道拿手菜，5 000 多人欢乐团聚，边吃边评过大年……

社区鼓励居民自我管理、自我服务、自我监督。社区里有人养狗不文明，从居民讨论、社区公告吸收意见到审定条例、居民代表大会表决，最后通过了《社区宠物管理条例》，实施后人人自觉遵守。居民还用这种办法制定了《业主公约》等144项规章制度。而出门忘带钥匙、夫妻吵架、半夜小狗噪声扰人等琐碎事由“社区热线”和信访中心解决。

中国社区是城市化进程和住宅私有化的产物。以前城市人口居住在单位提供的住房里，街坊邻居都是同事。随着住房变为私有财产，社区成为人们集中居住、生活的主要选择。社区管理模式正逐渐从“单位人”向“社会人”管理转型，单位型社区也正被日益增多的商品型社区取代，企业剥离掉的职能和政府转移出去的职能，也多由社区承担。

许多社区设施齐全，建有图书室、电子阅览室、文体活动室、卫生服务室和科普活动室等设施，而且配套了学校、广场绿地。但是，一些社区虽然硬件齐全，居民却被“关进小楼”，互不往来，甚至出现了将小偷认成邻居、老人生病在家却无人发现等情形。

自古以来，邻里关系和谐融洽就是中国人追求的境界之一，一直有着“远亲不如近邻”的说法。华中师范大学副教授胡宗山说，在现代城市改造中，最大的破坏就是传统的社区文化与邻里和谐关系氛围的缺失。近二十年来，中国的居住条件大大改善，但出现了“老死不相往来”的冷漠都市病，人与人之间日渐隔离、封闭。

新形势下的社区建设和管理日益成为中国面临的一项重要课题。各地纷纷探索富有中国特色的社区建设管理模式，其中包括上海浦东、海南、沈阳等地的“政府主导型”模式，也有武汉百步亭等由企业开发的“企业主导型”模式等。

“打开心灵一扇窗，拆掉邻里一堵墙。”在以武汉百步亭为代表的一批社区里，睦邻友善、守望相助的邻里关系正在重建，涌现出一批温馨社区、美德社区。许多社区组织了丰富多彩的文体活动。如成立太极、秧歌、时装、书画、诗词、音乐和舞蹈等群众文化团体，有的社区经常组织文化活动、文艺晚会、联谊会，有的开办老年大学、市民学校等，给居民提供交流的舞台。

目前，各地政府也通过多种措施积极推动社区建设。如探索新的管理体制、淡化政府行政色彩、鼓励社区开展文化体育活动、建立社区教育体系和开展精神文明建设等。仅武汉市近年来就投入13亿元，推行就业和社会保障、社会服务、社会治安综合治理和城市水电煤气道路建设“四到社区”工程。

正在此间出席“和谐社区论坛”的社会学专家、武汉大学教授李光说，和谐社区的建设，加深了居民对社区的归属感和认同感，大大提高了生活质量，同时，团结互助、平等友爱、融洽和谐的社会风尚和人际关系，也增强了社区的凝聚力和吸引力，有利于整个社会的和谐稳定。

（资料来源：新华网湖北频道，http：//www. hb. xinhuanet. com/zhuanti/2007 - 05/25/content_10122193. htm）

【案例3】

社区网络打破了冷漠　爱心在网络中传播

在丽江T域酒吧募捐现场，“妹妹”乖巧的模样勾起众人无限的爱怜之情

3岁女孩“妹妹”不幸被病魔缠身的事情在网络上流传开来后，远在西安、上海等地的陌生网友纷纷给“妹妹”汇来爱心款。同时，一群生活在丽江花园社区的特殊网友也纷纷行动起来：“我们要用爱创造奇迹！”他们不仅自发地捐款，还发动了一场颇具声势的救援行动——11月1日，在丽江花园T域酒吧举行了一场募捐活动，现场募得资金14 250元，加上乐队义演、酒吧捐款和网友汇款，总额达到7万多元。

他们为“妹妹”筹款的行动还在继续，而且南奥、祈福的社区网，杭州阳光网、携程网等网站也陆续加入这个行列。新浪网站、李阳、崔健、Beyond乐队、广东工业大学与中山大学等单位和个人也以各种方式支持“妹妹”。

21 岁的女孩“瓷器”早早地来到酒吧。身为版主的她，前一天在“江外江”业主论坛里发了帖，约定这晚在 T 域酒吧召开网友募捐大会，为“妹妹”筹集手术费。正式开始的时间是晚上 9 时 30 分，晚上 8 时左右，网友们陆续到来。酒吧门口摆放着一个捐款箱，上面点着一支红色的蜡烛。美女网友“小 P”是这个捐款点的负责人，每个上来捐款的都要在记录本上写下名字、数目。

1. 现场：酒吧里座无虚席

T 域酒吧是丽江花园 14 个喜欢足球的业主合伙开的，方便了大伙看球，也成了网友聚会的好地方。“大力水手”就是股东之一，也是这次救助“妹妹”行动的积极参与者。他一早宣布，这晚 T 域酒吧所有的营业额全部捐给“妹妹”。

晚上 9 时 30 分，大会准时开始。在酒吧的大屏幕上，反复播放着用 DV 拍的“妹妹”的生活画面，音响里播放着“妹妹”清脆的歌声。“妹妹”的爸爸阿来是广州沼泽乐队的贝斯手。乐队主唱海亮和经纪人林记上台介绍情况，酒吧的气氛开始热烈起来。网友“瓦西尼”请来了一些不常上网的丽江朋友，希望他们能帮上忙。“瓷器”忙着发传单，并和其他网友商量接下来为“妹妹”募捐的计划。海亮唱起了专门为“妹妹”写的歌，音乐人小刚和阿乐也赶来捧场献唱。不时有人进进出出，有的网友探头进来，看到这样的场景，二话不说就掏出钱塞进捐款箱。

晚上 10 时，酒吧里座无虚席，外面还站着一群人，大多跟网管“无情”认识，这些人是丽江花园的业主，也是“江外江”的常客。除在深圳上班的“狼怪”外，网站的其他几位管理员都在，他们是“按时”、“老猫”、“树哥哥”、“和我急”、“锋利剪刀”、“大力水手”和“云淡风轻”等。

晚上 11 时左右，私家网站 BBS 的“无刀”带来 4 700 元的网友捐款，将酒吧现场气氛推向一个小高潮。

“妹妹”的父母阿来和小陈也来了。阿来一出现，就被热情的网友“瓦西尼”拉到一旁坐下交谈起来。妈妈小陈显然没有预料到有那么多热心人，看着屏幕上可爱的女儿，小陈轻声告诉记者，真不知道该怎么感谢他们。

聚会一直到晚上 12 时左右才结束。“瓷器”第二天在论坛上公布了募捐成果：现场捐款总额是 14 250 元，酒吧当晚 2 000 多元的营业额尚未计算在内。

2. 心愿：要用爱创造奇迹

“瓷器”看上去非常瘦小，是一个画画的“无业游民”。“妹妹”的事，是“瓷器”最早发起的。10 月底，她在个人网站上发了帖子，很快就有熟悉的网友开始捐钱。当她知道“妹妹”手术费用缺口很大时，这个热心的女孩急了，在“江外江”业主论坛发出了紧急求助。网友“瓦西尼”很快联系上“瓷器”，表示要一起帮忙。论坛上经常来“灌水”的网友们不断跟帖，银行汇款也逐渐增加。为方便网友捐助，T域酒吧成为社区内的捐款点，网友“妆严”和“小P”自愿负责收账，并随时公开募捐情况。11月1日晚，T域酒吧举行了第一次大型网友募捐大会。

“其实世界上根本没有‘希望’这回事，有的只是‘创造’，我们大家现在就是在创造一个奇迹，创造一个3岁女孩的再生，创造我们自己的新生。”版主“按时”在网上的帖子代表了很多网友的心声。

3. 筹款：总额达到7万多元

“江外江”的论坛里专门为“妹妹”捐款的事情设置了《因爱之名》栏目，不上网的丽江花园业主也通过口耳相传得到了这个消息，并参与捐款。

“按时”告诉记者，有一件事让他特别感动：11月4日晚上，他们站在T域酒吧外面，“剪刀”和“FAY”拦住一个过路人，给了他一张传单，简单介绍了几句“妹妹”的情况。那人直接拿出钱包，掏出了100元，连姓名也没留就走了。“应该是丽江花园的业主，但肯定不是什么有钱人。”

负责收钱的“小P”在第二天发帖写道：人长大以后就很难去感动……但昨晚我看到的是，在生病的“妹妹”面前，温暖瞬间填补了人与人之间的空隙。

我坐在门边，看着他们一个个地走进来，每一个人留下钱后就急着要走，签名也只愿意签下“善心人”三个字。

11月4日，论坛公布成果：乐队义演、酒吧捐款加上网友向银行汇款，总额达到7万多元。

4. 网虫心声：社区网络打破了冷漠

“江外江”人称论坛使邻居之间互相认识并开始串门，生活方式有很大改变。

作为“江外江”的创建人之一，“无情”是元老级人物。来自吉林的他，几年前背着一个旅行包来广州游玩，立刻就喜欢上了这座城市，从此就住了下来。1999年5月住进丽江花园后，“无情”向丽江花园的管理层提议建立丽江花园BBS，给业主交流提供平台。“我对网络的理解非常深刻，它改变了我的生活。”自称是个“大网虫子”的“无情”，宣称自己的生活就是：空气、阳光、网络。

5. 成立：开设“民间”业主论坛

2000年，“丽江花园BBS”成立。这个业主论坛成为当时广州第一个“官方”的社区网络业主论坛。网络很快就吸引了一大批业主参与，一群老资格的网虫也通过这个网络互相熟悉起来。

为建立一个更自由的平台，2002年6月28日，从“丽江花园BBS”离职的

“无情”，在网友的支持下，创建了自己的网站，并开设“民间”的业主论坛——“江外江”论坛。

2002年12月24日，上百名网友第一次搞了一个小型的疯狂Party，庆祝圣诞节，之后的元旦和春节也都有大型活动。“这些活动的乐趣就在于，让你认识了你的邻居，你又开始串门了。”

网友们的活动还包括外出旅游，2003年2月去了南沙，3月去了大夫山，“五一”去了红海湾。“无情”告诉记者，这是社区BBS才能做到的，因为生活在一个社区，邻居间有信任感，居住近也容易组织。“社区里你能找到‘臭味相投’的人，纯的网络BBS不可能做到这样。”

随着网络的飞速发展，“江外江”上的注册用户也达到了1 556人。“这个数字有很大的水分，很多人有多个ID，但实际人数不会低于两三百。”

为“妹妹”募捐其实并不是“江外江”发起的第一次捐助。网络管理员“无情”告诉记者，其实更早之前，“江外江”就发起过一次救助一名抗日老战士的行动。在那次行动中，网友们凑起了一笔钱，派专人送到在街头乞讨的老人手中。“社区网络的好处是打破了钢筋混凝土的隔阂，建立起了良好的社区文化。”

6. 优势：拥有互相信任的基础

记者了解到，在丽江花园，“江外江”并不是唯一的团体，在广州，“江外江”也不是唯一的社区网络。据悉，南奥、祈福、碧桂园等社区也都有“民间”或“官方”的网络BBS。

网络的优点在于两个ID之间的交流是平等的，但传统意义的网络存在信任的问题，这个问题在社区网络中得到了很好的解决。生活在同一个社区，成为网友互相信任的基础。

“无情”告诉记者，在“江外江”，互相串门这种传统的沟通方式非常流行。“我们喜欢把丽江叫作‘社会主义新农村’，但这个村子很Open。”非典时期，为减少到酒楼用餐，“江外江”的网友们挨家吃饭，通过网上发帖报名。然后就是加强体育锻炼，星期三晚上打羽毛球，星期六晚上打网球，星期天游泳等，都是网络组织。“业余生活很丰富，都不用出社区。”大家还通过网络交流抗非典信息、秘方什么的。“网络彻底改变了我们的生活。”

7. 忧虑：社区网络还能支撑多久

然而，社区网络的优点也是其致命的缺点：因为网上每个ID的背后，可能就是身边的邻居，楼上楼下，总有一天大家可能在现实中认识，因此在BBS上说话也就有了顾忌。“社区网络的弱点是现实和网络界限模糊，BBS的活力减少了。”管理员“无情”认为，一旦有人把网络上的争执演变成现实中的冲突，社区网络的缺点就会暴露无遗。

“社区网络的正面影响是信任，负面就是报复。但社区网络的发展潜力是非常大的。”“江外江”的网管认为，网络社区建立起邻里之间的一个沟通平台，这个社区中的每个人都是一种资源。就像救助“妹妹”的事情一样，每个ID背后所发挥的作用都可能无法估量。

这种民间模式能否长久支撑呢？网管们有自己的担心：新的会员太少，社区缺少接班人，接班人能否继承这种自由活跃的理念呢？

8. 爱心接力：新浪等纷纷加入救助行列

“江外江”为“妹妹”筹款的行动还在继续，而且其他网站也陆续加入了这个行列：南奥、祈福的社区网，杭州阳光网、携程网等都发起了募捐。

经过网友的多方努力，好消息不断传来：新浪将通过专题的形式追踪报道“妹妹”病情进展；李阳举办演讲会为“妹妹”筹款；崔健、Beyond乐队等将以播放录像的形式在义演活动中支持“妹妹”；2003年11月14日在广东工业大学、22日在中山大学等高校都将举行乐队义演活动；更有善良的网友提出拍卖自己心爱的收藏品。许多读者看到本报的报道后，也纷纷打来电话要求捐助。

“妹妹”的爸爸阿来在给网友们的回帖中写道：“如今，我切身地感受到来自五湖四海的朋友对‘妹妹’的关爱，这些关爱完全超出了我的想象。你们的爱坚定了我的信念：爱会治愈所有的伤痛，爱可以创造奇迹!”

（资料来源：《南方都市报》，http://news.gd.sina.com.cn/local/2003-11-06/204702.html，2003年11月6日）

【案例4】

微博、QQ、MSN重塑沪社区邻里关系

（东方网3月3日消息）据《新闻晨报》报道：“今天要去参加亲戚家的婚礼，全家出动上美发店，连97岁的老母亲也兴致勃勃在店里洗头、按摩、剪发、吹风来个全套。真够拽的。”

这可不是80、90后潮男潮女的微博记录，而是来自家住徐汇恒益小区57岁的居民王明芝的微博。2011年1月，王明芝跟着女儿织起了“围脖”，发一些家常琐事与邻里朋友分享。这位“李小囡的王大妈”既关注乐嘉、孟非、姚晨这样的娱乐圈红人，也关注朋友、邻居和许多互不相识的人，网络互动让王明芝觉得生活更加精彩。

从“楼上楼下”到“线上线下”，网络正在改变上海曾经淡漠的社区邻里关系。个人博客、小区论坛、邻里MSN群和楼盘QQ群……网络交流使越来越淡化的邻里关系渐渐亲密起来。

1. 远近邻居组成滨江遛狗团

虽然近日上海天气乍暖还寒，但“徐汇滨江遛狗团”的成员依旧在晚上8点钟准时出门，牵着爱犬三五成群来到滨江龙腾大道。

“Akira妈，你家的Akira精力还是那么旺盛!”“你的乖儿子小白今天打扮得真漂亮。”

“我们养宠物的人喜欢用‘爸’、‘妈’相互称呼”，被大家称为“小白爸”的赵先生告诉记者，他是2010年7月通过同一个小区的“狗友”介绍加入这个遛狗团的。现在，他通过微博、QQ群认识了附近更多的养狗居民。“这在以前真不敢想象，说实在的，我之前还真不能叫出10个邻居的名字呢!”

遛狗团成员告诉记者，养狗其实有许多讲究，比如狗粮选用、剃毛分寸、日常保健等。在未组团前，他们只能通过网络或去宠物商店才能知晓一些情况。现在群里已有40多位成员，“大家可以互相交流”。随着遛狗圈子的不断扩大，成员们还会互相帮助。比如，谁家狗粮少了，就借点；谁要出去旅游了，就帮忙照看一下狗狗。

2. “人以群分”在现实中亲近

“小区里的邻居，现在成了我非常重要并且联系最紧密的朋友圈。”家住宝华现代城的王先生是最早加入邻居群的业主之一。他说，目前在小区里活跃并且熟络的业主已近200人，邻居们还组建了网络平台以及各种活动团体，每周举行各种活动。

新爸爸、新妈妈们也互相取经。如静安区静安丽舍小区曾有一个家长自发组织的“幼儿兴趣沙龙”，同住一个小区的几位爸爸、妈妈在居委会的支持下，坚持每周聚会，由爸爸、妈妈们利用各自的专长来担任“临时老师”。如今，“家长学校”虽然不再继续，但是爸爸、妈妈们的友谊仍在继续，经常通过短信和MSN进行交流。

3. “李小囡的王大妈”织“围脖”

王明芝把自己骑车时遇到小偷的事情发上微博，吸引邻里的围观。她还把在电视上看到的防止信用卡被克隆的对策写在微博上，供大家参考。一次邻居聚餐大家发现，微博上十分活跃且富有正义感的“李小囡的王大妈”，竟然就是邻居王明芝。

“王大妈”说，她之前在小区里认识的人并不多。不过微博一开通，“王大妈”的社交圈子一下子热闹了起来，朋友、邻居纷纷在网络上与“王大妈”交流。“我就喜欢上上网，写写微博，这样能让自己感觉紧跟时尚。”王明芝说。

曾几何时，在上海的街头巷尾，一把把躺椅在弄堂门口布阵、一次次牌局、聊天的邻里交往模式开始淡出视线，一扇扇公房铁门锁住的不仅仅是各家的隐私，还有一颗颗渴望交流的心。所幸，当传统邻里交流模式遇到瓶颈时，虚拟网络、互联网技术的介入，使社区邻里关系发生新的变革。

（资料来源：新闻晨报，http：//www.news365.com.cn/wxpd/sh/zhxw/201103/t20110303_2973320.htm，2011年3月3日）

【案例5】

大渡口：消除人际冷漠　培育“熟人社区”

如何消除人际冷漠的“城市病”，找回渐行渐远的邻里关系？结合社会管理创新，大渡口区正在进行一个叫作“熟人社区”的探索实践。

试点一年来，这一探索取得了怎样的进展？“熟人社区”培育的社会温情为大渡口区转型发展凝聚起怎样的正能量？本报从即日起推出系列报道，关注大渡口区的“熟人社区”建设成效。

2010年末，中央综治委在全国选出35个城市为社会管理创新试点。大渡口区作为重庆市唯一代表名列其中。

先行先试，意味着大渡口区在完成“组织化、信息化、网格化”规定动作的基础上，必须蹚出一条新路，让老百姓真正在社会管理中“动起来”，既成为参与者，又成为受益者——“熟人社区”的概念，由此应运而生。

大渡口区从“社会细胞”——社区入手，通过敲开邻里门、打开邻里心的守望互助，增强居民对社区乃至整个大渡口的归属感，从而实现“人人为我，我为人人”，凝聚区域转型发展的正能量。

“‘熟人社区’，顾名思义就是通过社区活动倡导邻里之间建设良好的互动关系，使社区生人变熟人、熟人变朋友、朋友变亲人。”大渡口区相关负责人介绍。这与大渡口区正在进行的社会转型从某种意义上不谋而合——两者的核心都是“人”，都是希望让老百姓当主角，促进社会结构更加合理、社会管理更加优化、社会生活更加丰富。

据悉，为实现“熟人社区”的目标，大渡口区特别提炼出“八个公众”的实施方案，即打造公众空间，提供居民交流平台；塑造公众人物，培育居民道德标杆；建立公众组织，搭建居民沟通桥梁；强化公众服务，引导居民共建共享；推进公众议事，推动居民文明自治；开展公众活动，增强社区凝聚能力；设立公众节日，塑造社区睦邻品牌；塑造公众形象，展示居民共建成果。

“这‘八个公众’的路径，就好比搭建的八条纽带，让老百姓有了走出家门从生人变熟人的基础和平台，社区居民因此能够互相熟悉、信任，进而互助、互爱。”大渡口区相关负责人说。

看点：锦霞社区“五个一”搭建“熟人平台”

“陈老师，要到冬天了，你屋头的三角梅还开得这么好，有啥子秘方没得哦?”“就是，我家的早就开败了，都开始掉叶子了”……10 月 28 日，大渡口区九宫庙街道锦霞社区，62 岁的王秀珍和几个“老闺蜜”聚在“老吾老”老年服务站里，热烈地探讨养花心得。

几个老伙伴是不久前才通过“老吾老”认识的，因为志同道合，很快成了“闺蜜”。如今，大家买菜、爬山、打牌甚至看病都约在一起，在生活上既相互照应，又多了乐趣。“多亏有了‘老吾老’哦，这个老年服务站真是我们老人的幸福驿站。”王秀珍说。

2012 年 10 月，结合“熟人社区”建设，锦霞社区以居家养老作为切入点，把家政、医疗、社会事务和休闲娱乐等老年服务资源集中整合，设置了“老吾老”老年服务站。在这个 110 平方米的服务站里，棋牌室、电视、书报和小卖部等设施一应俱全。在这里，老人们除了参加讲座、接受义诊、借阅书报、办理老年证及养老保险外，还能参与各种娱乐活动。

运行一年来，服务站基本上天天爆满，社区老人们聚集一堂，休闲娱乐、谈天说地，畅享着老有所依、老有所乐。

强化项目建设，搭建公众平台——“老吾老”老年服务站建设，为锦霞社区打造“熟人社区”编织了一条温情的纽带。

除此之外，锦霞社区还组建了六支志愿服务队伍，开展扶老助残、卫生清洁等志愿服务；设立了便民服务公示牌，方便居民反映诉求、发表意见；建立了便民为民服务联系卡，涵盖家政、水电气维修等家庭生活的各方面；开设了居民讲堂，搭建居民交流、学习的平台。

这一站、一队、一牌、一卡、一堂“五个一”，让“熟人社区”建设有内容、沉得住，居民通过这些公众平台，真正实现了生人变熟人、熟人变朋友、朋友变亲人。

（资料来源：《重庆日报》，http：//www. cq. xinhuanet. com/2013 - 11/21/c_118233715. htm，2013 年 11 月 21 日）

【案例 6】

告别冷漠的都市社区文化

在金地格林格林业主论坛，可以看到这样一则帖子：“金地准备办业主徒步大赛活动了，想来玩的一起玩吧！”活动组织方是金地集团，活动现场的参与嘉宾是金地格林格林以及金地朗悦业主。

与其他社区活动所不同的是，金地格林格林与金地朗悦均是在建中未入住项目，但业主联谊活动已经举办了几场。此前，这两个项目年轻的业主还进行了羽毛球比赛。

金地集团华北区副总经理遇绣峰告诉记者，金地格林格林购买客户群主要位于北京东边一带，而金地朗悦业主多数位于中关村一带，他们希望能通过这样充满朝气、活力的联谊活动让年轻人有机会聚在一起。

十余年来，金地集团一直试图在北京构建“引领人本生活”的产品主张与社区文化。表面上看，这句话很简单，但实际上，持之以恒地践行这一主张并不容易。

1. 市场逻辑下的社区文化

在房价高企的北京，每一个北漂都有一本辛酸的购房史。于是，大部分开发商打出的亲情牌广告多数围绕着“购房不易”。但遇绣峰不希望传递出太多负面的辛酸，她希望金地格林格林针对年轻人所构建的社区文化能让人感觉到“特有面子、特有梦想、特阳光。理念是温暖的生活”。

于是，与大多数开发商所搭建的社区不同的是，金地格林格林专门建立了社区食堂、社区班车、半场篮球以及读书广场等。在她看来，社区文化要从三个维度来构建，即产品空间、文化沟通以及物业服务。而“先天”的产品空间对搭建良好的社区沟通文化尤为重要。

事实上，从传统操盘经验来看，金地格林格林所属地块的先天条件并不被人看好。该项目周边不仅配套设施缺乏，甚至还集中了高压线、殡仪馆以及变电站等被大多数购房者忌讳的不利因素。但最终，金地格林格林意外获得了前所未有的热销，甚至于2013年6月，该项目位居北京商品住宅榜销售套数、销售面积、销售金额三冠王。

除了产品总价控制得当，遇绣峰将金地格林格林的成功归结于金地所重视的“人本社区文化”——“金地重视产品，重视社区能给客户带来什么”。

以金地格林格林为例，该项目产品定位是北京东部青年社区，所以，其户型全部小于90平方米，总价控制在200万以内。产品设计主张也反映在建筑本身，比如金地为年轻的业主特别修建了慢跑道、半场篮球等设施。考虑到时下年轻人很少做饭，他们配套设计了社区食堂等。

显然，金地的这个产品主张最终获得了北漂年轻人的认可。三次开盘，均以快于同行的速度全部清盘。

金地格林格林是年轻人社区文化的典型，而金地集团在北京最为出名的社区是位于亦庄的金地格林小镇。

金地格林小镇是金地2001年进入北京后的第一个项目。在产品设计之初，他们希望体现差异化特质，从产品形态、空间景观、祥和邻里三个方面来努力。

遇绣峰称，由于金地格林小镇仅规定1.2的容积率，所以，其产品定位于营造小镇安静氛围。在生态氛围上，金地着力于打造欧洲现代小镇的感觉。在推广的时候，以“Live different，be different”作为核心理念，意思是如果住的不一样，人呈现的感觉也不一样。此外，金地格林小镇邀请的设计师来自荷兰，半坡、红砖、跳窗阁等设计元素都来自国外，能给人温暖感，有利于打造祥和的小镇文化。

遇绣峰认为，开发商建房子不仅要提供产品，还要创建文化。因为房子不是快销品，是要住几十年的。所谓“引领人本生活”，就是从最基础的产品入手，来关注人，关注客户。“温暖生活”的理念不只是针对产品本身而言，对客户也是如此。

这些社区文化构建的逻辑是，通过产品空间形态设计，形成自然而然的文化沟通，最终开发商将幸福社区的文化交给物业服务，并传递到客户身上。

2. 培育社区认同感

位于北京亦庄的金地格林小镇印证了金地在华北区域的第一个十年。十年间，格林小镇营造了浓浓的社区文化魅力，已经成为亦庄乃至北京的明星社区，成为行业内的参观交流基地，甚至出现了名动一时的“金地格林小镇现象”。金地物业在华北区域除了格林小镇，十年间还陆续接管了金地国际花园、金地名京、金地仰山等社区，并逐步进军天津和烟台，管理面积已经超过 300 万平方米。

金地一直在试图建立业主的社区认同感。比如，金地的项目都会做一个商业广场，方便业主活动。又比如，金地会邀请业主在项目前期组建业主监督委员会，监督工程进展等，这些业主住进来后又成了业主委员会的主要成员。

“如果业主与开发商有意见不统一的地方，我们的销售会跟业主谈判。这样就建立了一个信任和沟通机制。”遇绣峰称。一个小区经过 5 年、10 年后还能呈现一个良好的状态，这是开发商、客户、物业共同爱护的结果。

在格林云墅这个项目中，金地推广了格林小镇的一些做法，比如先做 1 万平方米的商业街。由于格林云墅地块没有占地 25 万平方米的格林小镇那么大，地块相对较小，开发商在景观设计上力图做到功能和景观精致化。

金地物业品质管理部常经理说，格林小镇是金地社区文化在北京的发源地，金地物业以格林小镇为蓝本，把人文社区的经验复制到华北其他金地社区，已经取得了良好的效果。2012 年，金地仰山社区建立，开启了金地的第二个十年，金地物业在以往社区文化经验的基础上，提出了“幸福社区”战略规划，旨在引领新时代的社区生活方式，让业主更好地感知生活。

开发商所营造的社区文化也在感染业主。学设计出身的郑先生是第一批入住金地仰山小区的业主，2013 年初，郑先生自费为金地仰山小区设计了一个网站，取名“金地仰山社区网”，定位为社区业主交流的平台，还提供了苹果、安卓的客户端下载。郑先生说小区的邻里关系让他感觉很幸福，所以想为小区做点事。现在的社区网非常活跃，能看到各类社区事务、周边信息、分享快乐的帖子。

3. 改变冷漠的邻里生活

前不久，金地位于大兴的格林云墅项目举行开盘仪式。与大多数开发商不同的是，他们并没有邀请知名艺术团助威，而是依旧选择了金地格林小镇的“老年合唱团”表演。

“让一群老年人在开盘仪式上表演能够吸引精英化的别墅购买客户吗?”这是很容易被问到的一个问题。

“其实，打动精英客户群的往往就是这些老年合唱团所传递出的幸福感。通过这种方式，可以让他们感受到自己的父母在社区凝聚下可以有一个快乐的晚年。”遇绣峰说。

2013年，金地物业开启“幸福社区”第二季，围绕“邻里和谐”的年度主题开展了大型邻居节活动，以“我们的社区，我们的家”为口号，分别围绕“邻里学习日”、“邻里欢乐日”、“邻里运动日”、“邻里欣赏日”和“邻里颂”等主题开展活动，同时细分业主年龄层次，制订四个计划：针对青少年的“成长计划”，针对中青年的“活力计划”，针对老年人的“康乐计划”，针对家庭的“家庭计划”，贯穿“幸福社区”第二季。这些活动均由金地出资赞助和组织。金地物业的愿望是，让业主在幸福社区里能够真正有所学、有所乐、有所感和有所悟，告别“关上单元门，个人顾个人”的冷漠邻里生活，让业主打开家门、结识邻居。

在金地社区里，活跃着老年合唱团、书画社、少年团、羽毛球俱乐部、篮球队、好摄沙龙和戏剧社等一系列主题社团。从这些社团组建成立，金地物业就一直给予关注和支持，通过场地提供、活动组织、资金支持等帮助社团发展壮大，很多社团已经成为北京的明星社团。如金地格林小镇的老年合唱团，作为北京市音乐协会会员，曾多次参加北京市大型演出及比赛，多次获得奖杯，并在2011年中央电视台《歌声与微笑》栏目中获得合唱金奖，享誉北京。除了社团，金地物业还开展了植树节、放生节、百家宴、爱心义卖、跳蚤市场、重阳节、咖啡沙龙和花艺沙龙等一系列的主题活动，丰富社区生活。

除此之外，金地物业还有着强烈的社会责任感，多年坚持开展公益活动，将快乐慈善、微公益理念带到社区，爱心成为金地社区的代名词。从金地格林小镇开始，就成立了“光明爱心基金会”，帮助白内障患者和失学儿童，得到了社区业主的广泛支持，并使在社区开创的爱心义卖的公益形式延续至今。金地物业公益事业一直未停步。记者了解到，就在2013年的8月，金地在各个社区开展了“用爱点燃希望——蔚县小桔灯公益之旅”活动，在金地各社区发起爱心捐赠，邀请各社区业主一起前往蔚县小学，为学生带去爱心物资、发放学习文具，并为学校建立了“梦想书屋”，捐助上万册图书，圆孩子们的读书梦。活动得到了业主及社会的强烈响应。下一步，金地物业还将开启帮扶计划，持续帮助山区孩子实现梦想。

冷漠的社区文化是人们对钢筋水泥式城市最为显著的感受，作为开发商，金地在试图突破这一局面，并构建真正意义上的幸福社区。在遇绣峰看来，这些在成本上并不会花费太多，但组织活动确实费时费力，比较琐碎。

（资料来源：《21世纪经济报道》，http://gz.house.163.com/13/1031/02/9CFVRES700873C6D.html，2013年10月31日）

第八章　生态共同体与新生态功能

生态共同体是以人与自然和谐共存的生态社区为核心理念的共同体意识和共同体培育路径方式。生态共同体表现为以建设新生态功能社区——生态社区为目标，公众行为普遍践行绿色生活理念，共同参与社区生态文明建设，社区环境实现低碳和减少废物排放，社区生态系统平衡和良性循环，社区资源和能源高效循环利用。新型社区的新生态功能——低碳、健康、舒适、高效与和谐，唯有如此，才能真正适合于未来人类的生存与发展。

第一节　生态是一个生命共同体

一、生态的概念

“生态”（Eco-）一词源于古希腊，原意指“住所”或“栖息地”。19 世纪中叶以来，具有了现代意义，主要是指自然界诸系统之间错综复杂的关系。如今，生态的概念已经渗透到各个领域，“生态”一词涉及的范畴也越来越广，人们常常用“生态”来定义许多美好的事物，如健康的、美好的、和谐的等事物均可冠以“生态”一词加以修饰。

不同文化背景的人对“生态”概念的定义会有所不同，多元的世界需要多元的文化，正如自然界的“生态”追求物种的多样性，并以此来维持生态系统的平衡发展一样。其实，简单地说，生态就是指生命共同体。

何谓生命共同体？习近平在《关于〈中共中央关于全面深化改革若干重大问题的决定〉的说明》中谈道：“我们要认识到，山水田林湖是一个生命共同体，人的命脉在田，田的命脉在水，水的命脉在山，山的命脉在土，土的命脉在树。用途管制和生态修复必须遵循自然规律，如果种树的只管种树，治水的只管治水，护田的单纯护田，很容易顾此失彼，最终造成生态的系统性破坏。由一个部门负责领土范围内所有国土空间用途管制职责，对山水田林湖进行统一保护、统一修复是十分必要的。”

这段话说得十分深刻。人的命脉在田，但是田不是孤立的，田的命脉与水、山、土、树、湖等都有直接或间接的关联。人和整个环境是息息相关的，它们共同处于一个生命共同体中，如果我们对这种生态的关联性和整体性认识不足，就很可能违背生态规律，破坏生态平衡，最终搬起石头砸自己的脚，人类将付出巨大的甚至生命的代价。

二、生态学的概念

（一）生态学的定义

生态学，是德国生物学家恩斯特·海克尔于1866年定义的一个概念：生态学是研究生物体与其周围环境（包括非生物环境和生物环境）相互关系的科学。目前已经发展为“研究生物与其环境之间的相互关系的科学”。

（二）生态学的四项定律

台湾学者于宗先总结了生态学的四项定律，很有启示意义。

1. 物物相关（Everything is Connected to Everything Else）法则

这是说明在生态体系中，个体间、群体间及物种之间均相互关联，没有孤立的个体式群体或物种，一事一物都是环环相扣的。

2. 物有所归（Everything Must Go Somewhere）法则

从物理角度而言，就是物质不灭、能量不灭；从生态角度而言，即自然界中每一物体均有其功能用途，没有所谓的废物。

3. 自然善知（Nature Knows Best）法则

大自然的调节力会自动维持环境及物种间的平衡，任何人自作聪明地进行重大改变，反倒会扰乱环境系统的平衡，损及自然体系。

4. 没有白吃的午餐（There is No Such Thing as Free Lunch）法则

有得必有失，任何效益均必须付出代价，所不同的只是代价的大小、偿付时间的长短以及偿付的地点。

三、人类生态学的概念

人类生态学是研究人与生物圈相互作用，人与环境、人与自然协调发展的科学。它以可持续发展理论作为研究的核心内容，以“自然—社会—经济”复合的人类生态系统作为研究对象，以城市生态系统和农业生态系统的可持续发展作为人类社会与经济可持续发展目标的学科。

人类生态学既要研究作为生物的人，又要研究作为社会的人；既要研究人与环境的辩证统一关系，又要研究人类文化与环境的关系。

人类生态学的研究对象是人类生态系统。人类生态系统是人类及其环境相互作用的网络结构，是人类对自然环境的适应、改造、开发和利用，并因此而建立起来的人工生态系统。

在人类生态系统中，人类在同地球环境进行物质、能量、信息的交换过程中存在和发展；人类构成了食物网中最重要的一环，是人类生态系统中最活跃的因素；地球环境保障并制约着人类社会的存在和发展。人类必须同地球环境协同发展、和谐共进。

四、生态思想的由来

人类的生态思想可谓源远流长。古代人类聚居地多数规模小且靠近大自然，人类对居住区的规划建设注重与自然环境的结合，如《宅经》中提出的“天人合一”思想是古代人与自然和谐态度的凝练表达。中国的风水学说提倡住宅和聚居地形式要根据外部的生态环境来构建，如元大都建设体现了人工环境和自然环境的融合等，这种在聚落选址、布局、绿化等方面自发地考虑了生态平衡要求的建设，是朴素生态学思想的萌芽。

18 世纪，英国思想家怀特是近代西方系统表述生态思想的第一人，其出版于 1789 年的《塞尔波恩的自然史》既是英美自然史学说的奠基之作，也为现代生态学的研究提供了最早的代表性观点。怀特把塞尔波恩近郊作为他的观察点，发现他所看到的一切构成了一个复杂的、处于变化中的统一生态整体，而每一种存在都对那块天地的稳定运行具有重要意义。据此，怀特得出堪称是现代生态学奠基的重要结论：“自然是一个伟大的经济师！”怀特的生态学概念包含的一个重要成分是发现、享受自然间田园式的和谐，指出自然的经济体系神秘而完美，仿佛“嘲弄着人类欲知其详的自尊”。

生活于19世纪中叶的美国伟大的浪漫主义生态思想家梭罗，则被认为是把田园道德论发展为近代生态哲学的主要代表人之一。和怀特一样，梭罗坚持人类必须学会使自己去适应自然的秩序，而不是寻求推翻自然或改变自然。这位备受令人景仰的思想家提出值得每一个后来人深思的问题：“是地球要由人来改善，还是人打算生活得自然一些，从而也安全一些。”美国生态史学者唐纳德·沃思特在《自然的经济体系——生态思想史》一书中说：“这些人热切地感到，失去了自然的富有活力的洪流的接触，就是邀请疾病进入他的体内，导致灵魂的衰亡，因此，不与生态共同体连接在一起，就会有缺陷，就会生病，就会破碎，就会死去。”唐纳德·沃思特得出如下深刻结论：像梭罗这样的浪漫主义者们“不可避免地要与人文主义的道德传统发生冲突。人文主义者几乎可被称为反自然主义者”。唐纳德·沃思特指出，“在浪漫主义的信仰中最能共同接受的主题，是把自然当作一种精神源泉，赋予它至高无上的地位”。显而易见，自然主义的“绿色生态”与反自然主义的“以人为本”形同冰炭、水火不容。

1898年，英国社会学家霍华德提出“花园城市”理论，认为人类居住的理想城市应既有良好的社会经济环境又有美好的自然环境。这一理论被公认为生态社区思想的萌芽，标志着人类开始冷静地思考人类居住区“人—自然”的关系，社区生态意识开始启蒙。

20世纪20年代巴洛斯和波尔克等人提出“人类生态学”概念，把生态学思想运用于人类聚落研究，生态社区思想的雏形开始形成。20世纪30年代至40年代，生态学原理开始运用到城市社区的规划以及社会群体的产生、渗入、过滤等过程。从20世纪50年代开始，寻求“人—社会—环境”和谐的人本主义思想被提出，并对社区的功能进行了新的探索。1963年，希腊学者道萨迪亚斯建立了人类聚居学学科，着重研究城市居民与其生态环境的复合关系，力图创造适合人类居住和工作的聚居环境。1967年，美国的麦克哈格所著的《设计结合自然》首次将生态价值观带入城市设计，强调了自然环境因素在社区土地规划中的重要作用，这也标志着生态社区建设的重要内容——生态建筑学的奠基。

20世纪70年代以来，随着生态意识的进一步觉醒，国际性的绿色运动兴起，生态社区思想的发展也开始加快。1972年，斯德哥尔摩联合国人类环境会议成为生态社区理论发展的重要里程碑。会议发表了《人类环境宣言》，明确提出

“人类的定居和城市化工作必须加以规划，以避免对环境的不良影响，并为大家取得社会、经济和环境三方面的最大利益”。

1976 年，在加拿大温哥华召开的第一届联合国人类住区大会上成立了联合国“人类聚居委员会”（CHS）和联合国“人类住区中心”（UNCHS），开始关注从城镇到乡村的人类居住社区的发展，并认为“人类住区不仅仅是一群人、一群房屋和一批工作场所。必须尊重和鼓励反映文化和美学价值的人类住区的特征多样性，必须为子孙后代保存历史、宗教和考古地区以及具有特殊意义的自然区域”。

1977 年发表的《马丘比丘宪章》，把城市规划的目的定为创造一个多功能的生活环境，强调生活环境和自然环境的和谐。

1985 年，德国建筑师格鲁夫针对现代都市一味追求生活便利与效率而牺牲自然环境和人性化特色的“都市型社区”，提出了与环境、人文共生的城市“生态型社区”的模式。1987 年出版的布伦特兰报告——《我们共同的未来》提出了“可持续发展”的概念，很快受到国际社会的重视和广泛认同，并迅速成为生态社区思想的核心理念。1996 年 6 月，在伊斯坦布尔召开了第二届联合国人类住区会议，会议的目的在于探讨两个具有全球性意义的主题，即“人人有适当的住房”和“城市化世界中的可持续人居住区发展”。[①] 而国际人类聚居委员会认为，今后人类的居住地都要逐步改造成为当代和子孙后代持续发展的基地，就是要以人们可以承受，而又不影响生态平衡的方式来满足所有人类的居住要求。

1991 年，丹麦大地之母（GAIA）信托基金出版了《生态村报告》，正式提出了生态村的成形概念，并且列举出地球上已有的、为了寻求现代文明出路而作出的尝试和加以实践的生态村。到 2001 年，欧洲共有 57 个生态村落。

今天，绿色生态思想已成为日益改变整个人类思想观念和生活方式的一种国际思潮。绿色生态思想的广泛传播，促成了一系列国际环保组织的成立，推动着国际环境保护运动的蓬勃发展，为 21 世纪人与自然的和谐共存，为人类社会实现可持续发展指明了方向。

---

① Bruno Fritsch B. . Energy – The Key to An Ecologically Sustainable Development [J] . *Energy & Environment*, 1996, 37 (5) .

第二节　生态社区的内涵和特征

一、生态社区的内涵

社区的功能不应仅停留在解决“住”的问题上，还应为居民创造清洁、舒适、健康和自然的最佳生态环境。建设新生态功能社区——生态社区成为21世纪新型社区建设的目标和方向。

生态社区的基本内涵包括五个方面：第一，环境冲击性，不产生新的污染，节能降耗；第二，自然亲和性，选址须不破坏脆弱的自然地貌；第三，居住品质的健康和舒适性，把健康放在首位；第四，经济的高效性，统筹考虑社区全生命周期的经济合理性；第五，社会和谐性，强调居民共治。

生态社区并不是对传统社区进行根本性的颠覆，而是更多地把二者看成一种传承和拓展的关系。传统社区首先解决的是可居性问题，包括一定的建筑面积、一定的配套设施（公共服务设施、绿地等环境基础设施等）。可居性功能仍然是生态社区的核心，但是我们把对可居性功能的理解在广度和深度上作了拓展。

在广度上，生态社区的可居性功能包括人与自然、人与人的和谐相处。其中，对自然的关注不仅指向与人直接相关的建筑，也包括建筑、社区与周边环境的关系。社区中人与人的关系还包括社区居民在周边就近就业的可能性（也就是所谓职住平衡的问题）。在深度上，生态社区的可居性功能与传统社区的可居性功能在内涵上有更大的差异。例如，强调无障碍设计，强调建筑空间的健康性，强调公交、会所、小卖部和幼儿园等公共配套设施的数量、距离，强调绿地的植被覆盖率，这些都意在通过公共设施的完善使社区获得更高的生态价值。正是由于广度和深度不同面向的拓展，我们看到，生态社区的居住品质是全面优于传统社区的。

1942年，在巴黎出版的《雅典宪章》——第四次现代建筑国际会议（CIAM）所制定的都市计划宪章，已经提示了人民应享有良好的环境、日照权、通风权，与排除受环境污染、噪音侵害的基本环境权。如果缺乏适当的管理机制，负面的外部性问题将更加严重，导致环境的恶化与资源的枯竭。在这种情形之下，为了维护环境与生态体系的平衡，一方面应通过立法赋予人民享有并维持良好生活环境之权利与义务，以保护环境品质；另一方面必须重建以“新型社区”为主体的新型人际关系，使人们在利用环境时能相互尊重。

《雅典宪章》一书里所描绘的人类理想居住地是：“位于良好区位，通风良好的建筑物，不受寒风侵袭，视野良好，可以远眺优美的风景、湖泊、大海、高山等，而且也具有充分的隔热保暖设备。”优良的区位往往为高级住宅所占据，这也正说明了人类本能的渴望是找寻一些生活条件和大自然结合、具有优良品质且对身心有益的地方；稳定平衡且少污染的生态环境，即是人类的理想居住地。

二、生态社区的新生态功能

1. 体现人与自然和谐的理念

总体来说，生态社区都强调人与自然和谐以及可持续发展的理念。生态社区应该是一个多功能的社区，应该充分体现出人、建筑与环境的和谐统一。因此，生态社区在提供全面的学校教育、齐全的文化设施、健全的医疗保障等人类住区功能的基础上，能把人车分流、绿色建筑、生态绿道等生态思想融入建设中，保证人与自然和谐。

2. 注重环境保护，提倡可持续发展

生态社区包含着一种重要的科技哲学观点——自然观。自然融入社区，社区归于自然，这是生态社区的基本自然观。在生态社区中，人是主体，人与自然是和谐共生的，而不是对立的。人、社区、自然作为生态社区的三个基本要素，组成了生态社区的共生结构，三者相互联系、相互依存、相互作用和相互影响，共同发展，融为统一的有机整体。

3. 提倡自然—经济—社会复合系统的统一

生态社区是自然—经济—社会复合系统，不同学者应用生态学、建筑学、规划学和经济学等多学科理论，从自然、经济、社会三方面对生态社区理念和实践进行探索，其研究涵盖了社区的自然环境、人工环境以及服务设施的各个方面，并注重其生态经济性。生态社区是一个由自然生态系统、人工生态系统等若干个子系统构成的动态平衡的生态系统，是具有一定的生物和非生物成分的空间结构。生态社区是一个由若干个子系统按照一定的层次和一定的顺序构成的一个综合系统。

三、生态社区的新健康功能

建设生态社区的意义还来自人们自身对更健康、更舒适的生活的追求。传统社区所体现的人们对于生活品质的要求往往是粗犷的，但随着人们生活水平的提高，人们对生活质量的要求也在不断提高。生态社区对人类生活的要求在质量和功能方面有了很大的提高。生态社区的建设既有环境方面的限制性要求，也是人们追求更美好生活的内在要求，因此生态社区是人类聚居方式发展的必然结果。

零点调查公司曾在全国做了一次市场调查，题目是“你最想拥有什么”，结果超过70%的被访者首先选择了“健康”。

根据世界卫生组织的定义，所谓“健康”就是指人的身体上、精神上、社会上完全处于良好的状态。据此定义，“健康住宅”不仅仅是指房地产住宅的绿化，而且是指在生态环境、生活卫生、立体绿化、自然景观、噪音降低、建筑和装饰材料以及空气流通等方面，都必须以人的健康为根本。

健康住宅又称“生态住宅”，生态住宅不只是绿化，而且从规划上看，生态小区的总体布局、单体空间组合、房屋构造、自然能源的利用、节能措施、绿化系统以及生活服务配套的设计，都必须以改善及提高人的生态环境、生活质量为出发点和目标。另外，在具体设计上，注重绿化布局的层次、风格与建筑物要相互辉映；注重不同植物各方面的相互补充融合，例如除普通草本植物外，注重观赏花木、阔叶乔木、食用果树、药用植物和芳香植物等的种植；同时注重发挥绿化在整个小区生态中其他更深层次的作用，如隔热、防风、防尘、防噪音、消除毒害物质和杀灭细菌病毒等，甚至从视觉感官和心理上产生消除精神疲劳等作用。而在房屋的建造上，则要考虑自然生态和社会生态的需要，注重节省能源，注重居住者对自然空间和人际交往的需求。

生态住宅更要把健康落在实处。房地产不是以卖地皮为最终目的的，也不是以卖钢筋和水泥的房子为最终目的的，更不是以卖概念和环境为最终目的的，而是以营造符合人类社会发展和人性需求的健康文明新家园为最终目的的。可以说，房地产是卖一种生活方式，是卖一种亚文化，是卖一种新社会和新时尚。作为一个社区的业主要真正享受社区健康文明的新生活，不仅体现在房地产商的住宅设计图上，也不仅是在房地产小区的配套硬件设施上，而是要落实在生态社区的新健康功能上，要让人们真正享受到身心愉悦的健康和舒适，这才是真正健康文明的人类居住家园。

第三节　生态共同体的目标和路径选择

一、生态共同体的目标

面对人为的各项资源利用对环境造成的冲击，许多规划者致力于将生态保护、永续发展观念纳入规划理念之中，因而产生了“生态国家”（Econation）、“生态城市”（Eco-city）、“生态社区”（Eco-community）、“生态村庄”（Eco-village）、“绿色城市”等一连串的规划理念，此理念即是源于人类无法脱离自然生态的基础（在人造生态圈“ecosphere”梦想尚未成功之前，这样的依赖恐怕还要持续很长一段时间），一如《雅典宪章》一书中对人类理想居住地所描绘的。根据此理念，生态共同体的目标是设计出满足居民需求又不破坏生态环境的“绿色生态社区”，其目标如下：

（1）建立安全、健康、有地方特色的社区；

（2）通过公众自主参与，落实社区自治；

（3）社区资源（包括实质环境资源、文化资产及经济资源等）永续利用；

（4）社区多样性（包括生物多样性、文化多样性）永续发展；

（5）“减量 Repress、再使用 Reuse、回收 Recycle”之 3R 政策落实；

（6）“绿色消费”之实现。

生态共同体之理念，展现于社区之设计上则是要尊重自然，促使社区的健康与永续发展。

二、生态共同体的路径选择

1. 推动公众积极参与生态社区的建设

在过去传统的社区空间塑造里，规划者专业的观点与政策或开发业者的意见完全左右了决策，真正的使用者——社区居民的实质性需求往往被忽略，居民对于自身所处的环境早已失去了经营管理的权利、义务以及能力。地方社区对于影响自身的决定应享有更多且完整的参与权，应是一个由下而上的决策过程，以争取更完整而有效的支持。

生态社区的构建离不开与之相关的社会各方的紧密配合。发起者——政府通过强制性标准、激励性政策进行有效的市场引导，也可以在税收、激励补贴、建立交易配额和资助基础性生态社区科技研究等方面，规范、引导、推动生态社区市场的成熟与完善。生态社区发展先行国家的经验表明，以市场机制为基础的引导性政策往往要比强制性的法律法规对突破生态住区所面临的经济障碍更有帮助。除了直接的政策激励，政府在推动生态住区发展方面的作用还体现在生态社区教育方面，政府有着其他群体不可比拟的社会推动力与公信力。因此，通过不同渠道倡导健康的生活模式，对普通居民的消费进行引导，是政府进行生态社区教育的手段。建设者——开发机构、设计与建设机构根据生态社区的基本理念组织设计与建设。使用者——物业管理、社区居民对于自身行为的规范是最终实现生态社区既定目标的关键。

生态社区是一个物质空间概念，更是一种生活的状态。因此，调动作为公众主体行为者的家庭和个人的积极性是生态社区能否在现实中实现的关键。生态社区其实是我们每个人的各种正向需求的集合，但大多数人还未认识到这些需求的答案就是生态社区。因此，我们需要做的就是唤醒和告知。

首先，公众只有明确地获得了相关环境信息，才会自发产生生态建设的热情和需求。要鼓励公众参与，公开的信息告知是第一步。美国、日本、法国等发达国家的政府都有明确的环境信息披露制度和公开的、详细的环境信息数据库，公众可以非常方便地充分了解与环境相关的信息。在实现信息对称的同时，要通过宣传和教育告诉公众正确的生态应对策略和实施途径。其次，通过切实的政策规范（建立一定的奖惩制度等）鼓励公众投入到生态社区的建设中去，激发民众的参与热情。总而言之，对于公众积极性的调动是一个长期的过程，政府需要从多方面、多角度切入，逐步引导和培养。

2. 制定和完善生态社区建设的相关评价指标和技术支撑体系

“十五”期间，国家环保总局在全国开展了“绿色社区”创建活动，制定国家、省、市等各级“绿色社区”创建的考核和评价指标，一般而言评价标准包括基本条件、环境质量、环境建设、环境管理和公众参与等方面。中国“绿色社区”的创建本质上是政府推动、基层参与的活动，更侧重社区组织管理的内容。

生态社区评价指标体系（Evaluating Indicator System of Ecological Community）是为了反映社区的生态建设过程、水平和可持续性而设计的。因为对生态社区概念理解的差异性，生态社区评价指标体系也不尽相同。总体而言，生态社区评价指标体系具有科学性、系统性和综合性的特点，包括评价主体、指标框架、指标值和综合评价方法等方面的内容，涵盖了社会、经济、环境和建筑等多方面。生态社区建设本身对于社会循环经济体系的构建是一种重要的激发。生态社区建设可以拉动包括建筑材料、建筑部品、家用电器和交通工具等在内的整个产业链条的升级。生态社区建设会逐步建立起相应的规范和标准，在这些规范和标准的背后，是一整套管束建设行为的法律规范和产品标准体系。因此，生态社区建设会基于生态原则性的、共通的评价指标体系，引导相关技术、部品、设备各自创建自有体系且反映各自特点，从而逐步建立起一个相互关联、协同作用的绿色建筑产品产业链条。从经济行为的角度看，一条符合生态标准的建筑产品供应链条的生成不仅可以有效降低生态社区的建设成本，也有助于促进区域经济的健康发展，从而将生态社区的建设与区域经济的可持续发展连成一个有机的整体。

如果说现代住宅是从空间的角度去关注人类的生活的，那么绿色生态住宅则是在现代住宅的基础上从更加宏观的环境与资源的角度去关注人类的生活的。它不仅仅是建立一套独立的住宅指标体系，而且是将住宅与环境、资源及人类的活动更加紧密地融为一体；不仅仅是要注重空间的使用效率，而且是要更加强调发挥环境和资源的效益。就其建造的基本要素和指标而言，主要应体现在以下六个方面：

（1）规划设计合理，建筑物与周围环境相协调，房间光照充足、通风良好；

（2）房屋围护结构要有较好的御寒、隔热功能，门窗密封性能及隔音效果符合规范要求；

（3）供暖、制冷及炊烧等要尽量利用清洁能源、自然能源或再生能源，全年日照在 2 500 小时以上的地区普遍安装太阳能设备；

（4）饮用水符合国家标准，给排水系统普遍安装节水器具，10 万平方米以上的新建小区，应当设置中水系统，排水实现深度净化，达到二级环保规定指标；

（5）室内装修简洁实用，化学污染和辐射要低于环保规定指标；

（6）要有足够的户外活动空间，小区绿化覆盖率不低于 40%，无裸露地面。

在生态社区的建设和规划中，要走出社区中城市景观设计的误区。城市景观设计是一项复杂的系统工程，它是指通过对环境的设计使人与自然相互协调、和谐共存。城市景观设计是现代科技与传统工艺、科学与艺术、自然与人文相结合的产物。这就形成了城市景观设计的三大原则，即尊重自然、尊重人、尊重文化。而“景观建筑的根本原则只是把一个系统调整和应用到另一个系统中，使对比的事物形成和谐的关系，从而产生更高级的统一，即‘秩序’”。

现实中，我们的社区城市景观设计的确存在着一系列的误区，目前存在着将城市的人工化等同于自然化的一些现象，即所谓的“城市美化运动”，这些“运动”不是说不要搞，而是说那些不分城市特色、不论城市大小、不顾城市历史文化传统、不管自然环境等客观情况，在全国上下、大江南北出现的一拥而上的现象不值得推崇。例如，近几年城市随处可见的“景观大道”（无景可观）热、“城市广场”（有些是土地浪费）热、“亮化工程”（忽视节能）热、“西来草坪”（进口草皮而忽视树及其他植物的绿化与生态作用）热、“建筑仿古”热（真古董不去保护，反而投巨资建假古董）、“森林公园”（破坏了生物多样性，使自然远离自然）热等一些破坏性建设都不是结合自然的行为，其实质尚未脱离人类干预自然、主宰自然、无偿消耗自然资源的旧习，是对生态共同体理念的背离。

3. 加强生态价值观及生态安全的公民环境教育

加强生态价值观及生态安全的公民环境教育是实现生态社区建设与发展的核心前提。首先需要大力宣传，其次需要正确引导，通过政策和宣传促进价值观的改变。更重要的是，通过生态社区示范项目的建设，让人们实实在在地体会、了解生态社区的优点，也由此让我们的宣传体现出更强的说服力，从而引导社会中产生更多的符合生态社区理念的项目实践。这在一定程度上也将促进生态社区理念的完善和发展。国内中学教学法研究者郝本瑞等建议，环境课应在义务教育阶段独立开设，以使我国21世纪公民从小就接受系统、良好的环境教育，树立起强烈的环境意识。

《地球誓词》中有这么一句话：“我宣誓：我将竭尽全力为使地球成为当代和后代人安全而宜人的家园而作出贡献。”在我国，很多人并不知晓这句话的含义，更谈不上身体力行了。如果能通过宣誓来达到环境教育的目的，将使人们进一步认识到人类对自然和彼此所采取的行动是造成满足人类需求和保证生存发展所需要的环境与自然资源日益被破坏的根源。

我们应该记住：“地球只有一个，但世界却不是。”我们大家都依赖着唯一的生物圈来维持我们的生命，但当每个社会、每个国家为了自己的生存和繁荣而奋斗时，很少考虑对其他国家的影响。按有些国家消耗地球上资源的速度，留给后代的资源所剩无几，而为数多得多的其他一些国家的消耗量远远不足，他们的前景将是饥饿、疾病、贫困和夭折。

正如《人类环境宣言》所告诫的："历史已经到了这样一个时刻，当人类决定自己的行动的时候，必须慎重考虑对环境所造成的影响。"因此，我们的城市设计、生态设计要结合自然，并落实到行动中；我们的行为要结合自然，并尊重自然，重视环境。

展望未来，可以预见未来的人类居住环境将是一个复杂巨大的生态系统。它将利用人类的最新科技成果完善自己；未来的人类社区将在城市化、数字化、智能化、生态化的趋势下运作；"未来的人类社会会有未来摩天城、未来新市镇、未来新郊区、未来虚拟城、未来太空城……"但最根本的是，未来城必须结合自然设计，方能凸显新型社区的新生态功能——低碳、健康、舒适、高效与和谐，唯有如此，才能真正适合于未来人类的生存与发展。

第四节　典型案例

当前，世界各国的人居环境建设面临四种类型的生态转型：从物理空间需求到生活质量需求；从污染治理需求到生理和心理需求；从城市绿化需求到新生态功能需求；从面向形象的城市美化到面向过程的城市可持续发展。在这些方面，人们作出了许多有益的探索和实践。

【案例1】

全球生态村与生态社区运动

生态村这一概念的提出及在全球范围内的传播与盖娅基金会及其支持成立的全球生态村网络（Global Eco-village Network，GEN）有密切关系。

盖娅基金会成立于1987年，由一对丹麦夫妇希尔都和罗斯·杰克逊创办。他们非常担忧以追求单一经济增长为终极目标的发展模式将给人类带来灭顶之灾。经过长期思考和参与社会运动实践，他们认为人类社会需要在全新的价值观和文化引领下去探索多样化的社区发展模式，并提出关于社会发展的阴阳平衡战略。他们指出，近400年来，技术和经济的思维模式主导着社会的组织方式与发展方向，这正是导致全球性生态环境危机及社会经济问题的根源。现在需要由民众经由合作互助及民主决策的过程来决定如何以可持续的、充分满足我们精神需求的方式与自然和谐地生活在一起。这是社会发展中的“阴”面。而“阳”面则是开发能够支持这一愿景的技术。为此，他们在盖娅基金会下设立了盖娅村和盖娅技术中心以支持这两个战略的发展。

这一思路的形成受到丹麦合作居住运动及挪威另类发展运动的很大影响。“合作居住”（Co-housing）的社区模式自20世纪60年代中叶在丹麦兴起，通常由20~30个家庭组成，社区成员直接参与住宅的建设与管理，并且会分享一些生活设施。希尔都夫妇从1972年开始参与创建并居住在这样的社区中，深切体会到这种共居模式无论对年轻的家庭还是年老的家庭都有好处。另类发展运动则由挪威人艾瑞克·达曼发起于20世纪80年代，希尔都曾是其中的协调员。这个运动将100个挪威草根组织参与创建的社区联系在一起，以期创造一个应对全球危机的可持续愿景。通过这一过程，参与其中的草根组织越来越清楚地意识到，我们有足够改变世界的知识和手段，我们不需要更多的报告和研究。作为发达国家的公民，我们应该行动起来，用生态的方式建设我们的住宅，共建可持续的社区，放弃过度掠夺资源的生活方式。

经过仔细考量，他们选择生态村作为盖娅村的核心内涵，因为其中包含的社会及精神要素正是他们思考的核心。如果没有相互关联与博爱的世界观，没有对社区概念的重新引入，没有一群人主动承担责任选择自己的生活方式，那么就会像20世纪60年代安德鲁·高兹（Andre Gorz）所批评的那样，环保运动不过是成为“生态法西斯主义”，最后仍由政府和跨国公司来决定我们应当过什么样的生活。因此，在那时他们已有了建立全球生态村网络的想法。要达到人类可持续未来的愿景，建立一个全新的整体的文化是有必要的，而这个文化的基础应当是人类共同居住的生活方式。

1991年，他们邀请美国西雅图康泰克斯学院的戴安娜·吉尔曼和罗伯特·吉尔曼夫妇来做一个全球生态村的调研。当年夏天报告完成，他们发现世界各地已经存在大量令人兴奋的社区，20世纪60年代就有一些注重精神发展的团体和个人开始创建社区。虽然理想的生态村并不存在，但所有这些现存的项目都反映了不同的文化对可持续生活方式的理解和想象。如冰岛的索尔海姆、苏格兰的芬德霍恩、澳大利亚的水晶河、德国的利本斯加登和美国田纳西州的农庄等，它们都关注环保，节约能源，希望与大自然亲密接触，邻里之间相亲相爱。当年9月，他们邀请了20多位来自生态社区的代表及有全球视野的学者来到他们所在的农场，共同讨论和发展一个倡导可持续社区和可持续生活的策略。在讨论中，他们发现学者与实践者的策略很不一样，最后他们决定与真正的生态村实践者一起工作。

1994 年，他们召开了第二次战略讨论会议，成立了一个非正式的生态村网络秘书处，这时有澳大利亚的水晶河、苏格兰的芬德霍恩等，意大利的达玛活和印度的黎明之城尚未建立联系。

1995 年 10 月，第一届“生态村与可持续社区会议”在苏格兰芬德霍恩生态村召开，400 多名来自全球各地生态社区的代表们汇聚一堂。之后，在丹麦盖娅基金会的支持下，全球生态村网络正式成立，使得分布在世界各地有相同理念的上百个小型生态村项目能够彼此建立联系，相互交流和分享经验。这标志着以推动一种全新的人类共同生活模式为宗旨的全球性生态村网络的诞生。

1996 年，GEN 参加联合国在伊斯坦布尔举行的人居大会，组织了很多展览及文化活动介绍全球各地的生态村，吸引了与会者的注意，使得生态村网络得到了全球的关注，越来越多的生态村加入 GEN。

截至 2004，GEN 在欧洲成立了 20 个国家网络，北美和南美有 9 个生态村网络，亚洲国家包括泰国、印度、日本和斯里兰卡。非洲的塞内加尔政府已将生态村/生态社区运动作为替代发展模式融入国家的发展战略之中，成立了非洲第一个国家网络，也是第一个得到政府资助的网络，随后逐步扩展到其他西非国家。这些生态村既包括发达国家中特意规划的新社区，也包括发展中国家的传统乡村社区。没人知道现在世界上有多少个生态社区，因为它们都是由当地人自发建立的，有些还没有和 GEN 建立联系。据 GEN 初步估计，包括共同居住计划在内，有 4 000 ~ 5 000 个生态社区。根据定义不同，数字有差异。如果采用宽泛的定义，则有 15 000 个左右。

GEN 主要承担以下功能：

（1）为全球各地生态村/生态社区提供交流的平台，主要利用网络、出版物等媒介，以及组织会议、互访等活动；

（2）协助成员共同发展生态村/生态社区的概念和生态村/生态社区发展的指南及自愿评估手册；

（3）在全球范围内倡导生态村/生态社区的理念，依托各地生态村，开展生态家园教育培训，推动全球生态村运动的发展；

（4）未来计划与欧洲具有前瞻意识的大学合作开设生态家园教育培训，从三周的体验式学习项目逐步扩展成为一个两年的可持续发展教育项目。

自 1991 年，吉尔曼首次提出生态村的概念，经过 GEN 成员多次讨论，逐步形成对生态村/生态社区的理解，并从社会及社群、生态、文化及精神三个面向给予了进一步的阐释。

生态社区既可在乡村也可在城市发展，它的核心是生活方式的转变。所有满足日常生活需求的功能区都在步行可抵达的范围之内。

生态村/生态社区概念的内涵：

（1）社会及社群面向。居民有高度的团队归属感，能感觉到彼此的支持和协助，及对他人的责任。人们能够充分参与影响他们生活及社区的决定。具体内涵包括：①尊重及承认他人的存在，和他人有联结；②资源共享，互助合作；③为所有成员提供有意义的工作及基本生活所需；④融合边缘团体；⑤开展终身教育；⑥尊重差异，鼓励团结；⑦鼓励多样的文化表达。

（2）生态面向。生态社区让人们体验与自然的联系，享受每天与土壤、水、风、植物和动物的互动。具体内涵包括：①尽可能在社区的生态区内栽种食物；②支持当地有机食物的生产；③以适合当地的材料建筑住宅；④使用村落整合可再生能源系统；⑤保护生物多样性；⑥培养生态的企业经营原则；⑦从社会、心灵与生态的观点评估生态社区内使用的所有产品之生命周期；⑧采用适当的能源与废弃物处理技术，保护干净的土壤、水与空气；⑨保护自然及原始未被破坏之生态区。

（3）文化及精神面向。大部分生态社区并不强调特定精神上的实践，而是以它们自己的方式尊重且支持地球及其上的所有生命、文化与艺术表达，以及精神追求的多元化与差异。具体内涵包括：①艺术表达、文化活动、仪式与庆典；②社区共同意识与相互支持；③尊重并且支持以各种方式表现心灵及精神；④鼓励并支持居民追求精神的成长与自我完善；⑤鼓励居民了解地球上各种生命间的关联性与互相依赖性，以及社区在整体中的位置及与整体的关系，并鼓励以艺术的方式表达；⑥创造一个和平、有爱的永续世界。

（资料来源：http：//blog. sina. com. cn/s/blog_48fe60e10100tgdx. html）

【案例2】

贝丁顿生态村

——世界上第一个完整的生态村，也是英国最大的零碳生态社区

一、建设背景及项目基本情况

1. 项目背景

贝丁顿所在的英国南部地区属于典型的温带海洋性气候，气候温和，四季湿润，温差较小，一年当中气温通常最低不低于－10℃，最高不超过32℃。英国冬季由于雨水较多，日照时间较短，如此阴冷的天气使得接近半年的时间需要使用暖气，而夏季则要舒适很多，短暂的高温过后是一个凉爽的夏天。

贝丁顿生态村位于伦敦南部萨顿市贝丁顿地区，就坐落在一片居民区中，与其一墙之隔的就是英国普通住家，它是世界上第一个完整的生态村，也是英国最大的零碳生态社区。

2. 建设主体

由伦敦最大的非营利性福利住宅联合会Peabody信托开发组织和环境评估专业公司生态区域开发集团联手打造，建筑设计由英国著名生态建筑师比尔·邓斯特完成。生态区域开发集团是该项目的环境顾问，负责分析和撰写关于生态村的可持续发展评估报告。

另外，在项目设计和运作过程中，世界自然基金会（WWF）为其提供了资助，并且萨顿市政府也以低于正常价格的地价作为鼓励提供用地。

3. 建设时间

生态村于2000年动工，2002年建成。

4. 项目规模

整个小区占地1.7公顷，共有99套住宅，1 405平方米的办公区以及一个展览中心、一家幼儿园、一家社区俱乐部和一个足球场，共有居民210人，工作人员60人。

5. 设计理念

建筑师比尔·邓斯特的设计理念是在不牺牲现代生活舒适性的前提下，建造节能环保的和谐社区。

6. 设计目标

建成一个“零化石能耗发展社区”，即整个小区只使用可再生资源产生满足居民生活所需的能源，尤其强调对阳光、废水、空气和木材的可循环利用，不向大气释放二氧化碳，其目的是向人们展示一种在城市环境中实现可持续居住的解决方案以及减少能源、水和汽车使用率的各种良策。

二、建设内容要点

（一）水资源利用

1. 雨水利用

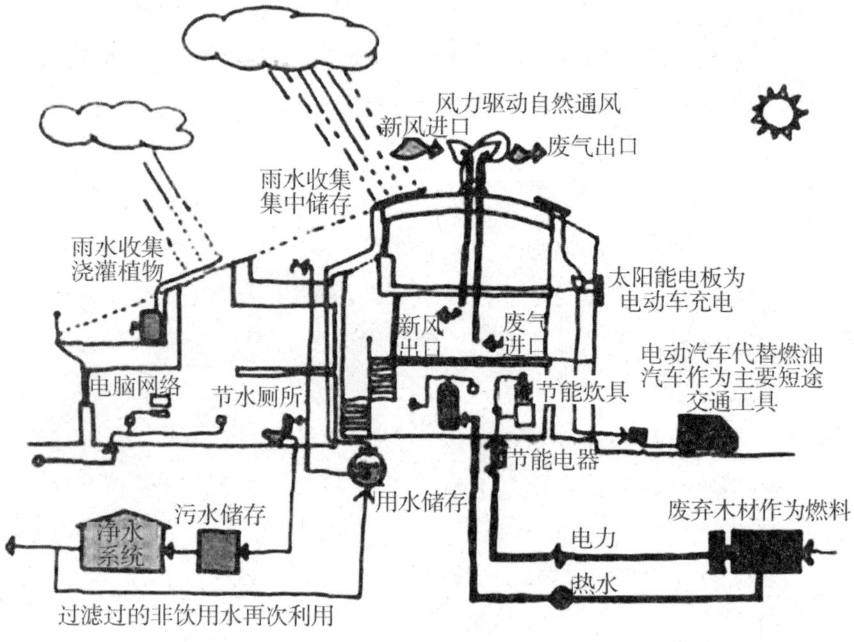

图 8-1　项目流程

每栋房子的地下都安装有大型蓄水池，屋顶雨水通过过滤管道流到蓄水池后被储存起来。蓄水池与每家厕所相连，将雨水用于冲洗马桶（雨量的计算）。

住宅的屋顶用景天类植物减缓雨水流到地表的速度，防止因雨水流速过快而导致地表积水。

停车场用带孔地砖铺砌，以减少地面径流。

经屋顶花园、路面和铺地流走的雨水被排向社区入口一侧曾经干涸的渠道里，形成水景，增添野趣。

2. 废水利用

每家都安装了小型生物污水处理设备，称作“生活机器”（living machine），可以将污水中的养分提取出来作为肥料，污水处理后与收集的雨水一起用来冲洗厕所。

冲厕所后的废水经过生化处理后一部分用来灌溉生态村里的植物和草地，一部分重新流入蓄水池中，继续作为冲洗用水。

3. 节水措施

在厨房中安装醒目的水表，以鼓励节水。

节水装置：节水喷头（每分钟水流量为 14 升，普通 20 升），节水龙头（每分钟流水量为 7 升，普通 20 升），双冲马桶（一次冲水量 2 ~ 4 升，普通 9.5 升），小容量浴缸。

（二）能源利用

1. 零采暖技术（半年时间的采暖期是突出问题）

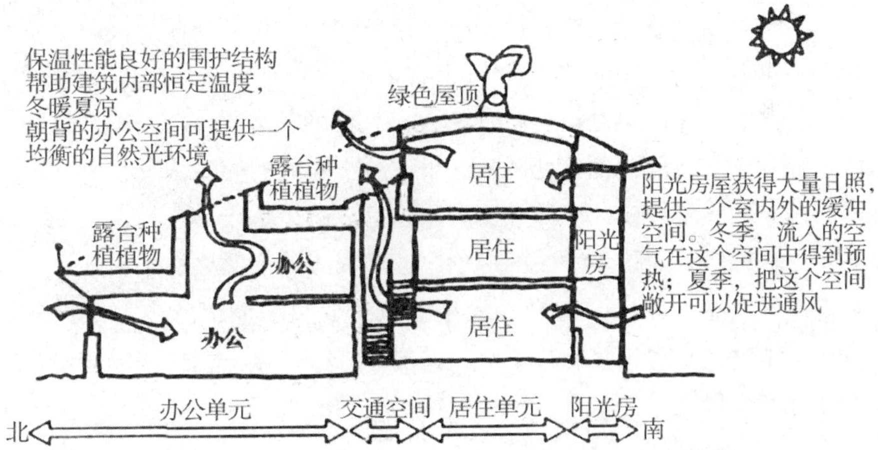

图 8－2　项目流程

图 8－3 建筑外观设计

所有住宅都朝南，各建筑物相邻紧凑，以减少建筑的总散热面积。

每家每户都设有双层低辐射真空玻璃的玻璃阳光房，夏天玻璃打开后做敞开式阳台，利于散热；冬天关闭阳光房的玻璃可以充分保存从阳光中吸收的热量。

住宅的整个墙壁共分三层，外面的两层分别是 150 毫米厚的混凝土空心气块和 150 毫米厚的石砖，中间夹着一块 300 毫米厚的岩棉，这样的设置可积蓄热能，温度过高时，房屋即可自动储存热能，甚至可以保留每个家庭煮饭时所产生的热能，等到温度降低时再自动释放，以此减少暖气的使用。

建筑门窗的气密性设计。如外窗为木窗框以减少热传导，外窗玻璃采用三层中空充氩气玻璃以减缓热量散失的速度，达到良好的保温功能。

社区建筑的屋顶种植了大量景天植物以达到自然调节室内温度的效果。冬天，景天类植物就是防止室内热量流失的绿色屏障；夏天，这些隔热降温的绿色屏障上还会开满鲜花，把整个贝丁顿装扮成美丽的大花园。

所有的办公室都朝北。

2. 利用废木头发电并制造热水（就地取材的便利是前提）

功率为 130 千瓦的小型热电联产厂。其燃料是附近地区树木的修剪废料，在燃烧后这些木头成为可供利用的有机肥料。热电联产厂 52% 的废木料都取自方圆 35 英里以内的地区，这样做可以减少因长距离货运对空气产生的污染。据统计，这种做法一年可以少排放 120 吨二氧化碳。

具体运作流程：碎木材片从储藏区自动流入干燥机，然后再从干燥机进入气体发生器，在受限空气流里加热后，通过气化过程转化为含有氢、一氧化碳和甲烷的可燃气体。

木材的预测需求量为 1 100 吨/年，其来源包括周边地区的木材废料和邻近的速生林。小区有一片三年生的 70 公顷速生林，每年砍伐其中的三分之一，并补种上新的树苗，以此循环。树木成长过程中吸收了二氧化碳，并在燃烧过程中等量释放出来，因此它是一种零温室气体低碳社区。

发电过程中产生的热量可得以保存并用来制造热水。

热水的利用过程：热水通过一个由超导管道组成的小型社区供暖系统输送进每家每户。每户人家都在门厅过道位置安装一个 1 米多高的热水筒，小型热电联产厂产生的热水就进入这个筒里。筒上方有一个散热器，当室内温度低于 18℃时，散热器还能自动释放热量，起到保温作用。该热电联产厂还与国家电网相连，在生态村用电量较低时，产生的多余电能可以输送进国家电网。

3. 交通策略

减少交通需求：采用生活工作混合模式，减少远途上下班，促进当地经济的发展。商店、咖啡店、健身中心等生活必要设施的就近设置进一步减少了交通需求。开发商还尝试与当地的超市洽谈网上购物事宜，希望用定期送货的方式减少远途大批量购物。

鼓励公共交通：拥有公共交通网络，有两个火车站和两条公交线路。通过限制机动车停车场限制机动车的使用。当地政府也在公路上划出专门的特快车道，专供载有 2 人以上的小汽车行驶，用以鼓励人们合坐一辆汽车出门，降低人们对汽车的使用。

步行优先政策：提供方便的步行路，设置良好的照明系统，规划童车和轮椅的停靠路线，道路的形状使得车速被迫降低到步行速度。

自行车策略：每个家庭拥有 2 ~ 3 辆自行车的储存空间，并有与市区连接的自行车道路。

电动车策略：为减少对汽车的依赖，居民可以使用共享制电动车，其电能由社区安装在每户的光电板自产电力供给，通过使用电动车的方式解决短距离交通。总面积为 777 平方米的太阳能光电板，峰值电量高达 109 千瓦时，可供 40 辆电动车使用。

互享车辆系统：希望通过互享车系统，实现汽车的低保有量。互享车俱乐部是城市交通的新生事物，会员无须拥有私家车，可以省去保险、税、贷款和维护等日常开支。会员共享俱乐部汽车，根据需求使用，按时间和行程支付费用。数据表明，一辆互享车可代替4～6辆私家车，有很大的环保价值。

4. 节能策略

生态村所有住房都安装了低能耗灯具和节能设备。

5. 低碳城乡食物链

恢复城乡联系，鼓励居民在自家花园种植蔬菜和农作物，恢复并建立低碳的当地食物链。通过低碳食物链，居民可以获得最优质食品、最少食品包装和最少的食品运输历程，充分做到低能耗。

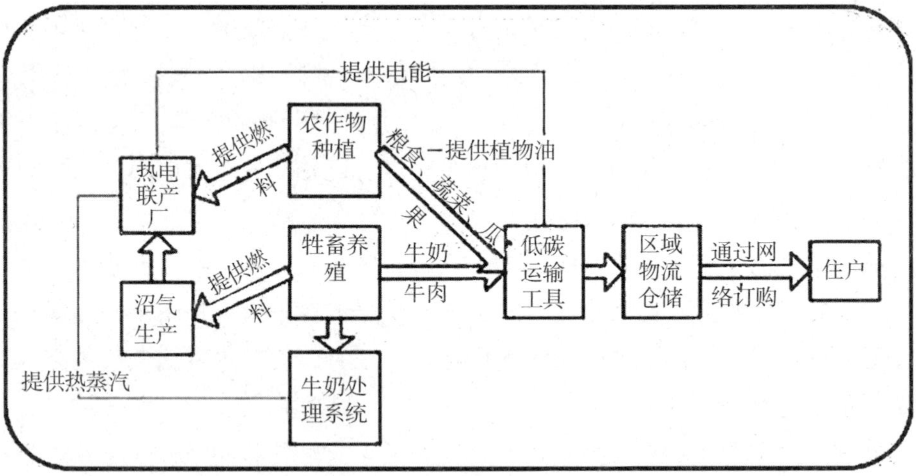

图8－4　低碳城乡食物链

6. 太阳能光电板的利用

遮阳和转化太阳能为电能。

7. 以风为动力的自然通风管道——风帽

风帽的一个通道排出室内的污浊空气，而另一个通道则将新鲜空气输送进来，在此过程中，废气中的热量同时对室外寒冷的新鲜空气进行预热，最多能挽回70%的热通风损失。

（三）其他

1. 节约土地的措施

用地采用废弃的污水处理厂，并尽可能地提高建筑密度。

图 8－5　土地资源管理和节约利用

2. 建材的就地选择和传统建造技术的应用

建筑尽可能使用天然材料、再生材料或者回收材料，尽可能在距离场地 35 英里范围内选择，尽可能地发挥材料的性能。选用当地材料和传统建造技术对环境的影响最小，工程的耐久性会更高。

例如，建筑的 95% 结构用钢材是从 35 英里内的拆毁建筑场地回收的，其中的一部分来自一个废弃的火车站，许多木料和玻璃都是从附近的工地上“拣”的。建筑窗框选用木材而不是未增塑聚氯乙烯，仅这一项就相当于在制造过程中减少了 10% 以上（约 800 吨）的二氧化碳排放量。

3. 多用途户型

贝丁顿提供了 99 户的多用途户型，其中一部分用于市场销售，一部分作为公屋出租，这样就使不同类型的市民都有房屋居住。

4. 社区教育

教育在这个社区显得非常重要，特别是当住户搬进的时候，他们十分需要知道如何正确操作和使用小区里的各种生态系统。

贝丁顿社区为居民提供各类辅导服务，包括说明手册、信息服务、社区博客等，来引导居民可持续的生活方式。例如，社区会为居民提供如何选择合适的家具、节能的电器、环保的装修材料等建议。

5. 用后监测

据测算，英国的人均生态足迹达到 61 900 平方米，即需要 61 900 平方米土地才足以提供一个人生存所需资源。而贝丁顿社区理想的情况下可以达到19 000 平方米。实际上，目前小区的人均生态足迹大约为 43 600 平方米。

从量化的节约能量上来看，根据入住第一年的监测数据，小区居民节约了热水能耗的57%，电力需求的25%，用水的50%和普通汽车行驶里程的65%。环境方面的收益更多，每年仅二氧化碳排放量就减少了147.1吨，节水1 025吨。

在经济价值方面，开发商并没有因为相对稍高的造价而减少赢利。贝丁顿小区的市场价值比类似没有生态功能的小区至少高出15%，而且居民们非常满意他们的社区。

三、本项目的启示与借鉴

（1）分析当地气候是设计生态社区的基本依据，因地制宜的创造性措施才具有生命力。例如，利用当地充足的速生林资源进行发电、针对半年的供暖期而采用的零采暖措施等。

（2）生态村所倡导的绿色生活方式需要充分的宣传和引导，只有当地居民逐渐理解、适应这种先进的生活方式时，生态城的理念才能被落实，生态城的经济效益才能实现。

（3）水资源利用方面的经验可以借鉴，例如雨水及污水的循环利用技术，各种节水措施的应用等。

（4）多条交通策略都具有借鉴意义。

（5）工作、居住混合的城市布局与设有自留地的社区模式都可以尝试。

（6）采用当地建材和传统建造技术的建筑模式值得思考。

（7）多样的居住模式适合各个社会阶层，利于社会稳定。

（8）建立用后评价体制，生态城的建设是长期的，需要不断地改进和积累经验才能建设出符合当地情况的生态城市。

（资料来源：景观中国网，http：//www.landscape.cn/paper/cs/2010/257579838.html）

【案例3】

生态社区　家门口的零废弃运动

图8-6　6月21日，一位女士向前来参观的观众介绍自己培植的绿色芽苗菜

如果你家的厨余垃圾堆得肥，会有蔬菜公司来收；你收集的各种包装盒，会换来芽苗菜；你打算扔的“破烂儿”，会兑来节能灯。而这一切都在你的家门口实现，你还敢说你不想要这样的环保生活吗?

如今，在史家胡同社区，一个全新的生态社区正在释放出这样的活力。

1. 环保教育课

6月21日上午，东城区史家胡同博物馆里的幽静被一阵叽叽喳喳的童声打破，十几个孩子头戴卡通小纸帽围站一圈，在志愿者的带领下玩起了社区小剧场游戏。他们分别扮演“分类垃圾桶”、“厨余垃圾”、“电池”、“蚯蚓”和“丢垃圾的人”等，“丢垃圾的人”要把“垃圾”投放到正确的垃圾桶内。

“第一次上这种环保课，很好玩。”上小学的乔佳钰拿着志愿者老师发下来的剧本，仔细看了几遍，挑选想要扮演的角色。

此时，他们的父母就站在一旁。

作为生态社区的新组成部分，社区儿童环保教育课堂开课了。一年前，北京万通公益基金会主旋绿生态社区项目来到这里。

课堂结束时，老师留了作业，要孩子们回家统计一下，一周时间里家里产生的垃圾种类和大致数量，并列成表格写在作业本上，下节课可用来兑换小礼品。

作为主旋绿生态社区新的组成部分，环保教育课将以儿童版和成人版两种方式进入更多项目社区。秘书长陈键介绍，环保课堂的课程设计都是在社区内完成的，讲授的内容都是社区的事、社区的情景。

“今天启动了环保教育课堂，也有新生力量了。”一位阿姨说，生态社区第一期，参与的多是他们这些老人，儿童环保课堂一来，孩子的父母也跟着来了。这正是万通公益基金会设计儿童环保教育课堂的一个出发点。

2. 初尝“甜果”

这时，史家胡同社区居委会的大院里，绿植小组、跳蚤市场小组、手工小组和厨余垃圾处理小组的居民们围坐一起，他们在和基金会工作人员商量如何将生态社区长期持续下去。一旁的小长桌上摆放着居民一年来的成果：一盆盆绿意盎然的芽苗菜、废油做的手工皂、废旧衣物做的布贴画等。

在过去的一年多时间里，万通公益基金会在史家胡同里掀起了一场家门口的零废弃运动，将绿色芽苗菜种植技术、厨余垃圾处理技术、废旧物品再利用手工课程等多种容易上手的绿色环保技术引入，免费给居民提供种植工具、处理工具等，并带来各种小知识。居民们还会定期开展旧物交换大集等活动，将闲置物品交换使用。

指着一矿泉水瓶的棕色液体，居民李红莲说，这是厨余垃圾处理后的液体，可以洗碗洗池子。“洗涤灵对水有污染，这个就很环保，还把垃圾循环利用了。”打开家庭式厨余垃圾处理桶，里面堆着的已经长白毛的厨余垃圾，“放一段时间就变成这种水了，好使着呢，厨余垃圾还可以做成肥料呢”。李红莲还用5斤苹果做了一桶食用酵素。

一旁，一位大妈正拿着小剪子剪芽苗菜，剪下来一堆送给其他居民带回家尝个鲜，“这个能长三茬，我们种了这么多芽苗菜，各种各样的，每次一吃这个就想起生态社区的活动，我没理由不参加”。

用居民的话来说，“大家的生活变充实了，常动手还能防止老年痴呆”。

一位大爷说，以前他没事就是逛大街或者看电视，现在学到了很多绿色环保知识，健康知识也学了不少，“比如上次讲课时提到的酵素，过去根本没听说过，听课后，感觉确实是好东西，但做酵素的工具没有。我想做，这工具能不能帮着解决解决”。

被居民团团围住的陈键马上接话，这些环保工具都可以通过奖励方式来兑换，比如参加15次社区生态环保活动，或攒够一定生态环保积分来兑换，万通公益基金会从来都不会白给东西的啊。陈键说完就笑了，想鼓励居民主动参与更多环保活动的小心思也随之显露。

3. 积分零废弃卡

本来还想把秘密再隐瞒些日子，好给居民带来个惊喜，但陈键还是被居民的热情撬开了嘴，主动走漏了风声。

史家胡同生态社区项目第二阶段，也就是今年，很快将引入万通公益基金会新开发的积分系统。这是一个全新的子项目，这个系统首先会和废旧资源回收公司建立起合作关系，让公司能定期到社区回收废品。

居民将以家庭为单位领取“主旋绿生态社区生活绿卡”。家庭先对垃圾分类，然后在规定时间把其交给资源回收公司，收的时候一刷卡，积分就被自动计入卡内。

积分有多少，居民每次刷卡时就能看到，也可以通过微信查看。积分达到一定分值时，就可到社区来兑换节能灯等环保产品，也可在居民之间互相兑换，比如喜欢淘宝购物的年轻人，可攒集包装盒等废弃物兑换积分，再用积分跟种植芽苗菜的家庭兑换新鲜的芽苗菜吃，通过积分管理系统，把积分转入种植家庭的生活绿卡内。

社区里不同小组之间也可互动，比如厨余垃圾处理小组的人，可拿着积分兑换绿植小组的芽苗菜、手工小组的手工作品、跳蚤市场小组的市场场地等，让资源在社区内流动起来。

陈键透露，资源回收设备、积分系统都已到位，很快就能进入社区，到时候这些系统和设备都得由社区居民自己来管理，前期会有专业人员来培训如何操作，特别容易上手。“将来，我们希望生活绿卡能做各种和生态有关的事，比如厨余垃圾堆肥也可以积分，比如有机蔬菜的公司买有机堆肥。”陈键说道。

几位大妈一听就乐了：“我们这个年龄段的人，连银行卡都不敢刷，但这个系统怎么都得体验一把。”

6 月 21 日的活动，史家胡同社区居委会主任赵博言留意了一下，社区的三条胡同里都有居民参与，附近社区的居民也来了。“这种传递特别可喜。”

如今，社区里的各种“创绿”小组开展活动，都可向主旋绿基金申请资金支持。

对于未来的撤出，基金会也做好了打算，年底将推出“城市生态社区以人为本评估体系”，让居民们参与评估街道、社区或者楼门等的环保行动，星级高的可以获得更多主旋绿基金支持。

（资料来源：《新京报》，http：//www. bjnews. com. cn/feature/2014/07/08/324459. html）

【案例4】

从生态社区到生态生活：中国百姓的新“开门七件事”

胡元芬说：“这不是抠门，而是环保。”

59岁的胡元芬是贵阳市云岩区中天花园社区的住户，为这个“节能减排示范社区”做义务宣传员已有一年半。“碳排放”、“光污染”、“无磷洗衣粉”，说起环保概念，年过半百的她不比年轻人懂得少。

胡元芬自己琢磨出了一套家庭用水循环使用办法，即利用多个储水容器实现“一水多用”：洗衣水、洗脸水、洗澡水用来洗拖把、冲洗厕所等，淘米水用来洗碗筷、洗蔬菜、浇灌花木……她家因此获得了“节水特色家庭”的称号。

云岩区中天花园社区支部书记王有翠说，胡元芬所在的玉兰园，是洁净单元、绿色单元、节电节水单元、减排单元与和谐单元5个试点，大家“八仙过海各显神通”，通过“争创节能减排家庭”活动，交流共享经验。

胡元芬家摆放着一本《贵阳生态文明城市建设市民读本》。“2009年5月，贵阳市把这本书的首发仪式放在社区举行，还掀起了创建生态文明社区的高潮。”但就像有的专家说的，“生态社区不等于生态生活”，中天花园能成为示范社区，不仅依靠坐落在环城林带、植物园和林场环抱的地理位置，更依靠居民的“生态生活”实践。

2009年8月，当《贵阳生态文明城市建设市民读本》发放3个月后，贵阳市迎来了“生态文明贵阳会议”的召开。在生态城市论坛上，贵阳、长沙、海口、广州、杭州、昆明和南宁等城市的市长或副市长，就低碳经济与可持续发展、生态城市的规划和治理等问题进行了探讨。

胡元芬说：“通过媒体宣传和社区组织开展各项活动，环保观念逐渐深入人心。”

在胡元芬看来，专家考虑的是“生态城市”、“生态社区”怎么建，怎样体现节能，考虑绿色能源的利用、绿色建筑材料系统、节约用地、节约资源和贯彻环境保护原则，而老百姓最能体会的是节约用电、用水等的实际效果。

据王有翠介绍，通过两年来的4次节能灯推广和发放，社区3 000户家庭的节能灯使用率达到了90%以上。

2009年，中央财政安排约6亿元，在全国推广高效照明产品1.2亿只，其中，贵州省的500万只节能灯推广任务10月底就完成了。

胡元芬说："中天花园里的住户大多生活宽裕，但不是花了钱就可以随意浪费。大家都应该绷紧一根弦，我们浪费的不仅是资源，当全球变暖后，威胁的将是全人类赖以生存的家园，再多的钱也买不回来。"

（资料来源：新华网，http://news.xinhuanet.com/society/2010-01/04/content_12752623_1.htm，2010年1月4日）

【案例5】

武汉市江汉区满春街建设"都市田园"

随着武汉市江汉区满春街长堤社区"都市田园"志愿者协会的成立，至此，满春街下辖的8个社区已先后成立"都市田园"志愿者协会。这是继该街"门栋自治"获得"全国和谐社区自主创新奖"后，深化和谐社区创建的又一举措。

满春街是武汉市典型的商业老城区，地狭巷多，人口密集，商业网点稠密，辖区多为还建住宅楼，离退休、下岗人员，失业人员较多。社区建设"883"行动计划以前，乱堆、乱搭、乱盖现象随处可见，还有许多花卉爱好者私自搭建铁栏杆，强占公共空间，引发社区居民关系不和。为解决这个难题，满春街在社区建设"883"行动计划中，进行了重点整治，辖区环境得到了较大的改善，但"883"计划结束后，居民乱搭、乱建现象又出现了反弹。为了解决居民爱好和社区环境之间的矛盾，满春街借鉴"门栋自治"，也就是居民自我管理、自我服务、自我教育的"三自"经验，成立了满春街"都市田园"志愿者协会。

协会成立的目的以改造社区环境为根本，以提高居民生活质量为目标，充分整合社区资源优势，通过街道出资兴建，居民负责维护；居民实物资助，街道规划场地；单位出资兴建，街道技术支持等多渠道打造绿色校园、绿色市场、绿色门栋、绿色院落、绿色平台、绿色家庭和绿色窗台的满春绿色立体文化，推进政府与居民和单位之间的互动，共建园林式生态型现代社区，谱写人与自然、人与人、人与社会的和谐篇章。

协会成立以来，定期举办了花卉养植、病虫防治、盆景赏析和定点考察等活动，让"美、绿"进社区、进门栋、进家庭。大夹社区以"都市田园"志愿者协会为社区服务的平台，成立了姐妹家园队、青少年绿色家园环保队等文化队伍，在社区大力开展生态环保系列教育活动。民族路13号的陈炎财爱花、爱鸟如命，原来只是自己摆弄屋里的几盆盆景，现在他在社区提供的位置摆上自家的盆景、花卉，精心维护，打造成了一个空中绿色小公园，每次居民路过时，都要驻足观看，给人一种怡然自得的享受。社区植树绿化，花坛的设计、植物的栽种，他献计献策，画上规范的示意图、参考图，以便社区采用。目前大夹分会成员有38名，他们不仅在社区义务植树百余株，而且每人都在自家平台、阳台上养花、植树、种菜等，小有规模，自成一趣，使社区空中楼阁初显田园风光，奠定了社区发展的基础。

满春街“都市田园”志愿者协会的成立，创造性地组织居民群众参加到“携手护绿、以花会友、温情享受、快乐同行”的行列之中，为城市建设成功探索出“私养公助”的社区绿化新模式，用小的行动带来大的变化，用实际行动选择“绿色的生活方式”，以“绿色完善自我、绿色改变生活、绿色创造未来”，为和谐社区建设谱写出新的篇章。

（资料来源：湖北新闻网，http：//www. chinabidding. com/zxzx-detail – 473637. html）

第九章　幸福社区：人民幸福的生活共同体

我们在前面的篇章中已经论述到，在一个社会急剧变迁和社会分化的时代，我们每一个人都要面对“我们是否还能够共同生活”这样一个核心难题，这是我们当今这个时代面临的一个严峻的挑战。

自滕尼斯提出社区即共同体概念以来，关于社区的命运和走向便日益受到人们的关注。在滕尼斯看来，社区是自然而然形成的人群组合，血缘、邻里和朋友关系是社区的主要纽带。在这种共同体中，人们之间有着亲密的、面对面的接触。随着工业化和城市化的推进，社区将被以理性契约和法律为基础的社会取代。滕尼斯所言的社区是指人们基于本质意志所联结成的共同体，以亲属群体、村落等为典型，但他的确敏锐地意识到了传统社区在工业化和城市化的进程中面临的问题。

工业化、城市化催生了众多的业缘性社会组织和趣缘性社会组织，尤其是网络社区的出现，使亲缘、血缘关系的联系纽带作用变得松弛。由于现代城市内部区位功能的分化，人们的居住、工作、游憩和购物等活动可以在不同的地域空间中进行，便捷的现代交通和网络通信又使人际交往突破了地域空间的限制，再加上工作节奏的加快以及居住方式的单元化、高层化，这一切都弱化了居住区内邻里之间的联系。但是，地域性生活共同体不可能也不应该消失，地域社区的功能也是其他群体和组织无法替代的。因为人是社会性的存在，人不仅要居住在社区，而且总要与邻里和社区内的居民进行社会互动，总希望结成共同体解决共同面临的社会问题，以构建我们的共同生活和实现我们的共同梦想，并愿意为之努力。

幸福社区作为人民幸福的生活共同体，体现了新型社区的新理念与新实践，正走向我们的生活。

第一节　幸福社区的新理念

习近平总书记站在中国历史发展的制高点上，高瞻远瞩地将“实现中华民族伟大复兴”概括为“中国梦”，内涵丰富，意蕴深远。这一概括不仅极大地深化了对近代以来中国社会发展主题的理解和认识，同时也为当前我们坚定不移地推进中国特色社会主义现代化建设、全面建成小康社会凸显了重点，指明了前进方向。

习近平对中国梦进行了更全面的阐释，“中国梦归根到底是人民的梦”，“实现中华民族伟大复兴的中国梦，就是要实现国家富强、民族振兴、人民幸福”。中国梦就是人民幸福梦，这个全新的阐释给我们描绘了一幅关于幸福中国梦的未来蓝图。

一、人民幸福是中国梦的最高价值尺度

社会主义的根本目标和理想是全体人民的平等解放、自由发展和生活幸福。人民幸福是社会主义社会发展的最高目标和最终目的。中国梦是人民幸福梦的价值本质属性认识，正是这一目的论在当代中国社会意识的具体反映，因而可以看作当代中国社会发展的又一次社会转型的标志性理念。

（一）人民幸福体现了人类社会共同的价值追求

近年来，在全球化问题的影响下，人们不断讨论和反思什么是人类共同的价值追求。对这个问题的回答要求我们与时俱进地构建社会主义核心价值观。人类共同的价值追求是在人类社会进步和交往中逐渐形成的具有一定社会历史性、一定具体差异性、共同的基本价值准则和理念。我们要构建的社会主义核心价值观要体现人类共同的价值追求，科学、民主、尊严、公正、和谐、幸福并非资本主义所特有的价值观，而是全世界在漫长的历史过程中共同形成的文明成果，因而也是人类社会共同的价值追求。

幸福是人类孜孜以求的价值目标，对幸福生活和幸福社会的追求，是推动人类社会文明发展的重要动力。古今中外的思想家都认为，追求幸福生活是人与生俱来的生命价值的终极追求。马克思主义充分肯定幸福在人类社会发展进程和共产主义

事业中的崇高价值及意义。毛泽东同志曾经说过，社会主义的道理千头万绪，归根到底就是一句话：普遍幸福。社会主义就是以实现全体成员普遍幸福为直接目的的社会制度。幸福作为一个全面反映公平、富裕、自由、民主、文明、和谐等实现程度的价值理念和价值指标，综合体现了社会主义核心价值观的崇高追求。

“让人民幸福”是中国特色社会主义道路的本质要求，更是十八大最响亮的政治宣言。在十八大报告中，“人民”一词出现了145次，“牢记人民信任与重托”、“把人民利益放在第一位”，温暖着亿万人民的心。“人民对美好生活的向往，就是我们的奋斗目标”，习近平同志在新一届中央政治局常委与中外记者见面会上的庄严承诺，体现了中国新一届领导人执政理念的日趋完善和成熟，凸显了当代中国社会转型发展的新理念。

人民幸福是衡量中国梦的最高价值尺度，其核心是以人为本，说到底也就是为了使人民这个民族主体生活得更加幸福和美满，更有尊严和价值。以人为本作为中国特色社会主义的核心价值取向，既是马克思主义价值理想的根本所在，也是人类社会共同价值追求的集中体现。坚持以人为本的社会事业，是最得民心、最为壮丽、最有前途的正义事业。中国特色社会主义道路，以人民幸福作为衡量中国梦的最高价值尺度，这一理念越是深入贯彻，就越是能深切地同人民对美好生活的向往相契合、同人类文明发展的趋势相贯通，就越是具有不可限量的远大前程。

（二）人民幸福彰显了党的执政能力的提高

“人民”是一个政治哲学的概念，人民是指所有国民，不是一部分人。每个共和国的公民都属于“人民”的范畴，他们都有权利对社会、对政府、对他所生活的群体提出期待，过“小康生活”，过“体面的有尊严的生活”是每一个共和国公民的基本权利，过一种幸福生活是全体人民的共同目标，也是执政党所应该承诺的政治责任。

在新的历史时期，我们党在执政实践中，强调坚持以人为本，“权为民所用，情为民所系，利为民所谋”。十七大报告指出：“全心全意为人民服务是党的根本宗旨，党的一切奋斗和工作都是为了造福人民。”十八大之后，中国梦勾勒出美好图景，国家富强、民族振兴最终统一于人民幸福的历史语境中，将“为人民谋幸福”的共产党宗旨赋予了新的时代内涵，中国梦升华了我们党的执政理念，成为当今中国的高昂旋律和精神旗帜。以人民幸福为本，是我们党执政的根本理念和最高价值追求。秉承这种执政理念，党和政府必将以人民的幸福程度作为检验其执政能力水平的最终标准。

（三）人民幸福凸显了发展价值观的新境界

作为一种政策实施目标，人民幸福的价值取向是人类发展观念的一次重大飞跃，凸显了人类发展价值观的新境界。以人民幸福为本，体现了科学发展观的必然要求。它包含这几个重大问题：第一是社会为谁发展；第二是中国特色社会主义理论的实践；第三是重新校正社会发展的目标。

长期以来，传统的经济学理论和发展理论把增加国民财富、提高国民收入作为国家发展的根本目标，把增加国民财富等同于提高国民幸福水平。统计资料显示，物质财富的增加并不一定能带来民众幸福感的同步提升。幸福感的提升与财富的积累并不必然正相关联，从而形成一种“财富与幸福”悖论。同时，由于贫富差距悬殊，政治民主参与、教育、医疗、社保等公共资源体现的不均衡性，使得人们的相对剥夺感和不公平感增强，民众幸福感走低，幸福指数也在下降。这种现状引发了人们对发展价值观的反思，如何在经济社会不断发展的基础上，让人民由衷地感受到“生活得更加幸福、更有尊严”，“社会更加公正、更加和谐”，这是我们不得不面对的时代课题。

这些年，我国不少地方政府将 GDP 当作唯一的追求目标，忽视了发展的质量、发展的代价和发展的公平性。现实生活中不少人信仰金钱，物质财富在增加的同时，反而成为其不幸福的开始。比如，有的人财富多了，精神却空虚了；不少“中产”在享受有房有车的富足生活的同时，身体处于亚健康状态，心理疾病患者急剧增多；有的企业利润在增加，却因管理中缺乏人文关怀，员工超负荷工作，情绪压抑，跳楼自杀现象不断出现。反思这些社会现象，我们最终明白，GDP 增长只是谋求幸福的手段，必须转变人类生活理念，确立快乐幸福才是人类生活的终极发展与终极价值的理念。人民幸福是国家和社会发展的最终目标，也是衡量中国梦的最高价值尺度。

二、幸福社区是人民幸福的生活共同体

幸福是一种个人的主观体验，但是单纯谈论个人的主观幸福意义并不大，我们要强调的是如何营造一种普遍的通向社会幸福的环境与氛围。个人只有置于群体中，与他人互动，这才是一种真正的、积极的幸福。我们谈论群体，涉及家庭、亲戚、朋友等不同的人，但其中有一个很重要的载体，即社区。

社区不仅仅是一个空间地域概念，更是一种社会心理意义上所归属的共同

体，是人们生活所直接面对的社会关系空间。它包括两个不同层面：一个是现实的地理物质空间，由房屋、环境、公共活动场所、基本设施等组成；另一个是虚拟的心理情感空间，是人与人之间所组成的心理共同体。滕尼斯在提出社区的概念时其实是在后者的意义上谈的，不涉及地域空间的概念，他谈的是人们基于本质意志所联结成的共同体，如以往的亲属群体、村落等。后来在美国芝加哥学派罗伯特·帕克等人的修正下，社区有了地域空间的界定，帕克他们研究社区是为了解决美国城市迅速发展中的重要问题的。在中国，学者费孝通、吴文藻等人引入社区概念时，则天然地赋予了其地域空间的概念，成为在一定空间中人与人之间结成的共同体。我们谈社区建设，并不是只谈社区居委会辖区内的地域空间和物质建设，更重要的是说，在传统社区（初级群体、村落、单位等）消亡的情境下，我们如何重构社区，建设一个人们能够归属其中的意义共同体，以给人们一种生活的意义感。而且，在社会急剧变迁和社会分化的时代，这种意义共同体能给人以支持，当面临生活的剧变时，能有一个重要的精神支撑。

在这个意义上，社区成为承载幸福生活、实现幸福生活的天然载体，因为幸福是一种意义的体验，而真正意义上的社区共同体能够培育这种意义体验。幸福社区，就是把社区建设成为人民幸福的生活共同体，这是新型社区的新理念和新实践。

幸福社区的新理念需要我们从社区适宜居住性、构建共同社会生活、培育社区文化认同三个方面去规划和推进。

1. 社区适宜居住性

20 世纪 90 年代以来，美国、加拿大、澳大利亚等国先后兴起了“社区适宜居住性运动”，倡导新型社区理念。在该运动中形成的“社区适宜居住性”理论强调以下十个要点：

第一，创造适宜居住的步行社区；

第二，将学校、商店和服务设施安排在方便的步行范围内；

第三，设置社区公园和开敞空间；

第四，丰富、整齐的社区景观；

第五，清洁的自然环境；

第六，社区能够被所有人接受并感觉安全；

第七，社区文化、历史和生态具有独创性；

第八，创建有活力的社区中心，形成商业、服务业以及公共设施集中的社区中心，创造居民愿意停留、访问和社交的场所，增加人们使用社区中心的频率，提供居民相互交流的机会，提高社区的凝聚力；

第九，增强社区凝聚力的设计；

第十，欢庆的社区公共区域和公共生活。

根据以上社区适宜居住性的最主要内容，我们可以更具体地说，新型社区的理念规划布置方式包括网状道路结构、中心布置商业和社区的公共设施，以及围绕中心布置公共空间和公园，而住宅围绕街道布置，形成友善的步行舒适环境。由此可见，在此提出的新型社区理念强调社区功能的综合性，完全与过去甚至至今仍沿用的“功能分区”理念相背离。同时提倡友善舒适的步行环境，这又与当前所有城市以追求“大马路”式的机动车为主的交通环境规划相矛盾。但从可持续发展、和谐发展、以人为本的角度来看，“社区适宜居住性”的新型社区理念更加符合中国国情，更加适应中国的发展。

确切地说，“社区适宜居住性”的新型社区理念包含了更广泛的含义，包括经济、社会、文化和生态等内容，它使一个城市和社区具有吸引力，社区的人们生活愉快并对社区感到自豪和幸福。这个城市和社区有一个充满活力的经济使居民有机会就业；居民可以方便、安全地在社区内享受到服务；社区的环境清洁健康；社区有一种归属感，家庭和居民相互了解、相互关心；社区基本服务配套包括学校、医疗设施、安全急救服务等；社区生活费用合理，经济适用；社区的景观面貌非常宜人，有独特的、反映地域和社区特点的标志性环境；社区建筑精美富有特点，人文景观丰富。

2. 构建共同社会生活

探索以构建居民社会生活共同体为核心的社区建设是实现基层有效社会治理的关键。如果社区工作者们把握了社区的社会生活共同体本质属性后再开展社区建设，就会贴近人类本性和人民生活，满足人们的需求，激发人们参与社会生活和社区生活的热情，使社会转型和社会管理格局日臻完善。正如第一个把社区概念引入中国的美国社会学家罗伯特·帕克所说：“试图在城市街区中追寻成功的标准，如高标准的物质设施，或所谓能力很强的‘无问题’的街区人口，或记忆怀旧的城镇方式的生活等，都是白费功夫。这种做法都没有涉及问题的本质，即城市的街区是干什么用的?”这实际上在提醒我们：在进行社区建设时，应当明了我们到底需要什么样的共同社会生活。

社会生活是指发生在个人与家庭、社会、群体、社区的交往中以及各种各样的公共活动，它以物质生活为基础，以社会交往为核心，以精神满足为目的。人们在社会生活中展现出自己的社会性存在，展现出人的群体特征和社群属性。对于幸福生活和美好未来的追求是人类的本质特征。诗意的栖居，作为中国人的居住梦想，从古到今不乏各种美丽的传说，以及表现在诗歌、文学等艺术作品中，它们正是人类本质属性的生动体现。这种在历史上曾经出现过的社区共同体尽管经历了种种变故，但由于工业革命和城市化导致的急剧社会变迁和社会分化，传统生活共同体在很多地方已荡然无存。然而人类从来没有失去过对美好社会追求的信念，这正是社区建设的目标和动力所在。重新找回社区共同体成为人类不懈奋斗和追求的目标。

社区建设是政府、非政府组织和企业介入社区发展的过程，通过制定有关法律和法规，进行社区建设投资，建立和完善社区组织，动员社会力量参与等来解决社会问题，完善社区体制与机制，提高社区的群体认同感和凝聚力等。社区建设在目标上包括四个重要方面：社区居民生活质量的提高、社区认同感和凝聚力的建设和培养、社区组织和体制的建设与创新、社会问题的解决。这四个方面又是相互关联的，甚至在一定程度上有重合。与其他三个方面比较，社区居民生活质量更具有概括性和目标特征，社区居民生活质量的提高包含了丰富的内容，如社区居民自治、社区治理创新、社区服务体系、社区安全构建、社区文化建设和社区生态优化等。作为地域空间和物质建设意义上的社区建设主要通过一系列的建设活动来修复因工业化和城市化加速瓦解的传统人类生活共同体，实现人的自由和全面发展。当前的问题是，我们在推进社区建设过程中还不能完全明了社区建设与人类社会生活共同体之间的关系，往往把社区建设活动本身当作社区发展的目标。社区建设工作者可以进行各种社区创新活动，但是要切记社区建设和社区发展的最终目标是实现人民的幸福生活。

3. 培育社区文化认同

社会生活共同体意味着要让社区居民在自主管理社区事务中，逐步形成共同的价值观念和行为规范，形成共建共享、休戚与共、富有文化活力的文化共同体。文化是共同体的灵魂，社区文化是培养社区居民自我教育和自我管理能力、建设社会生活共同体的最好途径。

社会生活共同体在一系列精神内涵要素上是共通的，有着一致的价值认同和行为认同。

第一是共同的社会规范。社区成为社会生活共同体，首先要有共同的社会规范，这些社会规范不是外部强加的，也不是少数人制定后赋予大多数人的，而是社区成员共同参与制定的、真正意义上的乡规民约。美国素有遵循乡规民约的传统，从最早的移民开始，人们就意识到在使个人需要得到满足的同时，必须满足群体的需要，在享受权利的同时，必须承担义务，在建立和谐的邻里关系中实现个人安全、自我放松、家庭温馨、邻里和睦和共同认知。对于现代社会生活共同体而言，共同的社会规范是最为基本的价值共识。社会成员认同共同的社会规范，维持社会生活的内部秩序，社会生活共同体才能存在；反之，社会生活共同体就不能形成，即便是暂时形成了，也是昙花一现，不可能长久存在。因此，共同的社会规范是社会生活共同体存在、发展的前提和基石。

第二是共同的语言文化。如果说制度层面的公共秩序是显性的东西，那么，情感融通则是隐性和基础的内容。因此，社会生活共同体范畴的共同语言文化，不单纯是指可以听见的语言声音，而且更代表着语言声音背后的情感认同、感情交流以及共同的利益趋向和心理诉求。由此看来，社会生活共同体的居民个体形成一定的、共同的语言文化，就能促进互相肯定、互相需要，促进相互帮助、相互配合，维护共同的利益，恪守公共目的，形成共同的文化心理结构和创建集体人格。

第三是共同的行为方式。由于社会生活共同体是一个由若干个体或群体组成的有秩序维持、有情感基础的稳定结构，每一个有行为能力的个体都在扮演着与其他个体相互配合的一起生活或共同生活的社会角色，而每一个个体都必须作为一定的社会角色服从为整个共同体所普遍认同的社会规范，因此，以“我为人人，人人为我”、“你为我好，我为你好”为共同行为准则的社会生活共同体，必然形成互帮互助、守望相助、和谐相处的共同行为方式。

培育社区文化认同能够进一步调动居民社区参与的积极性，对构建社区和谐幸福具有非常重要的积极影响。社区发展的核心是居民参与到社区环境和制度的改变当中，居民通过讨论和协商确定改造的主题或对象，联合社区内各方力量，与政府配合实施社区改革，并共建共享社区改革的成果。居民对社区建设的参与越多，社区认同感和归属感也越强。

第二节　幸福社区的新实践

近年来，中国社会对幸福区域和幸福社区建设的兴趣越来越浓厚，并从城市和社区的角度提出幸福社区建设。在以实现中华民族伟大复兴的中国梦为目标，努力构建“美丽中国”的大背景下，推动具有中国特色的幸福社区建设，对于维护社会和谐稳定、实现科学发展，以及培育和践行社会主义核心价值观，具有重要的实践意义。

一、幸福社区建设的 GPS 模式[①]

从 2012 年 10 月开始，广州市启动幸福社区创建试点工作。从 2013 年至 2015 年，广州市将分别按照全市城市社区 20%、15%、15% 的比例全面推进幸福社区创建活动，力争到 2015 年底，将全市 50% 以上的城市社区打造成为“社区安全又舒适，邻里友善互关心，社区事务齐参与，社区幸福共分享”的幸福社区，推动幸福广州建设。

广东省广州市：幸福社区建设 GPS 模式

“2013 年度中国社区治理十大创新成果”候选项目之二十五

广东省广州市幸福社区

建设 GPS 模式创新成果说明

概要：构建幸福社区建设 GPS 模式。一是制定推进街道、社区服务管理改革创新等文件，推进街道（镇）“一队三中心”建设和社区“一居一站”建设；二是建立健全社会组织培育扶持制度体系，加快社区社会组织培育；三是制定加快推进社会工作及其人才队伍发展等文件，建立“政府出资购买、社会组织承办、全程跟踪评估”的政府购买社会工作服务模式；四是整合政府公共服务资源，强化社区自治组织建设，引导多元主体参与，建立幸福社区综合测评体系。

一、成果名称

幸福社区建设 GPS 模式

二、创新主体

广东省广州市人民政府

三、成果概况

自 2011 年以来，广州市紧紧围绕“率先转型升级、建设幸福广州”的核心任务和新型城市化发展的战略部署，着力推进基层管理体制改革，完善基层自治组织体系，培育发展社会组织，完善政府购买社会服务机制，努力构建以社区为平台、社会组织为载体、专业社会工作人才队伍为支撑的社区服务管理格局，并以居民需求为导向，全面深入开展幸福社区创建，总结形成了多元治理、多元参

① 资料来源：新华舆情，2014 年 2 月 26 日，民政部政策研究中心、民政部基层政权和社区建设司提供。

与、多元服务为特征的“幸福社区建设GPS模式”，明确了社区治理基本路径。

四、主要做法

“幸福社区建设GPS模式”是指：多元治理（Governance）——通过明确多元主体的社区管理职责和关系，强化多元主体之间的协作互动，克服以往政府“一头热”的单边管理模式，由政府行政力量主导的一元管理或单一部门的碎片化治理向多元主体的协作共治转变。多元治理是创新社区管理服务体制的基本要求，也是我市推进幸福社区建设的重大“转向”。多元参与（Participation）——通过建立参与平台和机制，实现机关单位、辖内企业、社会组织和社区居民共同参与社区服务管理，共同提供社区公共服务、优化社区秩序。多元主体积极参与是提升社区自治能力，提高居民认同感、归属感的重要基础，是幸福社区建设的关键。多元服务（Service）——通过政策引导，为居民提供包括政府基本公共服务、社会工作专业服务、互助自助服务等在内的多元化服务，确保幸福社区建设有内容、有保障。多元服务是“小政府大社会”的主要特征，是提升居民幸福指数的重要要素。

（一）全面推进“一队三中心”建设，创新了基层社区服务管理新的平台。自2011年以来，广州市大力推进街道（镇）“一队三中心”建设，出台了《中共广州市委广州市人民政府关于全面推进街道、社区服务管理改革创新的意见》、《关于街道、社区服务管理体制机制改革创新的实施办法》、《关于加快街道家庭综合服务中心建设的实施办法》和《关于创新完善政务和信息网络提升街道、社区服务水平的实施办法》等文件，在街道和社区两个层面开展社区服务管理体制机制的改革创新。在街道层面，按照管理、服务、执法三位一体的要求，推进街道“一队三中心”（综合执法队伍、政务服务中心、家庭综合服务中心和综治信访维稳中心）建设。截至2012年7月，全市132个街道全部建成“一队三中心”，社区服务管理体制及运行机制得到进一步理顺。在社区层面，我市按照政府行政管理与基层群众自治有效衔接和良性互动的工作目标，制定了《关于进一步加强社区居民委员会建设的意见》，全面推进“一居一站”建设，进一步明晰社区居委会、社区服务站工作边界，形成分工明确、相互协同的社区管理格局。全市1 197个社区建立了服务站，占社区总数的80%，为完善社区治理奠定了扎实基础。

（二）培育发展社会组织，拓宽了社会组织参与社会管理服务的渠道。一方面，深化社会组织登记管理改革，按照“有序放开、有效管理、有力扶持”的工作思路，推动社会组织去行政化、垄断化改革，不断建立健全社会组织培育扶持制度体系。全市建成29个社会组织培育基地，其中市级社会组织培育基地1个，区、县级市培育基地9个，群团组织培育基地8个，街道培育基地11个，入驻各类社会组织630多个，基本形成市、区（县级市）、街（镇）三级社会组织培育（孵化）基地网络。出台《广州市社会组织公益创投项目管理办法》，每年立项1 600万元，鼓励社会组织参与公益创投活动。全市目前登记注册的社会组织有5 965个(含备案695个)，其中社会团体2 605个，民办非企业单位3 353个，非公募基金会7个。另一方面，按每个社区不少于5个社区社会组织的目标，加快社区社会组织培育，促使社区社会组织由传统单一的兴趣类文体活动组织向公益慈善类、互助类服务社团组织转变。组织实施《社区公益项目资助计划》，福彩金每年立项500万元，资助社区社会组织开展为老、助残、青少年、社区特殊群体关顾、社区互助及公益、小型社区设施改善等服务。314个创建社区半年来已新增社区社会组织852个。充分发挥社工在组建团队、规范服务、拓展项目和培训策划等方面的专业优势，建立“社工引领义工开展服务，义工协助社工改善服务”的运行机制，目前已组建社区义工队伍近10万人，参与义工服务超过300万人次。

（三）完善项目购买服务制度，建立了以群众需求为导向的政府购买公共服务供给模式。把政府定位为服务规划者、制度建设者、资金供给者。近年来，先后出台实施《中共广州市委、广州市人民政府关于加快推进社会工作及其人才队伍发展的意见》、《广州市财政支持社会工作发展实施办法》、《关于加快街道家庭综合服务中心建设的实施办法》等政策文件。以政府购买社会工作服务为切入点，逐步探索建立以设置项目为基础，以家庭综合服务中心为主要平台，以政府监管和独立第三方评估为保障的“政府出资购买、社会组织承办、全程跟踪评估”的政府购买社会工作服务模式。目前，有12个镇、129个街道共建成了150个家庭综合服务中心，服务项目涉及残障康复、行为矫正、社会救助等多个领域。民办社工机构从2008年的不足10家达到目前的217家，提供就业岗位于3 493个，其中社工岗位2 215个。为残障康复、行为矫正、社会救助等特殊群体提供的个案服务项目126个。社工服务通过家庭综合服务中心走进千家万户，与社区、居民共融共生。2013年上半年，街道家庭综合服务中心累计服务1 544 220人次。其中，个案服务16 474次、51 665人次；小组工作45 658节，服务395 412人次；社区工作21 678节，服务1 097 143人次。以项目为载体的公共服务供给模式，强化了自下而上的群众需求，改变了过去政府“大包大揽”的传统做法，原来政府单一行政式的服务提供转变为由政府与社会组织共同提供，提高了服务效能，群众满意度大幅上升。

（四）深入开展幸福社区创建，激发了多元主体共同参与社区建设的活力。从2012年10月起，按照幸福社区建设GPS模式的要求，以民生需求为导向、多元参与协同善治为路径、居民满意为目标，全面开展幸福社区创建工作，积极引导政府、社区、社会多元主体共同参与，提高社区居民认同感、归属感，在解决社区矛盾纠纷，回应社区居民诉求，维护社区和谐稳定方面发挥了重要作用。一是整合政府公共服务资源。社区建设资金投入持续加大，2012年起按每人每年10元的标准落实城乡社区居民活动经费1.27亿元，推动了社区自治工作；按每个社区30万元的标准提供创建工作经费，市、区（县级市）两级财政累计投入1.02亿元，用于支持社区解决困难、问题。此外，各区、县级市、市相关职能部门还增加投入1.4亿元，用于改善社区卫生、治安居住环境，拓展社区服务项目，提高社区服务管理水平。二是强化社区自治组织建设。各社区建立健全以居民自治章程为核心的社区自治体系，普遍加强社区党小组、楼（组）长队伍建设，并通过成立“四方联席会议”、“对对碰”社区论坛以及Q群、微博等各类网络议事平台572个，及时掌握社情民意，协调解决社区问题，有效调动了社区居民关心参与社区事务的积极性。在社区普遍建立居民代表、居民小组长、小区楼长三级议事平台，做到“小事居民商量办、大事政府负责办”，社区自治功能和作用得到充分体现。按照“80%的社区实行直接选举，50%居委会成员由本社区居民兼职担任”的工作目标，推进新一届社区居委会换届选举工作，吸纳更多社区居民骨干加入自治队伍。三是推动了多元参与机制的建立。探索建立“三社联动”工作机制，采取项目对接、竞争、转介和激励等方式，引导社会组织、社工机构、物业服务公司、企业和机关单位积极参与社区事务。如越秀区五羊社区通过坚持举办幸福社区创建公共服务项目对接现场会，推出了社区应急防火墙工程、移动工具车等14个社区服务项目，发动集团单位、辖内企业认捐的经费超过28万元。海珠区江南中街的春晖膳房项目，发动长江企业集团等企业捐赠，筹集社会资金达125万元。目前，社会力量捐助资金累计达504万元。四是畅通了民意诉求表达渠道。通过召开社区论坛、居民代表座谈会、专题议事会、问卷调查和入户访谈等多种方式，制定幸福社区创建，找准社区居民群众最关心、最直接、最现实的需求。建立“两代表一委员”（党代表、人大代表、政协委员）联系社区制度，以定期驻点的方式听取基层群众意见。五是建立了幸福社区测评体系。研究制定了《广州市城市幸福社区综合测评体系》，幸福社区创建采用第三方（社会工作机构）评估的方式，组建起一支135名学者专家评估团队，按照统一工作流程、评估标准与社区对接，实现以评促改、以评促建、评建结合。对评估收集的3 230多条社区居民意见，以督办方式交由市直有关部门、各级政府、街道及社区居委会主动回应，社区问题得到及时主动处理。

二、建设幸福社区——广州市天誉幸福社区的规划和实践①

2011年1月，中共中央政治局委员、广东省委书记汪洋在中共广东省委十届八次全会上提出，广东“十二五”的发展，“核心就是要加快转型升级、建设幸福广东”。之后，“提升居民幸福指数”、“让人民过上幸福生活”、“进一步发展民生和社会事业”等重大执政理念，被省委省政府主要领导在不同场合屡次提及并予以强化。“建设幸福广东”犹如征程的号角，开始引领全省上下进行新一轮的执政追求。

“加快转型升级、建设幸福广东”既是我省的经济战略决策，也是我们毕生追求的社会价值目标，更是我们要始终秉持的一种精神信仰，因此，宏大战略的背后透出的是暖暖的民生福祉，全省上下反响十分热烈。在此背景下，广州市天河区委区政府力扛幸福建设大旗，率先试点“幸福社区”建设工程，要求各街道办事处选择一个下辖社区作为“幸福社区”建设先行先试单位。林和街道办事处予以积极响应，除了由区指定试点社区外，另根据实际需要，委托广东省城市社区建设研究会课题组对“建设天誉幸福社区”进行深入调研并作规划设计。

将天誉社区作为幸福社区建设试点，具有重要的现实意义：

（1）为现代都市社区探索出一条基层组织幸福创建之路。天誉社区位于广州新中轴线的北端，地理区位优越，集贸易、商业、文娱、旅游、教育和居住等城市一级功能于一体，居民构成具有典型性和代表性，社区主体具有传统性和现代性，更具有未来成长性，充分反映了现代化大都市发展的新变化。建设天誉幸福社区，有利于探索广州在建设国家中心城市和国际性大都市进程中，社区基层组织引领幸福建设的新情况、新问题、新路子。

（2）为现代都市社区找到一个可供操作的幸福体验新范本。天誉社区相对于广州整个新中轴线上的其他社区，既是一个相对成熟的社区，又是一个成长型的区域，开放、包容、多元的社区文化特征，便于新兴管理理念和系列创新方法的运用与实践。试错与试对机制的并存，有利于在稳定可控的范围内探索建设幸福社区管理服务的新模式、新方法。

（3）为都市社区提供一套“单位人”变“社会人”、“社区人”的经验借鉴模式。天誉社区多种所有制并存，国家事业单位和各类大型企业集中，随着体制

① 资料来源：《建设天誉幸福社区规划报告》，广东省城市社区建设研究会课题组提供。

改革步入深水区，将会有越来越多的“单位人”变成“社会人”、“社区人”，传统的人口管理模式将面临重大挑战。如今的社区不再是传统的弱势群体或底层边缘人的聚集地，而成了我们这个社会最基本的功能服务区，成了“社会人”、“社区人”生活的主要承载地。因此，幸福社区建设的本质就是如何适应这种变化，加强和创新社会管理，更好地管理人、服务人和温暖人。天誉社区恰好具备这方面的良好的主客观条件，具备建设幸福社区的人文环境和资源优势，可为“单位人”变“社会人”、“社区人”的体制改革先行一步，提供经验。

天誉幸福社区规划目标：

（1）功能定位方面：将以传统的单一管理模式为主转变为以管理、服务、组织、沟通、协调与合作多维合一模式为主；

（2）管理工作方面：将传统管理型社区转变为现代化建设、治理和服务多功能型商住社区；

（3）服务工作方面：将以优抚救济为工作重点转变为以服务全体居民为工作重心；

（4）终极目标和美好愿景：广泛发动全体居民参与社区服务工作，形成“和睦相处、邻里相帮、出入相友、守望相助”的社区文化，实现“老有所养、幼有所托、孤有所扶、残有所助、贫有所济、难有所帮、学有所教、需有所供”的社区氛围，逐渐形成以地域为依托，以认同感为纽带，以幸福感为归一，充满生机活力、健康向上、平安和谐的新型社区。

以幸福社区为目标，以精神文明建设为统领，以宣传推广为抓手，以“体育立区”为特色，以“我为人人幸福，人人为我幸福”为过程，以文体活动为支撑，以科技手段为条件，打造五大平台，推动幸福社区建设。

（一）打造“知道”平台，建设知情型社区

知情，是公民社会最为基本的要素，是民主自治的基本要求。

目前，社区管理中民主公开和信息传递的主要方式是给居民发放纸质文件，在楼道处张贴纸质公告，在居民小区和沿街设立宣传栏等等。这些手段比较传统，方法比较陈旧，工作量大，浪费纸张，效果有限。人们对宣传栏的关注度也不够高，居民中的主要阅读群体——老年人需要戴老花镜才能看见，发到住户手中的纸质文件居民也未必认真阅读。因此，引入高科技手段，改善宣传沟通基本条件，打造新型社区宣传管理平台，是建设现代化社区的必然趋势。

1. 具体方法

（1）在居民住宅小区入口处，修建字幕走马的LED，主要用于通知和标题

式的宣传；

（2）在居民住宅小区的各个楼道口，安装 CF 卡信息发布器，全天候播放相关信息，包括文字信息、图像信息、视频信息等，该设备在承担信息传递任务的同时，更重要的任务是承担社区的宣传工作；

（3）开办社区手机报，每周为居民中的手机用户发布一次社区新闻；

（4）开办社区网站；

（5）开办社区微博、微信和 QQ 群，实现社区主体间的互动。

2. 预期效果

（1）有利于提高居民的知情程度。

（2）有利于提升社区的现代化管理形象。

（3）有利于幸福社区建设各个主体间的沟通互动。

（4）广泛利用视频、图像、音像等手段，有利于宣传工作生动活泼，深入人心，扩大宣传范围，增加宣传内容，且制作简便快捷。

（5）有利于提高居民的参与度。社区居民人人可以利用手机、照相机和摄像机，随时随处拍摄照片和视频节目，为社区的宣传工作发稿投稿，宣扬好人好事，鞭挞歪风陋习，达到全民皆宣传员的效果。社区还可以开展优秀节目评选活动，丰富居民的文化生活，增强宣传效果。

3. 投入来源

（1）在硬件设备建设方面，遵照“谁投入，谁受益”的政策，引入社会力量，给予广告时段补偿；

（2）在宣传内容制作方面，属于党委和政府行为的，由党政相关部门制作，属于社区自身宣传需要的，由社区宣传工作站制作，同时两者均可以相应的广告时段补偿引入社会文化传播机构参与和负责；

（3）CF 卡信息发布器和社区手机报等高科技宣传方式的开发，反过来还可以为社区财政收入闯出一条新路，典型案例有分众传媒，其运作模式完全可以借鉴。

（二）打造活动平台，建设快乐型社区

1. 以家庭为单位，举办有利于邻里相互认识、沟通的活动

（1）依托社区的体育设施和人才，每年秋季举办一次社区家庭邻里体育节，开展适合家庭成员组团进行的体育团体赛；

（2）根据天誉社区家庭拥有车辆比较多的情况，每年春季举办一次社区自

驾郊游活动。

2. 依托各种节日举办文体活动，培育社区特色风情和体育文化

例如，元旦前夕利用广州东站广场举办倒计时活动；春节前夕为外来工举办团圆活动和居民游园活动；三八妇女节举办适合妇女的插花、美容、烹调比赛活动；五四青年节利用中信广场举办爬楼梯活动；六一儿童节举办少年儿童体育活动；九九重阳节举办敬老麻将比赛活动等。

3. 举办各类高品位文化活动，满足天誉社区居民的个性需求

（1）根据天誉社区居民白领阶层集中的特点，可以社区内金融机构、风投公司为龙头，组建社区理财沙龙；

（2）根据天誉社区体育人才集中的特点，组建各类体育沙龙，普及体育知识，开展全民健身活动；

（3）根据天誉社区居民赛事多、活动多等特点，组建图片摄影沙龙，不定期举办图片摄影展活动和评奖活动。

（三）打造学习平台，建设书香型社区

（1）根据天誉社区中高级知识分子比较集中的特点，组建读书沙龙，开展读书演讲、读书论坛、征文比赛等活动，满足知识分子追求知识充实、知识更新的需求。

（2）利用每年9月10日教师节，举办社区书香节系列活动，倡导尊师重教、读书用书。系列活动包括慰问师长、读书讲座、交换书籍、学生读书教育培养经验交流等。

（3）开办社区移动数字图书馆（阅览室），通过无线网络以及移动阅读设备，利用公共图书馆的管理资源、图书资源，读者足不出户便可用电子阅读器阅读，通借通还，字体还可以放大缩小，文字、图像、音频、视频内容齐全，方便快捷。广州金蟾软件研发中心有限公司生产的移动电子阅读设备自带书籍种类达到1万多种，目前已与广州图书馆合作，拟将书籍种类扩大到20多万种，内容丰富、资源雄厚。作为课题客户，广东省城市社区建设研究会与广州金蟾软件研发中心有限公司拟向天誉社区赠送几十台移动电子阅读设备，为天誉社区文化建设增添新品种、新手段，进一步满足天誉社区居民阅读文化需求。

（4）开办各类培训班，开展个性突出的培训活动。

（四）打造服务平台，建设温馨型社区

据天誉社区居民反映，在基本公共服务普及率基本满足的情况下，当前需要

社区提供的服务内容主要是婚姻咨询和就业辅导。其原因，一是天誉社区体育从业人员聚集，男性人数偏多，需要社会提供交友条件和婚姻咨询服务；二是相当部分体育从业人员的职业生涯短暂，许多人员面临中途转行，由此产生了就业辅导的服务需求。

根据这些需求，可由社区服务工作站牵头组织，一是成立交友沙龙，定期组织体育从业人员与高档写字楼的文员联谊交友；二是为体育从业人员和有需求的居民开展第二技能培训，为将来中途转行做好相应准备。

（五）打造奉献平台，建设感恩型社区

(1) 通过强有力的宣传教育，立典型、树新风，强化“我为人人幸福，人人为我幸福”等观念的培育，使“奉献”、“给予”、“感恩”、“回报”等思想根植人心，做到“人人都是创造幸福的主体，人人都是享受幸福的对象”；

(2) 发动社区内有能力的居民加入社区宣传工作站、社区文体工作站、社区服务工作站，以一已之长为社区尽绵薄之力；

(3) 大力倡导“我奉献，我快乐！我感恩，我幸福!”的理念，从我做起，发动每个家庭每月派员为社区义务工作至少半天，为建设幸福社区尽一份力，逐渐营造社区大家庭的生活氛围；

(4) 提倡党政机关和事业单位干部带头到社区当义工，每月为社区建设义务工作至少半天；

(5) 鼓励居民每天为家庭、为邻里、为社区做一件有意义的事情，并通过征文形式予以宣扬；

(6) 开展“社区好人”评选活动，讲述甘于奉献、团结邻里、建设社区的人物与家庭的感人故事。

第三节 典型案例

【案例1】

让中国梦在城乡社区落地生根

——“梦想社区　幸福家园”活动吸引全市100余个社区参与

图9－1　社区文化生活

图9－2　社区居民包汤圆

图 9－3　社区百家宴构建亲情社会关系

走进近 20 个区县 100 余个社区，采访 100 余位社区干部、300 余位居民……由中共重庆市委宣传部、重庆市思想政治工作研究会主办，《重庆日报》承办的“梦想社区　幸福家园”大型寻访活动启动四个月来，得到了全市街镇和社区的积极响应与广泛参与。

“社区是打造共建共享幸福家园的重要载体”，重庆市委宣传部副部长万相兰说。开展“梦想社区　幸福家园”大型寻访活动，是重庆市深入贯彻党的十八大精神，开展中国特色社会主义和中国梦宣传教育的创新实践，是进一步凝聚正能量、推动城乡社区建设的具体举措。梦想社区就是要让居民在共建共享幸福家园中，进一步凝聚正能量，推动城乡社区建设。

1. 相继走进近 20 个区县 100 余个社区，唱响梦想之歌

对在嘉陵西村生活了三十余年的孟寿祥来说，看着几年前因社区环境而搬出的老邻居们再度搬回社区，心中甭提有多高兴了。

曾经，作为老旧社区的嘉陵西村给人的印象就是脏、乱、差的聚集地，居民陆续“外迁”；而今，随着重庆市社区的建设与发展，嘉陵西村实现了“华丽转身”，不仅享有“重庆最美小巷”美誉，还正在着手创建 3A 级景区，走了的居民也陆续搬回。

老邻居们的“回流”，是嘉陵西村“蝶变”和重庆市社区发展的最好反映。

“在这里，我们共同的梦想是把家园建得更好，让生活更幸福。”正如嘉陵西村居民王宇生所说，梦想社区归根结底是让人幸福。

社区是老百姓的家，是人民幸福生活的落脚点。据了解，截至去年底，重庆市已有 2 514 个城市社区，而 2007 年的时候，这一数据还只有 2 066 个。近几年，重庆市城市社区以平均每年 100 余个的增额快速发展。

新型城镇化快速推进，社区随着城市骨架的拓展遍地开花，但要构筑幸福家园，需在社区治理、社区发展和社区文化等软件上下功夫，才能让幸福生活看得见、摸得着。

7 月初，“梦想社区　幸福家园”大型寻访活动在嘉陵西村启动。带着幸福的憧憬和践行中国梦的担当，重庆市委宣传部联合《重庆日报》，在全市寻访具有示范价值的梦想社区案例，以梦想的力量，助推社区品质发展，增强社区居民价值认同感，积极培育社会主义核心价值观。

在寻访活动中，《重庆日报》记者相继走进渝中、渝北、沙坪坝、南岸、巴南、璧山、奉节、酉阳、黔江、綦江和潼南等近 20 个区县 100 余个社区，采访了 100 余位社区干部、300 余位居民……展示了来自社区的鲜活案例，来自基层的梦想声音。

在九龙坡，杨家坪街道新胜村社区“科普大学”、黄桷坪街道“黄桷义工”等，显示出该区在社区阵地规范化、队伍专业化和服务标准化建设方面进行的探索，在小社区里作出了大文章。

在潼南，梓潼街道接龙桥社区“爱心儿女”志愿服务队、桂林街道井田社区就业志愿服务队等将志愿服务融入社区管理，建设和美潼南。

在奉节，茶店社区“扁担诗人”创作诗歌 700 多首、朝阳社区“老板诗人”让诗歌走进校园……诗歌，如一盏明灯，点亮了社区文化，更丰富了诗城奉节的文化内涵。

梦想社区让生活更幸福美好。如今，像嘉陵西村居民王宇生一样，全市越来越多的居民在社区实现了对美好生活的追求，成为有梦想、有追求的重庆人。

2. 用“梦想社区”凝聚正能量，构建亲情社会关系

据了解，“梦想社区”是按照《重庆市中国特色社会主义宣传教育总体方案》要求，为深入推进中国特色社会主义和中国梦宣传教育而推出的梦想系列活动的重要组成部分，旨在帮助社区居民树立正确的理想追求、更高的事业追求、健康的人格追求、美好的生活追求，把个人追求融入到“科学发展、富民兴渝”

宏伟事业中，融入到实现中国梦的伟大征程中。

那么，什么样的社区才算“梦想社区”？

一位市民的回答简单而直白：“我想起码应该让我有归属感，让我感到幸福。”

直白的话语，道出了“梦想社区”的真谛。梦想社区，不是各人自扫门前雪，不是隔门相对老死不相往来……家之所以称为“家”，不是由钢筋水泥铸就的“城市森林”，而是其中所蕴含的回忆、温情、梦想及邻里关系。

梦想社区，应该具有开放式的社区形态，人们在这个开放的社区里共同交流，分享快乐生活与幸福人生。梦想社区，应该在实现社区经济、政治、服务、教育、卫生和娱乐等一般功能的同时，进一步促进社区社会化、社会控制、社会参与和社会互助等社区的本质功能发展，达到一般功能和本质功能的完美融合，进而增强居民的归属感，维系社区良好的人际关系，进而提高居民生活质量，促进社会和谐发展，真正体现以人为本这一根本原则。

因此，一切为了人的发展、为了人的幸福感，是“梦想社区”的必然追求，更是重庆市社区建设的出发点和落脚点。

“为我市经济社会发展凝聚正能量，为构建亲情社会关系提供参考样本”，市委宣传部相关负责人说。梦想社区便是以中国梦为引领的“种梦”社区，让社区成为市民筑梦、圆梦的“孵化器”，进而提升社区品质，让社区成为共建共享的幸福家园。

■专访

让中国梦宣传教育融入城乡社区

——重庆市委宣传部副部长万相兰谈“梦想社区　幸福家园”大型寻访活动

目前，重庆市正广泛开展以“做有梦想有追求的重庆人”为主题的中国特色社会主义和中国梦宣传教育，通过梦想系列活动载体，推动中国梦宣传教育深入基层、走进群众、落地生根。

梦想系列活动载体由梦想课堂、梦想沙龙和梦想社区组成，旨在通过这些载体，使中国梦的宣传教育融入百姓生活，引导市民树立正确的理想追求、更高的事业追求、健康的人格追求、美好的生活追求，做有梦想有追求的重庆人。

社区是老百姓的家，是人民幸福生活的落脚点。“梦想社区　幸福家园”大型寻访活动，是重庆市贯彻落实市委书记孙政才“要让重庆成为共建共享的幸福家园”精神的载体。总体来说，“梦想社区　幸福家园”大型寻访活动呈现出“三个结合”。

一是结合重庆市中国特色社会主义宣传教育活动。本次活动紧扣《重庆市中国特色社会主义宣传教育总体方案》，弘扬中国梦主旋律，积极培育和践行社会主义核心价值观。

二是结合党的群众路线教育实践活动。本次活动聚焦基层政权建设和社会管理，通过服务方式的转变与居民建立血肉联系，在全社会传递正能量。

三是结合新闻战线“走基层、转作风、改文风”。“走基层、转作风、改文风”是一项实践性很强的活动，本次活动紧扣“走转改”要求，对焦社区，挖掘来自社区的好声音。

梦想社区，梦想家园

——重庆市民政局副局长张维仑谈“梦想社区”建设与发展

社区，我们的家园。

梦想社区，我们梦想中的家园。

为了建设好我们这个共同生活的家园，十八届三中全会提出“鼓励和支持社会各方面参与，实现政府治理和社会自我调节居民自治良性互动”，进一步肯定了社区工作的重要作用，肯定了社区工作与政府、社会的相互关系，也为继续做好社区建设吹响了进军号。

重庆社区建设如同重庆经济社会建设一样飞速发展，本次《重庆日报》集中报道的100多个社区给我们作出了生动的诠释。可以看出，渝中区邻里节为社区和谐提供了新平台，沙坪坝区小正街社区“时间银行”志愿者服务使“五彩家园”色彩斑斓，奉节茶店社区“扁担诗人”创作700多首诗歌丰富了诗城奉节的文化内涵，这一切都使社区工作熠熠生辉。

当前，重庆市正减轻社区干部工作负担，让他们有更多的精力为居民服务，为建设社区作出努力。这必然使社区建设加速推进，使一批又一批管理民主、科学规范的社区展现出来。

我们相信，随着社区治理的逐步深入，有社会各界的积极参与，理想中的社区必然成为现实。

（资料来源：《重庆日报》，http：//cqrbepaper. conews. net/cqrb/html/2013 - 12/27/content_1705838. htm，2013 年 12 月 27 日）

【案例 2】

广州市五山街五所社区创建幸福社区的实践

社区是建设幸福家园的细胞，是创新社会管理的主阵地。为进一步加强幸福社区建设，广州市天河区五山街五所社区开展幸福社区创建实践，围绕“社区安全又舒适，邻里友善互关心，社区事务齐参与，社区幸福共分享”的幸福社区创建工作思路，提出“社区一家亲”幸福社区理念，不断完善社区创建机制，培育社区基础功能，提高社区服务水平，打造为民服务品牌，营造安定繁荣、文明和谐的社区环境。

一、五所社区概况与主要特点

1. 知识资源丰富，文化气息浓厚

五所社区成立于 2002 年 6 月，社区总面积约 21 万平方米，所辖范围东邻华南理工大学，南与富力院士庭相邻，西邻省农垦总局，北邻东莞庄村，由五所小区和天一新村小区组成。辖内单位工业和信息化部电子第五研究所是中国最早从事可靠性研究的权威机构，也是全国唯一的电子产品质量与可靠性专业综合性研究所，在职职工 1 000 多人，各类科技人员 700 多人，工程师及以上人员占 70%，设有博士后工作站。同时，社区毗邻华南农业大学、华南理工大学等高校，有比较丰富的高校资源和浓郁的文化气息。

2. 单位型社区，居民素质较高，社区归属感较强

社区辖内单位有电子五所、赛宝物业公司、天一物业公司，属单位型社区。社区文化氛围浓郁，居民平均收入和整体素质较高，邻里和睦，社区归属感较强。

3. 以户籍居民为主，老龄化程度较高

社区总计有居民住户 1 950 户，其中常住人口 5 500 人，流动人口约 500 人。60 岁以上的老人有 600 多人，社区老龄化问题比较严重。

4. 生活配套设施比较健全，居民生活较便捷

社区内有体育活动中心 1 座，约 3 000 平方米，设有篮球场、网球场、羽毛球场、游泳池、健身室、舞蹈室等。职工俱乐部 1 个、户外体育休闲活动区 7 个、社区卫生服务站 1 个、幼儿园 1 所、银行 1 家、大型超市 1 家、餐厅 2 家、

酒店1家。各类完善的配套设施为居民生活提供了便捷舒适的服务。

5. 社区公共服务设施齐备，便民服务功能完善

社区服务设施完善，居委会办公用房面积达100平方米，社区活动中心约120平方米，内设党员电教室、人民调解室、图书室、棋牌室、健身室、阅览室、残疾人工疗康复站。另设有警务室、星光老年之家、劳动保障服务工作站、红盾服务维权工作站、社区法律授助站、社区义工服务站、社区退管服务站。

6. 社区建设卓有成效，低碳环保成特色

社区各项创建工作成效明显，在社区服务、社区安全、社区管理、社区卫生等方面，群众满意率逐年提高。该社区先后被评为广东省“宜居社区”、首批“六好”平安和谐社区、省文明社区、省交通安全文明示范社区、省绿色社区；市文明社区示范点、市三八红旗集体；区文明社区标兵、区书香社区等荣誉称号。区内环境优美，绿树成荫，被评为省级“绿色社区”，及市“义务植树模范单位”、“绿化先进单位”；社区内积极推广应用节能环保新产品，太阳能庭院灯、草坪灯、灭蚊灯等在社区内广泛使用，家庭节能灯安装率高，与高校在社区共建有环保工作室，每月定期开展环保宣传活动，居民环保意识强，身体力行实践环保。

二、幸福社区创建工作目标

近期目标：通过环保宣传教育培育居民绿色低碳意识，在社区内推广应用“一卡一页”服务，组建文艺队伍丰富居民文体生活，创新社会管理服务体制，整合社工、义工资源，优化社区环境，为居民营造舒适安全生活环境，使居民对社区的满意度明显提高。

中期目标：建设一批如停车场、太阳能供电等环保设备设施，社区普及推广应用绿色能源，完善社会服务站和智能家居建设，加大与专业社工机构的合作力度，进一步完善社区服务项目，提高服务质量。

远期目标：低碳环保成为居民日常生活习惯，完善周到的社区服务人人可享，智慧智能生活方便快捷，居民普遍感到生活幸福。

三、幸福社区创建工作思路

幸福社区的创建工作是一个不断进步和完善的过程，按照社区居民对实际需

求的紧迫程度，先解决居民最关心、最紧张的问题，优先考虑能惠及最广大居民的创建活动，逐步推进，通过环境的改造、社区服务的提高、居民参与度和归属感的增强，建设成自然美、社会美、心灵美的和谐幸福社区。幸福社区的创建将主要着力于两方面：一是改善社区环境，倡导环保理念，培育社区文化，推进智慧建设，提升居民社区的归属感和参与意识；二是创新社区管理和社区服务体制，完善各项社会服务，建设人性化社区和幸福社区。

四、幸福社区创建工作主要内容

（一）大力开展环保宣传，着力增强居民环保意识

采取多种形式，开展形式多样的以人与自然和谐相处为主题的环保公德宣传教育活动。与社会环境保护组织加强合作，定期组织开展多种主题的环保活动。利用全国科普日、世界环境日等特殊日子，举办以节约能源、保护生态以及保障安全健康等为主题的科普论坛或环保宣传社区巡回展等相关活动，深入开展节水节能、垃圾分类、关爱野生动物等环保宣传。组织辖内幼儿园的小朋友开展以环保为主题的绘画比赛，以“小手拉大手”的形式宣传环保理念。通过系列的环保宣传活动，引导社区群众尤其是青少年从小树立绿色环保消费观念，弘扬绿色文化，倡导生态文明。7 月中下旬，该社区组织了一场以绿色环保低碳为主题的幸福社区启动仪式，进一步推动社区环保宣传活动向纵深发展。着力建立社区开展环保宣传教育工作的长效机制，让低碳环保成为社区的一道风景线。

（二）以绿色低碳为目标，建设改造社区公共设施

一是加快推进小区垃圾分类工作，在社区设置垃圾分类收集桶，引导居民支持参与垃圾分类；二是完善社区休闲绿化小景点，在社区建设一批带环保宣传标语的休闲座椅，同时根据居民需求建设若干绿化小景点；三是与社会环境保护组织合作绘制社区绿地图，让居民能从绿色、节能、环保的角度来观察社区全貌；四是对整个社区的路灯、梯灯、庭灯及其他公用照明设施进行更新，采用更为节能减排的 LED 节能灯；五是采取试点的形式，在社区安装太阳能供热、发电系统，通过榜样示范的作用，推动社区群众从环保角度主动更新供水供电设备；六是加强社区车辆管理，建造环保型停放设施，有效缓解车辆占道停放、污染生活区域空气的现状。通过硬件设施的建设，让居民切实受惠，

从而更支持绿色低碳的环保生活。

（三）推进智慧社区建设，创建智能便利生活

作为天河区试点建设智慧广州“一卡一页”的社区之一，该社区率先启动社会保障卡和市民网页的推广应用。配合区的工作部署，在年底前实现所有户籍居民享受到便利的“卡”、“页”服务。充分利用社区居民文化素质高、网络应用普及程度高的优势，在“一卡一页”的基础上，积极争取科技和信息化局等部门支持，大力推进社区服务站及智能家居建设，通过加强服务终端建设、完善居民信息数据、整合网上服务项目，推进社区居民日常事务查询和申办的信息化与便捷化，在智慧社区建设过程中切实做到以人为本、惠及群众，让社区居民在便利的数字生活中感受幸福。

（四）丰富居民文体生活，增强居民社区归属感

结合社区居民文化素质高、业余爱好兴趣广泛的特点，组建书画、摄影、曲艺、舞蹈等文艺队伍，由社区牵头引导，定期组织开展文化体育活动，努力形成社区特色，增强对居民的吸引力与感染力。社区充分利用社区文化室、文体广场等设施，结合《全民健身计划纲要》，围绕广州市创建全国文明城市的主题，开展具有社区特色、健康向上的社区文化体育活动，营造浓郁的社区文化氛围。以文体活动为载体，吸引群众积极参与，使群众在娱乐休闲之余，增强社区归属感，提高社区幸福指数。

（五）创新社会管理服务体制，拓展完善社区公共服务

大力拓展服务领域，完善社区功能，满足社区居民多元化、多层次的需求。积极整合社区资源，组建帮困助残、治安、敬老、科普、环保等志愿者服务队伍，各司其职开展自助互助及各项社区服务，为居民办好事、办实事，帮助居民解决生活中的困难和问题。联合社区卫生服务站开展义诊活动，为辖内低保困难户、残疾人、高龄多病老人免费检查身体。努力完善社区的养老、医疗、交通等服务设施，以多方位和便捷化的服务，增强居民对政府工作的认同感，增强社区凝聚力，培育和提高居民幸福感。

在完善各项服务的基础上，创新社会管理服务体制，抓紧推进政府购买工作，引入非营利性的社会服务组织，与之加强合作，尽早在社区筹建一个老人日托中心，为社区居民尤其是老年人群体提供日托照料和关怀，同时为有需要的长

者提供个性化的居家养老照看服务。

（六）整合资源，营造舒适环境，保障居民安全幸福生活

一是有效整合社区资源。着力维护辖内社区幼儿园、体育活动中心、社区文化广场、社区宣传栏、社区活动中心、星光老年之家、电子五所职工俱乐部等共建设施，努力拓展和增强其服务功能。二是结合“创文”工作，加大力度强化环境治理，切实改善居民的生活环境，把解决社区的脏、乱、差问题作为创建幸福社区的基础工作来抓，大力培育居民卫生意识，积极发动居民搞好家庭卫生，共同爱护社区公共环境。三是大力加强社区治安管理，落实和加强社区保卫措施，宣传普及治安、自救等常识，提高居民的防范意识和参与意识。四是与相关职能部门加强沟通，先易后难，着力解决一批居民反映的热点、难点问题，如修剪区内高大树木、改善体育设施、优化完善社区医疗及交通服务等。

安全是幸福的前提和保障，借社区开展“全国综合减灾示范社区”创建活动的契机，全面落实社区各项减灾工作。大力整合社区资源，合理设置灾害避难所，加强防灾减灾基础设施建设，配备急救、逃生、照明等防灾减灾器材，制定防灾减灾工作制度，完善社区综合灾害应急救助预案及相关队伍，全面宣传防灾减灾知识，全面提高居民减灾意识与技能，让居民在灾难来临时能最大限度减少生命和财产损失。

图9－4　五山街五所社区开展创建幸福社区启动仪式

图 9-5　五山街五所社区“和谐邻里，幸福社区”元宵游园会

【案例 3】

幸福金沙社区

——百年太古仓码头变身城市客厅

太古仓码头位于广州市海珠区龙凤街道办事处金沙社区辖内的革新路上，英商太古洋行始建于 1904 年，由三座丁字形栈桥式混凝土码头和八座砖木结构仓库组成。建成后，由英商太古洋行代理的黑烟囱轮船公司经营。太古仓码头是清末民初外资进入中国的历史见证，也是中国古代海上丝绸之路文化和广州近代十三行对外贸易及商埠文化的延续。2003 年底，时任广州市长的张广宁到太古仓调研，在肯定其历史文化地位的同时，提出了太古仓“原貌保留开发”的设想。短短几年间，太古仓码头从昔日的装卸作业码头成功变身为今日的现代服务产业基地，成为广州城市“三旧”改造、发展现代服务业的一个典范。

太古仓码头作为近代工业遗址，2005 年被列为广州市文物保护单位。2007 年，根据广州白鹅潭地区新城市规划和“三旧”改造工作的总体要求，广州港集团将太古仓移交给集团下属商贸发展公司进行转型开发。在改造中，针对太古仓码头历史底蕴深厚的特点，采取了“修旧如旧”的方式，在现代城市中保留了一方具有历史风采的特色园区，“旧瓶装新酒”，以具有深厚历史积淀的原码头园区承载现代服务业，同时引进了国际葡萄酒采购中心、展示库、创意园、电影库、太古仓游艇会等新的文化内涵和时尚生活元素，为游客提供吃、住、游全方位的服务，试图将其打造成珠江白鹅潭畔一个集文化创意、艺术、观光旅游、休闲娱乐等功能于一体的“城市客厅”。“城市客厅”就是把这个城市的历史、发展、未来、文化的东西都综合展现在某些特别的人文景观之上。百年太古仓码头华丽转身为“城市客厅”，这个公共空间成为市民和八方来客共享休闲时光的场所。同时，“城市客厅”的陈设和风格也体现出“主人”的“待客之道”。

图 9－6　改造前的破旧码头

图 9－7　改造后的码头变身为都市游艇会

图9－8　改造前的破旧仓库

图9－9　改造后的码头广场变身为市民休闲娱乐空间

太古仓“城市客厅”的华丽转身伴随着这个城市主人——金沙社区居民生活质量和幸福感的不断提高。社区居民生活质量和幸福感的提高，不仅仅是要抓社区经济，更为重要的是为社区居民创造优越的居住环境和良好的文化氛围。现代“城市客厅”的主人更需要的是“社区一家亲”的人文关怀，金沙社区的居民也因此幸福感较强，就业率较高，人与人之间能够和睦相处。城市社会现代化的快速发展衍生出了独居老人这一社会群体。金沙社区创建幸福社区的一大亮点就是为独居老人提供多样化和个性化的社区陪护服务。这其中既有社区发动大家共同参与的集体活动，也有针对个人的、一对一的帮助。

为了丰富社区老年人的精神文化生活，创建真正的幸福社区，金沙社区工作人员和社工除了定时组织群众活动外，还利用节假日动员年轻人和小朋友参加为独居老人举办的各种类型的社区活动。

图 9-10　向社区年轻人宣传独居老人陪护知识

图 9-11　组织小朋友参加为独居老人组织的游玩活动

金沙社区有一位孤寡独居长者——65岁的邝姨，一直以来性格内向孤僻，相处的朋友很少，特别是退休后除了买菜之外基本不外出。金沙社区居委会和社工了解了邝姨的情况后，不仅组织义工定期（每月）常规探访和慰问关心她的生活，而且邀请她参加健康讲座、太极学习班、八段锦学习班等社区活动，渐渐地增加邝姨与外界接触的机会。现在的邝姨，精神面貌不一样了，她会主动联系在健康讲座、太极学习班、八段锦学习班上认识的朋友，一起结伴外出游玩。在十一月份的义工探访中，从来不肯留下影像的邝姨主动要求义工与她合照，留下了幸福的笑容。

图9－12　“社区一家亲”——义工和邝姨在一起

图9－13　龙凤街道为社区老人举办健康讲座

由近代的兴盛到现代的衰败，再到当代城市“三旧”改造带来新的繁荣景象，太古仓的百年兴衰就是居住在金沙这一方土地上的社区居民生活变化的缩影。昔日式微的旧码头，在城市“三旧”改造中实现了向现代服务产业基地的成功转型。用文化创意重新擦亮后的太古仓，人气渐旺，这里先后举办了时装时尚创意发布会、“亚运志愿者”游船首航、老照片展览等多场专题文化活动。

社区是城市的细胞。一座有魅力的城市，不仅要有靓丽的外表，还要有丰富的内涵。随着金沙社区进一步推动幸福社区创建，太古仓的发展必将达到一个新的境界和新的高度。

（资料来源：《重庆日报》，http：//cqrbepaper. cqnews. net/cqrb/html/2013 - 12/27/content_1705838. htm，2013 年 12 月 27 日）

参考文献

［1］岑颖，凌文铨，方俐洛．城市居民社区意识调查［J］．改革与战略，2003（8）．

［2］陈远等．网络社区信息传播的相关理论述评［J］．图书情报知识，2008（2）．

［3］丁传宗．政府指导下的新加坡社区建设：经验与借鉴［J］．中共福建省委党校学报，2008（9）．

［4］费孝通．居民自治：中国城市社区建设的新目标［J］．江海学刊，2002（3）．

［5］龚群．自由主义的自我观与社群主义的共同体观念［J］．世界哲学，2007（5）．

［6］何海兵.中国城市社区治理模式：比较与分析［J］．珠海潮，2005（1）．

［7］李丙伟，雷杰．“社区建设”概念的逻辑人系及社区社会工作介入的方向［J］．学习与实践，2007（12）．

［8］刘岩，刘威．从“公民参与”到“群众参与”［J］．浙江社会科学，2008（1）．

［9］刘忠全，陈东英．自由的个人与和谐的共同体［J］．探索，2008（2）．

［10］秦龙．马克思从“共同体”视角看人的发展思想探析［J］．求实，2007（9）．

［11］秦龙．马克思对“共同体”的探索［J］．社会主义研究，2006（3）．

［12］王欢，郭玉锦．网络社区及其交往特点［J］．北京邮电大学学报（社会科学版），2003（4）．

［13］王颖．民主自治：社区建设的核心［J］．唯实，2003（8/9）．

［14］夏建中．现代西方城市社区研究的主要理论与方法［J］．燕山大学学报（哲学社会科学版），2000（2）．

［15］夏建中．治理理论的特点与社区治理研究［J］．黑龙江社会科学，2010（2）．

［16］项继权．中国农村社区及共同体的转型与重建［J］．华中师范大学学报（人文社会科学版），2009（3）．

［17］尹纾．城市社区网络结构新概念及其规划方法初探［J］．新建筑，1998（1）．

［18］翟桂萍．社区共治：合作主义视野下的社区治理［J］．社会学研究，2008（3）．

［19］张志旻，赵世奎等．共同体的界定、内涵及其生成——共同体研究综述［J］．科学学与科学技术管理，2010（10）．

［20］郑杭生，黄家亮．当前我国社会管理和社区治理的新趋势［J］．甘肃社会科学，2012（6）．

［21］郑杭生，徐晓军，彭扬帆．社会建设与社会管理中的理论深化与实践创新：访中国人民大学郑杭生教授［J］．社会主义研究，2013（3）．

［22］贝尔．后工业社会的来临——对社会预测的一项探索［M］．高锋译．北京：商务印书馆，1986.

［23］戴烽．公共参与：场域视野下的观察［M］．北京：商务印书馆，2010.

［24］多吉才让．城市社区建设读本［M］．北京：中国社会出版社，2001.

［25］斐迪南·滕尼斯．共同体与社会［M］．林荣远译．北京：商务印书馆，1999.

［26］费孝通．学术自述与反思——费孝通学术文集［M］．北京：生活·读书·新知三联书店，1996.

［27］费正清．美国与中国［M］．北京：世界知识出版社，1999.

［28］韩升．生活于共同体之中——查尔斯·泰勒的政治哲学［M］．北京：中国社会科学出版社，2010.

［29］韩子荣，连玉明．学习型社区［M］．北京：中国时代经济出版社，2005.

［30］郝娟．西欧城市规划理论与实践［M］．天津：天津大学出版社，1997.

［31］黄序．城市发展中的社区建设：北京城市社区实证研究与文明社区考评体系［M］．北京：中国城市出版社，2002.

［32］李昌平．再向总理说实话［M］．北京．中国财富出版社，2012.

［33］林昱．社会交际与活动［M］．上海：上海科学技术文献出版

社，2013.

［34］刘达华．现代社区研究［M］．深圳：海天出版社，2006.

［35］毛海峰等．现代安全管理理论与实务［M］．北京：首都经济贸易大学出版社，2000.

［36］孟固，白志刚．社区文化与公民素质［M］．北京：中国社会出版社，2005.

［37］齐格蒙特·鲍曼．共同体［M］．欧阳景根译．南京：江苏人民出版社，2007.

［38］单菁菁．社区情感与社区建设［M］．北京：社会科学文献出版社，2005.

［39］世界环境与发展委员会．我们共同的未来［M］．长春：吉林人民出版社，1997.

［40］孙斌．城市安全社区建设与管理实务［M］．北京：气象出版社，2013.

［41］唐忠心．构建和谐社区［M］．北京：中国社会出版社，2005.

［42］汪萍．空间重组与社区重建：一项苏州工业园区失地农民聚居区的研究［M］．北京：科学出版社，2012.

［43］王敬尧．参与式治理：中国社区建设实证研究［M］．北京：中国社会科学出版社，2006.

［44］王廉，李阳春．商会经济：走向社区管理时代［M］．广州：暨南大学出版社，2012.

［45］王廉，张勇．大转型：幸福广东率先垂范［M］．广州：暨南大学出版社，2012.

［46］王琳，漆国生．城市社区治理与保障研究［M］．北京：北京理工大学出版社，2010.

［47］王先胜．城市社区服务综论［M］．北京：中国社会出版社，2005.

［48］魏娜．社区管理原理与案例［M］．北京：中国人民大学出版社，2013.

［49］翁卫军，杨张乔．建设现代和谐社区——杭州市下城区社区建设创新研究［M］．北京：中国社会出版社，2006.

［50］吴志华，翟桂萍，汪丹．大都市社区治理研究：以上海为例［M］．上海：复旦大学出版社，2008.

［51］徐永祥．社区发展论［M］．上海：华东理工大学出版社，2001.

［52］俞可平．社区民主与治理：案例研究［M］．北京：社会科学文献出版社，2003.

［53］俞可平．治理与善治［M］．北京：社会科学文献出版社，2000.

［54］张兴杰主编．社区管理［M］．广州：华南理工大学出版社，2007.

［55］赵民，赵蔚．社区发展规划——理论与实践［M］．北京：中国建筑工业出版社，2003.

［56］郑琦．论公民共同体：共同体生成与政府培育作用研究［M］．北京：中国社会出版社，2010.

［57］职业安全中心编．中国职业安全健康管理体系注册审核员国家培训教程［M］．北京：中国经济出版社，2002.

［58］韩子荣，连玉明主编．服务型社区［M］．北京：中国时代经济出版社，2005.

［59］张勇．幸福广东蓝皮书 2012［M］．广州：暨南大学出版社，2012.

［60］刘洪，刘小敏．城乡社区建设理论与实务研究［M］．广州：广东世界图书出版公司，2009.

［61］广东省城市社区建设研究会课题组．建设天誉幸福社区规划报告［R］. 广东省城市社区建设研究会，2012.

［62］广东省民政厅课题组．城市社区居民自治研究［R］. 民政部政策研究中心，2013.

［63］广东省社会科学院．珠江三角洲新型城镇化研究——城市社会极化与新型城镇化路径选择［R］. 广东省社会科学院专报，2013.

［64］鹿城区文明办．构建“幸福社区”新型服务体系研究——以温州市鹿城区新社区建设为例［R］. 鹿城文明网，2013.

［65］青岛行政学院课题组．我国城市社区治理模式选择及实现途径研究——以青岛市为例［R］．民政部门户网，2004.

［66］贝丁顿生态村［EB/OL］. http：//www. landscape. cn/paper/cs/2010/257579838. html.

［67］陈文．业主的艰难自治之路［EB/OL］．（2006－12－06）［2014－08－01］. http：//www. ycwb. com/xkb/2006－12/06/content_1306751. htm.

［68］从生态社区到生态生活：中国百姓的新“开门七件事”［EB/OL］.（2010－01－04）［2014－08－25］. http：//news. xinhuanet. com/society/2010－

01/04/content_12752623_1. htm.

［69］大渡口：消除人际冷漠　培育“熟人社区”［EB/OL］．（2013－11－21）［2014－08－21］．http：//www. cq. xinhuanet. com/2013－11/21/c_118233715. htm.

［70］董小芳．与“互联社区”共舞的日子——宁波“互联社区”亮相世博主题论坛［EB/OL］．（2010－05－05）［2014－08－20］．http：//daily. cnnb. com. cn/nbrb/html/2010－05/05/content_189271. htm.

［71］多元合作，共享社区安全——桃源居社区安全防范机制［EB/OL］．http：//www. tyjsqw. com/html/sqjs/sqah.

［72］告别冷漠的都市社区文化［EB/OL］．（2013－10－31）［2014－08－21］．http：//gz. house. 163. com/13/1031/02/9CFVRES700873C6D. html.

［73］黄勇娣，张晋洲，朱晓靓．社会治理，如何迈向“城乡一体化”［EB/OL］．（2014－08－03）［2014－08－20］．http：//news. 163. com/14/0803/03/A2MMUNEJ00014AEE. html.

［74］金磊．国内外安全社区建设与发展［EB/OL］. http：//www. mmzy. org. cn.

［75］刘建．上海市松江区岳阳街道打造社区管理共同体［EB/OL］．（2012－05－23）［2014－08－15］．http：//finance. ifeng. com/roll/20120523/6502859. shtml.

［76］刘倩．社区网络打破了冷漠　爱心在网络中传播［EB/OL］．（2003－11－06）［2014－08－20］．http：//news. gd. sina. com. cn/local/2003－11－06/204702. html.

［77］毛长久．社区社会组织的春天来了．［EB/OL］．（2013－06－25）［2014－0－10］．http：//hzdaily. hangzhou. com. cn/hzrb/html/2013－06/25/content_1521692. htm.

［78］全球生态村与生态社区运动［EB/OL］．（2011－05－17）［2014－08－21］．http：//blog. sina. com. cn/s/blog_48fe60e10100tgdx. html.

［79］让中国梦在城乡社区落地生根［EB/OL］．（2013－12－27）［2014－08－27］. http：//cqrbepaper. cqnews. net/cqrb/html/2013－12/27/content_1705838. htm.

［80］社区里长出社会组织［EB/OL］．（2013－07－29）［2014－08－10］．http：//epaper. southcn. com/nfdaily/html/2013－07/29/content_7211478. htm.

［81］盛仁辉．创建国际安全社区，构筑平安陆家嘴［EB/OL］．（2011－11－10）［2014－08－20］．http：//www. shzfzz. net/node2/pudong/node1360/userobject1ai136334. html.

［82］唐卫彬，周梦榕．构建和谐社区　克服冷漠“都市病”［EB/OL］．

（2007 - 05 - 25）［2014 - 08 - 20］. http：//www. hb. xinhuanet. com/zhuanti/2007 -05/25/content_10122193. htm.

［83］桃源居社区：全球理想人居社区［EB/OL］. http：//www. tyjsqw. com/html/sqjs/gjpt/index. html.

［84］桃源居社区商业服务体系建设［EB/OL］. http：//www. tyjsqw. com/html/sqjs/sqsy/index. html.

［85］天涯社区：全球华人精神家园［EB/OL］. http：//baike. sogou. com/v36216. htm - ref_2？ ch = ch. bk. refer.

［86］王卡拉. 生态社区　家门口的零废弃运动［EB/OL］.（2014 -07 -08）［2014 -08 -25］. http：//www. bjnews. com. cn/feature/2014/07/08/324459. html.

［87］王卫文. 都市田园　心中的田园［EB/OL］.（2014 -06 -18）［2014 -07 -30］. http：//photo. qianlong. com/4404/2014/06/16/6164@9676024. htm.

［88］微博、QQ、MSN 重塑沪社区邻里关系［EB/OL］.（2011 - 03 - 03）［2014 - 08 - 21］. http：//www. news365. com. cn/wxpd/sh/zhxw/201103/t20110303_2973320. htm.

［89］武汉市江汉区满春街建设"都市田园"［EB/OL］.（2007 -03 -26）［2014 -08 -25］. http：//www. chinabidding. com/zxzx - detail -473637. html.

［90］周秦，王若兰. 善美的星空：榜样 + 机制重塑社区价值观［EB/OL］.（2014 -07 -18）［2014 -08 -20］. http：//www. citygf. com/hdzt/2014zt/2014gdnh/02/201407/t20140721_5251017. html.

［91］Bruno Fritsch B. . Energy - The Key to An Ecologically Sustainable Development［J］. *Energy & Environment*，1996，37（5）.

［92］World Health Organization. *Safety and Safety Promotion*：*Conceptual and Operational Aspects*. 1998.

后　记

当您翻阅本书的时候，我首先要表达的是心中的感谢。

感谢广东省城市社区建设研究会为课题研究提供的实践探索的沃土，本书才有可能如幼苗一样生根发芽，破土而出。

感谢广东省政协常委、文化与文史委主任、原广东省社会科学界联合会主席田丰，广东省社会科学院院长王珺，广东省城市社区建设研究会执行会长钟浩天所作的立意高远、情真意切的序，给本书内容添上色彩和枝叶，使之有了大树一般的坚实和厚重。

感谢广东省社会科学界联合会、广东省社会科学院为《社会科学进社区》丛书的编辑出版提供的扶持和帮助，本书作为《社会科学进社区》丛书的第一本，筚路蓝缕，以启山林。

感谢广东省社会科学界联合会王晓主席，广东省社会科学院刘小敏副院长、周薇副院长、温宪元副院长，广东省城市社区建设研究会李子彪会长，广东社会学会范英会长，中山大学社会学与人类学学院蔡禾教授，华南农业大学公共管理学院张兴杰院长，广州市委党校王永平常务副校长，广州泛珠城市发展研究院王廉院长，广东省民政厅聂元松处长、李进民处长、周惠明处长，广东省社会科学界联合会办公室李翰敏主任、科普办刘正春主任，广东省社会科学院现代化所郑奋明所长，广州市社会科学界联合会顾涧清主席、科普部王文琦部长，海珠区龙凤街道党工委李阳书记，天河区棠下街道党工委邹彦庭书记，以及我所在的文化产业研究所全体同仁，尤其是钟晓毅所长给予的宽容和理解，感谢你们给予的关心、支持和鼓励。

感谢吴向红和谢翔两位广东省社会科学院同仁参与了本书部分章节的撰写工作，给本书内容添色增辉。

感谢广东省城市社区建设研究会、幸福广东主题系列活动组委会、广东省幸福社会工作服务中心的全体工作人员和志愿者们，我们在一起互相关心、共同走过的路程，将是我们彼此一生的宝贵财富。

感谢为本书编辑出版做了大量工作的暨南大学出版社李战副社长、侯丽庆主任、林冬丽编辑、王莎莎编辑，以及郑杭生、徐晓军、彭扬帆等所有参考文献的作者。

深秋时节，一颗略带青涩的果实落地。在此，请接受我诚挚的谢意！

张 勇

2014 年 10 月 30 日于广州金麟台